CONTENTS

MYSTERIES
OF THE
MESSIAH

UNVEILING DIVINE CONNECTIONS FROM GENESIS TO TODAY

SIX-SESSION STUDY GUIDE

RABBI JASON SOBEL

WITH WAYNE HASTINGS

W PUBLISHING GROUP

AN IMPRINT OF THOMAS NELSON

Mysteries of the Messiah Study Guide

© 2021 by Rabbi Jason Sobel

Published in Nashville, Tennessee, by W Publishing Group, an imprint of Thomas Nelson. W Publishing Group and Thomas Nelson are registered trademarks of HarperCollins Christian Publishing, Inc.

All Scripture quotations, unless otherwise indicated, are from the Tree of Life (TLV) Translation of the Bible. Copyright © 2015 by The Messianic Jewish Family Bible Society.

Scripture marked MSG taken THE MESSAGE, copyright © 1993, 2002, 2018 by Eugene H. Peterson. Used by permission of NavPress. All rights reserved. Represented by Tyndale House Publishers, Inc.

Thomas Nelson titles may be purchased in bulk for educational, business, fundraising, or sales promotional use. For information, please e-mail SpecialMarkets@ThomasNelson.com.

ISBN 978-0-310-13358-2 (softcover)
ISBN 978-0-310-13359-9 (ebook)

First Printing February 2021 / Printed in the United States of America

HOW TO USE THIS GUIDE

The Bible is one of my favorite mystery books. From the opening words of Genesis to the final chapter of Revelation, God's Word is filled with tantalizing clues, fascinating revelations, and an extraordinary plot. Many of the Bible's mysteries have nagged at our imaginations for centuries. There are odd characters, dysfunctional families, bloody battles, and courageous heroes, yet we find incredible wisdom within the writings. And readers ask, "Who is this mystifying protagonist called the Messiah—the Redeemer who will come to save the world?"

During the next six weeks, you and your group will investigate several mysteries that surround Jesus the Messiah. You will dig into Scripture and uncover the connections between the Old and New Testament prophecies that are essential to investigating these mysteries. As Jesus said, "Every *Torah* scholar discipled for the kingdom of heaven is like the master of a household who brings out of his treasure both new things and old" (Mathew 13:52). Each session will spark these connections between the old and new, resulting in an unraveling revelation that will cause your heart to burn with increased hope and overflow with blessing.

The Mysteries of the Messiah video study is designed to be experienced in a group setting such as a Bible study, Sunday school class, or any small-group gathering. Each session begins with a brief welcome section and opening starter questions to get you and your group thinking about the topic. You will then watch a video teaching and jump into some directed small-group discussions. You will close each session with a time of prayer.

Each person in the group should have his or her own study guide, which includes video teaching notes, group discussion questions, and between-sessions personal studies to help you reflect on the material during the week. You are also encouraged to have a copy of *The Mysteries of the Messiah* book, as reading it alongside the study will provide you with deeper insights and make the journey more complete and meaningful. In addition, the book has many more mysteries and teaching could not be covered in the sessions.

Before you start your adventure, there are a few things to keep in mind that will help you on your journey. First, the real growth in this study will happen during your small-group time. You will have the opportunity to listen to the weekly teaching and learn from others as each person shares what God is doing in his or her life. To this end, it's important for you to attend each session, as your commitment will build trust among your other group members. If you choose to only "go through the motions," or if you refrain from participating, there is a lesser chance you will find what you're looking for during this study.

Second, small groups can offer a unique opportunity for sharing, learning, and building friendships. So I encourage you to make your small group a safe place where people feel free to share their insights, prayer requests, and even differing opinions. Each person should be able to contribute freely without the stress of judgment or criticism. One way to foster this openness is to not attempt to "fix" people's issues, or theology, but listen and discuss. You want to create a sense of deep community and spiritual growth.

Third, each session contains teaching related to Hebrew and Greek "by the numbers." Most of the world's languages separate numbers from letters, but not Hebrew and Greek. Both languages use letters—their respective alphabets—for numbers. Each letter in the Hebrew and Greek alphabets has a numeric value. Because of this, numbers can spell words and words can add up to numeric values. Numbers are a significant part of uncovering the mysteries of the Messiah, connecting the Testaments, and going deeper in your study of the Bible.

Fourth, this study references several sources from many centuries of Jewish thought. These sources will help you open up the Jewish meaning of many passages and their connection to the Messiah and New Testament. Just as Christian pastors and teachers use multiple sources to explain Scripture, we are bringing together essential sources to study the Messiah.

Finally, most of the Scripture references in this study are from the Tree of Life Version of the Bible. The Tree of Life Version speaks with a decidedly Jewish-friendly voice—a voice like many

Hebrew Alphanumeric Chart					
Letter	Name	Value	Letter	Name	Value
א	Aleph	1	ל	Lamed	30
ב	Bet	2	מ	Mem	40
ג	Gimel	3	נ	Num	50
ד	Dalet	4	ס	Samekh	60
ה	Hei	5	ע	Ayin	70
ו	Vav	6	פ	Peh	80
ז	Zayin	7	צ	Tsadee	90
ח	Cheit	8	ק	Qof	100
ט	Tet	9	ר	Resh	200
י	Yod	10	ש	Shin	300
כ	Kaf	20	ת	Tav	400

of the Bible's authors themselves—to recover the authentic context of the Scriptures and biblical faith. It was produced by messianic Jewish and Christian scholars who sought to highlight the rich Hebrew roots of the Christian faith. Since this translation restores the Jewish order and numbering of the books of the Old Testament, you may find that certain verse citations are one number off compared to other translations of the Bible.

Maximum benefits for this study will come from not only commitment to your group but also your own personal study time. The individual study suggestions are there to help guide you deeper into Scripture and enhance your learning. If you miss a personal session, please don't feel you should also skip the group time. Your group is first priority, and you will still be wanted and welcome even if you haven't completed your personal work at home.

It's my hope that *Mysteries of the Messiah* will bring you insights about the Redeemer and how he can be discovered in the many connections throughout the Old and New Testaments. It's my earnest prayer that the uncovering of these mysteries will give you eye-opening moments and new ways to reflect on your life and the Messiah who came to die for you, live again for you, and give you incredible hope for a future with him.

Baruch HaShem! Praise God!

Note: *If you are a group leader, there are additional resources provided in the back of this guide to help you lead your group members in this study.*

FINDING JESUS IN THE STORY OF CREATION

The entire Old Testament points to the coming of the Messiah in the New Testament. We find this from the very first letter and word in Genesis, which reveals that Creation itself was made through the Messiah—that he was the agent of Creation. The story of the Creation sets the foundation of the much larger story that will be revealed in Scripture, which focuses on relationship, redemption, and restoration.

WELCOME

The two disciples trudged down the road to Emmaus. The past few days had been a whirlwind of activity. It had begun when Jesus, whom they believed was the Messiah, had triumphantly entered into Jerusalem and been hailed by the crowds. But this had been quickly followed by Jesus' arrest and several trials before the Jewish and Roman authorities. Near the end of the week, he had been sentenced to death and led away to be crucified. But now, stories were circulating that Jesus' tomb was empty—that he had *risen* from the grave.

It is little wonder the two men were talking about "all the things that had been happening" as they walked (Luke 24:14). But then something unexpected happened. Jesus *himself* came up and starting walking along with them, though they were kept from recognizing him. Jesus could see they were sad and asked what they had been discussing. They recounted all the horror and disappointments they had experienced in the recent days, noting that they had hoped Jesus "was the One about to redeem Israel" (verse 21). They ended with the report they had just received about his tomb being empty and several women seeing a vision of angels.

Jesus replied, "Oh foolish ones, so slow of heart to put your trust in all that the prophets spoke!" (verse 26). He then spoke from the Scriptures to these men, tracking through the Old Testament prophecies to reveal what they said about the Messiah. He taught them the cohesive message of both Testaments, and *"then their eyes were opened and they recognized Him, and He disappeared from them"* (Luke 24:31, emphasis added).

Like these men, my life has been radically transformed as I have delved into the divine connections that reveal the mysteries of the Messiah. And I have seen the lives of many others change as they have learned how the Old and New Testaments connect. When you come to understand the Jewish roots of your faith, you begin to see Jesus' life and ministry from a different perspective. It is like putting on a pair of glasses and seeing things clearly for the first time— all the richness, sharpness, and clarity of details that you might have otherwise missed.

In this study, it is my hope that you, like those disciples on the road to Emmaus, will come to see the Old Testament story in a new way. It is my hope that your eyes will be opened as you learn how the Jewish *roots* and Gentile *shoots* connect. And it is my hope that this exploration of the mysteries of the Messiah will ignite a new love for Jesus and passion for the Bible that will bring you greater hope and transformation in your life.

SHARE

If you or any of your group members are just getting to know one another, take a few minutes to introduce yourselves. Before you watch the video teaching, pair up with another member (perhaps someone you don't know that well) and briefly discuss the following questions:

- What has been your experience studying the Bible? In which part of the Bible have you spent the most time?

- Do you have a favorite Old Testament character? Why is he or she your favorite?

WATCH

Play the video segment for session one. As you watch, use the following outline to record any thoughts or teachings that stand out to you.

The Bible comes alive in amazing ways when we understand how Jesus is in every detail of the Scripture—in both the New Testament *and* the Old Testament.

The first letter in the book of Genesis is the Hebrew letter B, *bet,* found in the word "beginning." The last letter of the book of Revelation is the word "amen," which ends with the Hebrew letter *nun.* The first letter and last letter in the Bible spell the Hebrew word *BeN,* which means "Son." From beginning to the end, the Bible points to Jesus, the *Son* of God.

We gain a deeper love, respect, and excitement for the Word of God when we see how the old and the new connect. This is what Jesus was doing on the road to Emmaus with his disciples. As he said, "Every *Torah* scholar discipled for the kingdom of heaven is like a master of a household who brings out of his treasure both new things and old" (Matthew 13:52).

From the very first word of the Bible, we see that Creation was made through the Messiah—that he was the agent of Creation. As John wrote, "In the beginning was the Word. The Word was with God, and the Word was God. He was with God in the beginning. All things were made through Him, and apart from Him nothing was made that has come into being" (John 1:1–3).

God saw that sin and sickness would come into the world. In his grace and mercy, before the foundation of the world, he had already determined that Jesus, the Messiah, was going to die for humanity's sins. This is what is being spoken of in the very first word of Genesis 1.

The first messianic prophecy in Scripture is found in Genesis 3:15. God promises to raise up a redeemer through the Seed of the woman who will reverse the curse and restore the bless- ing. This is an overarching theme of the Scripture and important for understanding Jesus' life and death. He is the Seed of the woman—the second Adam.

Jesus' hands were pierced because humans stole from the tree. His feet were pierced to fulfill the promise that the heel of the messianic Seed would crush the serpent's head. His pierced side made atonement for the sin of Eve, the one taken from man's side. The crown of thorns represents Jesus taking the curse of creation on his head to reverse it and restore the blessing.

Every Hebrew word has a numerical value, and often those values reveal deeper truths about the Scriptures. We find this in the Creation account with the number 6:

6 = number of man (humans created on the sixth day)
6 = number of the physical universe (six directions)
6 = day on which man fell (in Jewish thought)

"The number six tells not only of labor, but of 'labor and sorrow,' and it specifically marks all that is 'under the sun,' all that is 'not of God.' "[1]

Vav is the sixth letter of the Hebrew alphabet. It appears at the beginning of the sixth Hebrew word of Genesis 1:1, where it functions as the conjunction "and." Vav connects "heavens" and "earth." When Adam and Eve sinned, they broke the vav, the connection between heaven and earth, which again, according to Jewish tradition, happened on the sixth day (a Friday).

Jesus died on the sixth day to restore the connection (vav) so that life—abundant life—and blessing can flow back to us. Jesus came to restore the connection between heaven and earth.

The world, the flesh, and the enemy wants to make us feel that we have no value. But we have to understand that we are God's creation. We were made with wisdom.

DISCUSS

Now it's your turn. Take a few minutes in your group to discuss what you just watched. Use the following questions to jump-start your discussion, and make sure to read the

Scripture passages. Be open to receive what God is teaching you and doing in your group.

1. What part of Rabbi Jason's teaching stood out to you in this session on the mysteries of the Messiah in the story of Creation and the Fall?

2. Read John 1:1–3 and Genesis 1:1–3. What similarities do you find between these two passages? How do these connections help you see Messiah in the Genesis account? How do you feel these connections helped John's audience see Jesus?

3. Read Colossians 1:18–20. What words does the apostle Paul use to describe Jesus in these verses? How do these words and phrases connect Jesus to Creation?

4. Re-read Genesis 1:1 and 3:15. In Genesis 1:1, the Hebrew letter *vav* connects the "heavens" and the "earth." When Adam and Eve sinned, they broke the *vav*, the connection, which resulted in a curse. But even as God was issuing this curse, He was promising a way to restore the broken connection. What was that promise?

5. Read Jeremiah 10:12, Isaiah 45:7, and Matthew 10:29–31. The story of the Fall reveals that God was at work from the start to restore humanity through the promised Messiah. He is still at work today. How does knowing that God's work never stops affect you? How does knowing he is at work give you a sense of true *shalom* [peace]?

6. God created the world by speaking—through words. Likewise, your words create worlds. What does it mean to you to speak life over yourself and over the people around you? How could speaking life change your view of yourself and of others?

RESPOND

Briefly review the outline for the session one teaching and any notes you took. In the space below, write down the most significant point you took away from this session.

PRAY

Close by praying aloud together for a few minutes, asking God to work in each person's heart as you reflect on the content of this session. Write down any specific prayer requests from your group members in the space below so you can continue praying throughout the week.

BETWEEN-SESSIONS PERSONAL STUDY

While group study is important, so is personal discovery. I've always found the more I personally dig into Scripture, the more I hear from God, the more I learn from him, the more I feel in his presence, and the more of his Word I can apply to my life. Believe me, the time you invest in personal study between each week's session will be time well spent. As a teaching messianic Rabbi and lover of Scripture, I love to continue to dig and find other mysteries or discoveries hidden in God's Word. (As I often like to say, there's *more!*)

GOD HAD A PLAN FROM THE BEGINNING

Read Genesis 1:1. The first word in Hebrew is *bereisheet*. What's interesting is the first three letters of this word are *bet, resh,* and *aleph*. The second Hebrew word is *bara*, which means "God created out of nothing." The word *bara* also begins with the same first three letters: *bet, resh,* and *aleph*. This is another mystery, because these three letters are an illusion to the Trinity. *Bet* is the Son. *Resh* is the *Ruach* (the Holy Spirit). *Aleph* is the Abba (the Father).

Messiah was present at Creation with God and the Holy Spirit to create a world "out of nothing" . . . and they had a plan. On the first day of Creation, the earth was in an uninhabitable state of darkness and chaos. Biblically, chaos and darkness represent evil, exile, and death. God's goodness and abundant blessing cannot be fully manifested as long as chaos is on the earth. He must bring order out of chaos so that life can flourish. So his plan involved bringing order out of the chaos. This is true for Creation, our lives, and for the church, "for God is not a God of confusion, but *shalom* [peace]" (1 Corinthians 14:33).

1. Read Genesis 1:2–5 and 26–28. What was God's plan to start bringing order out of the chaos? What was the culmination of that plan? What was unique about the creation of humankind?

2. Read John 1:1–3. John writes that Jesus, the Messiah, was there "in the beginning." Why was it important for John to make people aware of this truth? Why is it important for you to know that Jesus—the Messiah—was with God at the very beginning of Creation?

3. Read Psalm 37:23 and 1 Corinthians 2:9. God has plans for each of us. In fact, from the *very beginning* he has had a plan—and he calls his plans good. He has plans for you as well—and he calls those plans good. How have you seen God's good plans at work in your life?

BRINGING ORDER OUT OF CHAOS

God has the power to bring order out of chaos and light out of darkness. God, Messiah, and the Holy Spirit created order in the world so humanity could experience abundant blessing and life. However, when Adam and Eve sinned, disorder and chaos were no longer fully restrained. Rather, chaos and disorder became an ever-present reality that increased in strength over time as humanity, due to its fallen state, continued to reject the Lord and his ways.

The rabbis say that God created the world for the sake of the Messiah, because he saw that sin and sickness would come into the world. God, in his grace and mercy, wasn't going to create the world if there wasn't already a cure and an antidote in place before the curse of sin and death came into the world. In Jewish thought, God went to the Messiah and said, "I'll only create the world if you are willing to suffer and die for the sake of redeeming my people."

God's blueprint, his plan, is to bring order out of the chaos caused by sin and bring redemption. And he had this idea from the *very first word* of Genesis.

4. One of the best examples of redemption is God saving Israel from Egyptian bondage. In Exodus, God redeems Israel from suffering and saves them from slavery to bring them to the Promised Land. How does God's redemption of Israel compare to the antidote provided by Jesus?

5. Read Jesus' words in Mark 10:45. To *redeem* (or *redemption*) means to purchase back something. The word always means a "ransom" or a "price paid." What was the price Jesus paid for us? How does paying this ransom clear the chaos and bring order?

6. The apostle Paul wrote in Ephesians 1:7, "In Him [Yeshua] we have redemption through His blood—the removal of trespasses—in keeping with the richness of His grace." How does Jesus' redemption bring us out of darkness? What are the results of his redemption?

WHAT HIS PLAN MEANS FOR YOU

Read Colossians 1:16 and 1 Corinthians 8:6. In this session, you learned how Messiah was part of Creation and how God has an individual plan for each of us that includes freeing us from chaos and exile through Jesus' redemptive act on the cross. God created the world, and when he did, he already had a plan in place to free us from the evil and sin that lead us to disorder and chaos. His plan was Jesus, who was with him from the beginning.

7. How would you describe chaos? In what ways do chaos and disorder keep you from God's full blessing in your life?

8. How does the Creation story help you to clearly see the power, knowledge, and wisdom of the Creator God and his redemptive plan with Jesus?

9. Read John 14:27. Jesus brings order out of chaos. Managing and bringing order out of chaos may seem daunting, whatever your circumstances may be. How can Jesus help you to walk and live in his *shalom*—his peace?

10. Read Psalm 119:105. One of the critical components of overcoming chaos in your life and restoring order is God's Word. We need the wisdom, power, and light of God's Word to help us overcome the potentially damaging spiritual, emotional, and relational harm caused by the chaos in our lives. What could you set aside so that you have time to study God's Word?

11. Read Proverbs 2:6, 3:13, and 5:1. What do you need to start removing some of the chaos and disorder from your life?

For Next Week: In the next session, you will explore the mysteries of the Messiah as told in the stories of the Jewish patriarchs—Abraham, Isaac, and Jacob. These men were critical to the history of the Jewish people, so it is important for you to know them and understand their connection to the Messiah. Before your group gathers, read chapters 2–3 in *Mysteries of the Messiah.* Also take a few minutes to acquaint or reacquaint yourself with these three important men and their families by reviewing Genesis 11–12, 17, 21–22, and 25.

Note

1. E. W. Bullinger, *Number in Scripture: Its Supernatural Design and Spiritual Significance* (London, Eyre & Spottiswoode [Bible Warehouse] Ltd., 1921), 102.

SESSION TWO

FINDING JESUS IN THE STORY OF THE PATRIARCHS

The promised Seed of the woman began to find its fulfillment in Abraham and his offspring. The call and mission of the patriarchs reflect God's original intention for humankind: to experience God's blessing and be a conduit of that blessing to the world. God handpicked Abraham, Isaac, and Jacob to play a foundational role in birthing the line of the chosen Seed, who would reverse the curse and bring about the new Eden.

WELCOME

In the previous session, we examined the mysteries of the Messiah as revealed in the story of Creation. We discussed how God promised the Messiah—the One who would reverse the curse of the Fall—would come through the "Seed" of the woman (see Genesis 3:15). This promised Seed would ultimately come through the *patriarchs*—through the line of Abraham, Isaac, and Jacob.

The Jewish people trace their ancestry back to one man: **Abraham,** the "founding father" of Israel (see Isaiah 51:2; Hebrews 7:4). In the history of the Jewish people, the father of a family was held in high esteem. He retained authority over his children and grandchildren until his death. Families were united under a common head, with the eldest son honored with great dignity. Abraham left Mesopotamia and its idols behind and journeyed, at God's direction, to the land of Canaan. It is estimated that he lived from 2165 BC to 1992 BC.

The title of *patriarch* was passed from Abraham to his son **Isaac**, whose name means "laugh." This commemorated Abraham's joyous response to the news that Sarah was pregnant (see Genesis 17:17-19). His birth meant that the everlasting covenant God made with Abraham would go on to the next generations of Isaac's descendants. Later, God told Abraham to take this beloved son to the land of Moriah and offer him as a burnt sacrifice (see Genesis 22). It is estimated that Isaac lived from 2067 BC to 1887 BC.

Isaac was sixty when his twin sons, Esau and Jacob, were born. **Jacob,** the second son, came out of the womb grasping his brother's heel, appearing to be trying to hold his brother back and be the first born. Some interpret his name to mean "heel grabber." Jacob deceived his father, grabbed the birth-right of the firstborn, and spent much of his life in fear of his brother, Esau. He was the father of Joseph and had the dis-tinction of wrestling with God, breaking his hip, and being transformed to be named Israel (meaning "God contends," "one who struggles with God," and "Prince of God"). It is estimated he lived from 1916 BC to 1807 BC.[1]

These three men—Abraham, Isaac, and Jacob—became the roots of the ancestral tree of the nation of Israel. "The patriarchs were wealthy nomads, though occasionally they farmed (Genesis 26:12). With the exception of a burial site at Hebron (Genesis 23) and the region of Shechem (Genesis 33:18–34:31; 48:22), they did not own land."[2]

The patriarchs were tasked with carrying on the reli-gious traditions of their fathers. They were the vehicles through which the revelation of God was made available to their families and communities. Each one passed the baton of faith in God to the succeeding generation. Perhaps each one told the faith stories about Creation, the Fall, Noah, Enoch, and others to their children and grandchildren. They held firm to God's guiding promise and worshiped the One who would lead, guard, prosper, and protect them. As we will see in this session, they are key figures in our quest to uncover the mysteries of the Messiah.

SHARE

If your group members are just getting to know one another, take a few minutes to introduce yourselves. Before you watch the video teaching, pair up with another member (perhaps someone you don't know that well) and briefly discuss the following questions:

- Many families have varied backgrounds, and often certain family members stand out over others. Who in your family has been like a patriarch? What legacy or ideals did that person pass along to you?

- God made a promise with Abraham. This promise, known as the Abrahamic Covenant, is the foundation for Israel's covenant with God. What does a promise or vow mean to you?

WATCH

Play the video segment for session two. As you watch, use the following outline to record any thoughts or teachings that stand out to you.

Abraham demonstrated his faith in God by going through ten tests. The first test was the calling of Abraham in Genesis 12:1. The word "go" in Hebrew is *lech lecha*, which means "go to yourself." Abraham had to leave behind his past in order to step forward into his future.

Abraham's final test, known as the binding of Isaac, is found in Genesis 22:2. The verse begins with the same words: *lech lecha*. Once again, God is essentially saying to Abraham, "You trusted me with your past. Will you trust me with your future—with Isaac, the promised Seed?"

Abraham places the wood for the burnt offering on Isaac, and he carries it himself. This is like Jesus carrying the crossbeam for his own crucifixion. Even the rabbis make this connection when they say in the Midrash, "Like a man who carries his own cross."

The number 134 has great significance in the story of the binding of Isaac:

134 = his cross
134 = I sacrificed to the Lord
134 = pardon for sin

Jesus would later carry *his cross* because he was going to offer himself as a *sacrifice to the Lord* so that you and I could receive *pardon for sin.*

The blood of Isaac is connected to the blood of the Passover lamb, which ultimately points to the blood of Jesus, the true Lamb of God. Jesus is the Lamb of God who was slain before the foundations of the world so that we could be forgiven, freed, and redeemed.

God told Abraham, "Take your son, your only son whom you love . . . and offer him . . . as a burnt offering" (Genesis 22:2). The numeric value of "as a burnt offering" (*olah*) is 135, the same as *matzah*, the unleavened bread the Lord commanded the children of Israel to eat at the Passover. Isaac is portrayed as a Passover lamb and as a type of Messiah.

Jacob's name means "supplanter" or "heel." In English, a heel is a person who steps on others to get ahead in life. At first, Jacob was willing to use any means necessary to obtain the coveted blessing. Just like Abraham, he had to go on a journey of transformation.

Ultimately, Jacob realizes that the One he must wrestle with is the Lord himself. When he wrestles with God, he is transformed and has his named changed to "Israel"—which means "one who overcomes" or "Prince of God." He also ends up walking with a limp.

Jacob had a life-changing encounter on his way to Haran. He dreamed of "a ladder standing earthward and its top reached the heaven [Genesis 28:12]."³ The ladder [*sulam*] is a vehicle of revelation, the means by which heaven and earth communicate.

130 = ladder
130 = Sinai
130 = God's voice

Jesus is the ladder [*sulam*] that connects heaven and earth. The same voice that spoke to the children of Israel at Sinai speaks to us through Jesus the Messiah.

Jacob had a promise, but he had to go through a process. God had to break Jacob before he could bless him. The same is true for every one of us. God has to break us before he can make us. There has to be brokenness before there can be blessing in our lives.

When Moses came down from Mount Sinai and saw the people committing the sin of the golden calf, he took the Ten Commandments and smashed them to pieces. Ultimately God forgave the children of Israel and gave Moses a second set. This teaches us that brokenness comes out of wholeness. Nothing is as whole as a broken heart.

The first set of tablets point to the first coming of the Messiah. Jesus was broken for us on the cross because of our sin. The second set point to the second coming of Christ. Jesus is going to do away with sin, pain, and sickness. But even as we wait, we can still experience wholeness out of brokenness through our Yeshua Jesus, our Messiah.

DISCUSS

Now it's your turn. Take a few minutes in your group to discuss what you just watched. Use the following questions to jump-start your discussion, and make sure to read the Scripture passages. Be open to receive what God is teaching you and doing in your group.

1. In this session, we looked at the founders of the Jewish people—Abraham, Isaac, and Jacob. What stood out to you in this teaching? What can you apply to your life today?

2. Read Genesis 12:1 and Genesis 22:1–2. As discussed in this session, the word translated "go" is the Hebrew word *lech lecha*, meaning "go to yourself." God asked Abraham to embark (go) toward the ultimate purpose he had for him. When was a time in your life when God told you to *lech lecha* (go) for his purpose?

3. Read Ephesians 1:7–9. When God tested Abraham in Genesis 12, he was saying, "Abraham, will you trust Me with your past?" By later offering Isaac (see Genesis 22), God was asking Abraham, "Will you give Me your future?" Why is it important to trust your past to God? What tends to keep you from trusting your future to him?

4. Isaac needed to have great faith and courage to completely trust his father and allow himself to be offered as a sacrifice. What insights and connections did you discover during the teaching from Isaac as a type (a "prophetic symbol") of the Messiah?

5. Jacob wrestled with his brother (see Genesis 25; 27), with his father (see Genesis 27), and with his father-in-law (Genesis 29–31). But ultimately, he needed to wrestle with the Lord to receive the promised blessing (see Genesis 32). When was a time you wrestled with God over a decision or a turning point in your life journey?

6. Read Genesis 28:10–17, John 1:43–51, and Philippians 3:12–14. Jesus is the *ladder*—the one who connects heaven and earth. How does this vision of the ladder parallel spiritual

progress? In what ways do you climb the ladder daily and connect with Jesus?

RESPOND

Briefly review the outline for the session two teaching and any notes you took. In the space below, write down the most significant point you took away from this session.

PRAY

Close by praying aloud together for a few minutes, asking God to work in each person's heart as you reflect on the content of this session. Write down any specific prayer requests from your group members in the space below so you can continue praying throughout the week.

BETWEEN-SESSIONS PERSONAL STUDY

As I often like to say, there's *more*! In our first session, we studied the mystery of Jesus in Creation. The promised Seed of the woman (see Genesis 3:15) began to find its fulfillment in Abraham and his offspring. The call and mission of the patriarchs reflect God's original intention for humankind: to experience God's blessing and to be a conduit of blessing to the world. God handpicked Abraham, Isaac, and Jacob to play a foundational role in birthing the line of the chosen Seed promised in Creation. But these fathers of the faith faced many challenges as well.

ABRAHAM'S FAITH AND TRANSFORMATION

Read Genesis 11:31 and 12:1–5. God tells Abraham *lech lecha—* "Get going out from your land, and from your relatives, and from your father's house, to the land that I will show you" (Genesis 12:1). It's interesting to note that God could have said just "*lech*" to Abraham—to just "go" out of the land. But he didn't. As we studied in this session, *lech lecha* means "go to yourself." Another meaning is that God was telling

Abraham to "go inside yourself." Many of us are not called to leave our native land and go to a strange place, but we are called to go, with Yeshua, on an inward journey of testing that opens the door to increased faith and transformation.

1. As you read Genesis 12:1–5, notice that Abraham had to take a step of faith. So often we want a roadmap, but God wants us to let him direct the first step . . . and then the next step. Sometimes the "next step" doesn't come quickly, and God asks us to wait. Can you describe a time when God asked you to wait? How did it feel? What was your response?

2. Abraham obeyed when God told him to go and ultimately faced ten tests. Jesus also obeyed God, setting aside his heavenly position to come to the earth as a man (see Luke 19:10; John 3:16–17; 1 John 4:9). Jesus also faced many tests during his short time on earth. Both Abraham and Jesus were called by God, responded to God's call, and accomplished (finished) what they were called to do. Can you see the connection between Abraham finishing his calling and Jesus? How does it affect your faith to know Jesus finished what he came to do?

3. Read John 16:33 and Luke 21:16–19. You, like Abraham and Jesus, will encounter opposition as you seek to go and do what God has called you to do. There are four purposes for such testing: (1) to humble you, (2) to bring you closer to Jesus, (3) to test your faith, and (4) to equip you to help other people (after all, how can you relate to the needs of others if you don't experience testing?). How do you see these purposes played out in the story of God asking Abraham to sacrifice Isaac? How might the experience have humbled him and brought him closer to God? How has testing humbled you and yet helped you minister to others?

JACOB'S FAITH AND TRANSFORMATION

In Genesis 28:10, we read, "Then Jacob left Beer-sheba and went toward Haran." The name Beer-sheba means "Well of the Seven." In Hebrew, the number seven represents process, progress, completion, and time (such as the seven days of the week). Haran means "anger" and symbolizes the barriers that prevent people from reaching higher levels of spiritual growth. Jacob's journey from Beer-sheba to Haran thus points to the process Jacob went through to progress to a new spiritual level. For Jacob, this culminated in him wrestling with God during the night and emerging with victory, but also with an injury (see Genesis 32:24–32).

4. One of the mysteries of the Messiah is that Jesus would come through the line of the patriarchs—which included men with faults such as Jacob. This man grabbed at his brother's heel at his birth. He tricked his father to receive the birthright. He used earthly means to try and secure the promise. What does it say that God chose to use men like Jacob in spite of these failings? What does that say about the kinds of people whom he uses today?

5. Why is it often so tempting to rely on earthly means to obtain God's promises? What are some of the consequences that occur when you take that approach?

6. "God meets us at whatever level He finds us in order to lift us to where He wants us to be. To Abraham the pilgrim, God came as a traveler (Genesis 18); and to Joshua the general, He came as a soldier (Joshua 5:13–15). Jacob had spent most of his adult life wrestling with people—Esau, Isaac, Laban, and even his wives—so God came to him as a wrestler."[4] In what way has God found you? How has his perfect approach to who he made you to be helped you in your spiritual transformation?

7. Read 2 Corinthians 12:6–10. The process of spiritual transformation can make you bitter or better. And it's often a scary process, because what God does will be out of your control. Any attempts to shorten the process will only lead to delays that hinder the results—the blessing. How you respond to God's process is essential to your growth. What was Paul's response to the process of the "thorn"? Do you sense that he was wrestling with God or freely accepting the process and the potential of blessing for his perseverance? Explain.

8. The easy way will not lead to the blessing. Sometimes, you need to wrestle a bit. In the New Testament, we read how Satan offered Jesus, the Messiah, the easy path without the process (see Matthew 4:1–11). But Yeshua knew he couldn't go from the cross to the empty tomb through such means. What ammunition did Jesus use against Satan's short-cut plan?

9. What is your best protection against Satan's attacks when it comes to God's process of spiritual transformation in your life?

WHAT FAITH AND TRANSFORMATION MEANS FOR YOU

Both Abraham and Jacob went through processes that lead to increased faith and transformation in their lives. Abraham experienced ten tests, with the ultimate one being to "go" and sacrifice his promised son, Isaac. Jacob, the deceiver and schemer, wrestled with God. The process left him with a broken hip, but also a new name. He went from deceiver to Israel—the one who wrestled with God and won! Both men experienced different processes but came away blessed and transformed. Likewise, God will call you to go through processes. His heart is to increase your faith and transform you into the image of Jesus. If you persevere in this process, you will grow. You will ascend to the blessings that God has for you.

10. Read Philippians 3:12–14 and Genesis 28:10–15. Recall that in Jacob's dream of the ladder, the rungs represent spiritual progress. If you become a victim to your circumstances or opinions of others, you will become bitter and lower yourself on the ladder of spiritual progress. However, if you rely on God's grace, Jesus' example, and the power of the Holy Spirit, you can climb the ladder daily. Paul was taking hold of the ladder's rungs and pressing into a heavenly goal. How do you think Paul could press on in the midst of the "pressing"?

11. How has studying God's Word helped you through the process of climbing the ladder?

12. Read 1 Peter 1:6–7. Remember that Peter denied Jesus three times during the night of Jesus' trial. However, after the resurrection, Yeshua took special care to help and forgive Peter and assure him that he was forgiven (see John 21:15–23). How do you think Peter might have wrestled with God during the time between Jesus' trial and resurrection?

13. Peter's use of "various trials" literally means "varied, multi-colored, or diversified" trials. What process do you think God had for Peter's transformation in his life? What do you think Peter learned from the process? What do you learn from God's process in your life?

14. Abraham left his homeland because God told him to *go*. His faith was built on several important truths. The first is that God is "the faithful God" (Deuteronomy 7:9). Additionally, Abraham knew God was good (see Psalm 136:1) and loving (see 1 John 4:8). He knew that he could trust God completely because God loved him, knew what was best for him, and would act with his best interests in mind. How have you seen this at work in your life? What blessings have you received when you have chosen to trust God and *go* where he leads?

15. Read Mark 16:15. Jesus told his disciples to "go." It is as if he's saying, "I've taught you, you've learned from Me, I am going to use you. Now GET GOING!" What have you learned from the story of the patriarchs—Abraham, Isaac, and Jacob—and Messiah that will help you to trust God, withstand the process, and achieve what he has called you to do?

For Next Week: In the next session, you will explore the mysteries of the Messiah as revealed in the stories of Joseph and Judah. Before your group gathers, read chapter 4 in *Mysteries of the Messiah*. Also take a few minutes to acquaint or reacquaint yourself with these two important men by reviewing the events told in Genesis 37–50.

Notes

1. Estimated life dates are from James E. Smith, *Old Testament Survey Series: The Pentateuch* (Joplin, MO: College Press, 1992, 1993), Logos Bible Software Edition.
2. Edward Bridge, "Patriarchs," in *The Lexham Bible Dictionary*, eds. John D. Barry, et al. (Bellingham, WA: Lexham Press, 2016).
3. Baal Haturim Chumash, vol. 1, *Bereishis* (Brooklyn, NY: Mesorah Publications, 1999), 253.
4. Warren W. Wiersbe, *Be Authentic*, "Be" Commentary Series (Colorado Springs, CO: Chariot Victor Pub., 1997), 58.

FINDING JESUS IN THE STORIES OF JOSEPH AND JUDAH

In Jewish thought, the stories of Joseph and Judah lead to the belief that there are two Messiahs. The first is Messiah, son of Joseph. He is pictured as the suffering Messiah, who must endure trials on his journey to fulfill God's plans. The second is Messiah, son of Judah. He is the messianic king who is going to come into the world to rule and to reign. In truth, the stories of Joseph and Judah reveal the first and second comings of Christ. He came into the world as a suffering servant, but will one day return as a conquering king.

WELCOME

Joseph and Judah were part of a large family. Rivalry, jealousy, and ultimately reconciliation characterized the relationship between these brothers—and the relationships within the entire family as well. However, in between the pages of their story, we find mysteries of the Messiah are revealed. But before we explore those connections, let's set the scene.

We spent some time in the last session learning about Jacob. He was the younger son of Isaac and Rebekah, the twin brother of Esau, and the man who wrestled with God and had his name changed to Israel (see Genesis 25–35). Jacob's journey, unlike Abraham, was not a result of God calling him to "go." Rather, Jacob, the schemer, needed to escape his brother, who wanted to kill him. At his mother's urging, Jacob left home to go live with his uncle Laban.

It turns out that Uncle Laban was even more of a schemer than Jacob. Laban connived to have Jacob stay and work for him for more than a decade. It took Jacob seven years to earn the hand of Rachel, Laban's daughter. But as a result of more scheming by Laban, Jacob found himself married to two sisters, Leah and Rachel. After *twenty* years, God appeared to Jacob and told him to return to the land of his birthplace (see Genesis 31:3).

Jacob's family eventually grew to twelve sons and one daughter:

- **Children by Leah:** Reuben, Simeon, Levi, Judah, Issachar, Zebulun, and Dinah
- **Children by Bilhah** (Rachel's handmaid): Dan and Naphtali

- **Children by Zilpah** (Leah's handmaid): Gad and Asher
- **Children by Rachel:** Joseph and Benjamin

Jacob did not treat each of these children equally. He held Joseph dearer than his other children, as he was a child of Rachel, who had experienced trouble in becoming pregnant. At the time the events in Genesis 37 unfold, Joseph was the youngest. Jacob's indulgences toward this favored son led to jealousy from the other sons. In their bitterness and rage, they sold Joseph to traders, who eventually took him to Egypt and sold him as a slave.

Judah was not the firstborn of Jacob—that distinction fell to Reuben. However, after Rachel's death, "Reuben went and slept with his father's concubine Bilhah, and [Jacob] heard about it" (Genesis 35:22). This resulted in Jacob, on his deathbed, conferring the leadership of Israel not on Reuben, as was the custom, but on Judah.

From this somewhat dysfunctional family came two brothers, each of whom—as we will discover in this session—has major connections to the Messiah.

SHARE

Before you watch the video teaching, pair up with another member and briefly discuss the following questions:

- Struggles between family members are just a part of family life. What is a funny story that you can tell about an argument you had with a sibling when you were young? What happened in that situation?

- Of course, there is more to family life than just struggles! What do you think your family "got right" when it came to the way you were raised? Share a bit about your background, how you grew up, and your parents' values.

WATCH

Play the video segment for session three. As you watch, use the following outline to record any thoughts or teachings that stand out to you.

Joseph and Judah play a significant role in understanding the person and work of the Messiah. In Jewish thought there are actually two Messiahs: (1) Messiah, son of Joseph (the suffering servant), and (2) Messiah, son of Judah (the ruling king). These two aspects of the Messiah are revealed in the lives of these two key individuals in the book of Genesis.

One practical takeaway from the story of Joseph is that whenever you have a God-given dream, there are always going to be haters. There are going to be people who mock your dreams. But you can't kill a God dream. A God dream will always come to pass.

There are many amazing parallels between Joseph and Jesus:

Joseph	Jesus
rejected by his brothers	rejected by his family
sold for silver	betrayed for silver
betrayed by "Judah"	betrayed by "Judas"
cast lots for tunic	cast lots for clothing
raised from a pit (actual pit)	raised from the "pit" (the grave)
overcame temptation	overcame temptation
falsely accused	falsely accused
leadership at age thirty	leadership at age thirty

Furthermore, the first time Joseph's brothers came to Egypt, they didn't recognize him. In the same way, the Jewish people of Jesus' day didn't recognize him as the Messiah at his first coming. But at the *second coming*, all Israel will be saved, as Paul writes in Romans 11. God will one day open the eyes of Israel—and this will lead to the opening of the eyes of all the nations.

Joseph had two sons: Manasseh and Ephraim. The name Manasseh means, "I have forgotten the pain of my past." The name Ephraim means, "double fruitfulness." If we can't forgive and forget, we will never be fruitful. When we can't forgive, we bitter the fruit at the root, and it contaminates every aspect of our lives. One of the greatest obstacles to finding freedom in Jesus is unforgiveness.

When Jacob blessed his sons, he gave a seminal prophecy about the Messiah: "The scepter will not pass from Judah, nor the ruler's staff from between his feet, until he to whom it belongs will come. To him will be the obedience of the peoples" (Genesis 49:10). This prophecy provides the time-frame of the coming of the Messiah.

The *staff* represents tribal identity. The *scepter* represents judi-cial authority. The Messiah would come between the time Israel lost judicial authority and tribal identity. Judicial authority lost in 3 BC (at the Roman occupation). Tribal identity was lost in AD 70 (when the Romans destroyed the Temple). This is exactly the time that Jesus was born, lived, and ministered.

In fact, there are not *two* Messiahs, but two *comings* of the Messiah. The first time he came as Messiah, Son of Joseph, the suffering servant and the Lamb of God. He will return the second time as the Son of David, the warrior Messiah and con-quering King, who—like his ancestor David—will usher in a time of *shalom* (peace) and blessing as the Lion of Judah.

The messianic King was to come from the tribe of Judah, and that King had to be born in Bethlehem. Why is that so significant? The number 490 reveals the answer:

490 = *Beit Lechem* (Bethlehem / house of bread)
490 = *moladati* (nativity)
490 = *tamim* (complete, whole, perfect)

"This great man [Joseph], though not as yet known to them to be their brother, determined to forgive their mistreatment and, instead demonstrate great grace. . . . This reunion [with his brothers] was really a banquet of grace—on full display—thanks to Joseph, a man of integrity and forgiveness."[1]

Just as we can't live physically without bread, we can't live spiritually and relationally without the bread of forgiveness. When we withhold forgiveness from someone, it is like telling a starving person to go and die. Our hearts cannot be perfect or completely whole before the Lord unless we are willing to follow Jesus' example and forgive others.

Forgiveness leads to freedom, blessing, and fruitfulness. So, who do you need to forgive in your life? Maybe it's someone who wronged you. Maybe it's even yourself. It doesn't make a difference. Simply *forgive* . . . and you will be blessed.

DISCUSS

Now it's your turn. Take a few minutes in your group to discuss what you just watched. Use the following questions to jump-start your discussion and make sure to read the Scripture passages. Be open to receive what God is teaching you and doing in your group.

1. The stories of Joseph and Judah have tremendous application to our lives today as followers of Christ. What in particular in this lesson stood out to you? Why?

2. Read Genesis 37:1–11. God has a dream for your life, and that dream is unique to you—no one else on earth can fulfill it. Like Joseph, your God-dream contains your purpose and reason for being. Has God shared his dream for you with you? Have you shared your dreams with God and submitted them to him? Why or why not?

3. Read John 11:53 and 15:25. There are many parallels between Jesus and Joseph. What is the prophetic significance of these parallels? How do they picture the first and second coming of Christ? What do you find as the most significant parallel?

4. *Manasseh* in Hebrew means, "I have forgotten the pain of my past." *Ephraim* means, "double fruitfulness." What do these names teach you?

5. Read Genesis 49:8–12. Jacob's blessing reveals secrets about both the first and the second coming of Messiah. What are those secrets? How do they connect to Jesus as the Messiah? How do they help you to understand the "end of days"?

6. Read Genesis 50:15–21 and Matthew 18:21–22. Forgiveness is not an *option* but a *requirement*—not to stress us but to bless us. How do you think Joseph could forgive his brothers? What is the significance of Jesus telling Peter that he needed to forgive seven times seventy times? Who is it today that *you* need to forgive?

RESPOND

Briefly review the outline for the session three teaching and any notes you took. In the space below, write down the most significant point you took away from this session.

PRAY

Close by praying aloud together for a few minutes, asking God to work in each person's heart as you reflect on the content of this session. Write down any specific prayer requests from your group members in the space below so you can continue praying throughout the week.

BETWEEN-SESSIONS PERSONAL STUDY

The life of Joseph paints a powerful picture that foreshadows the Messiah's coming rejection and suffering. In fact, in Jewish tradition, the suffering Messiah is referred to as "Messiah, Son of Joseph" (*Mashiach Ben Yosef*). An examination of Joseph's life reveals that what happened to the *first* Joseph also happened to the *second* Joseph (Jesus). During this week's small-group time, you examined several parallels between Joseph and Jesus. In this personal study, you will dive a bit deeper (there's always more!) into two of those parallels.

JOSEPH AND JESUS WERE REJECTED

Joseph's brothers plotted against him out of envy and jealousy. Likewise, the religious leaders of Jesus' day—who *should* have recognized him as the Messiah—plotted to kill him. Both Joseph and Jesus were rejected and betrayed by their own people.

God created us for acceptance. When we are rejected, we feel abandoned, unaccepted, and deep hurt. Feelings of rejection can stop us from moving forward. Our enemy, Satan, loves to use this against us. He wants to twist our thoughts away from God and toward bitterness, isolation, and pain. Rejection can be a test of our faith.

Both Joseph and Jesus passed the test. They moved on from rejection because God was their first thought. As one theologian noted, "In studying the character of Joseph we have seen that its single most distinguishing feature was his ability to relate everything to God. God was in his thoughts constantly. There is hardly a sentence from his lips that does not have the name of God in it."[2] I think we can say the same feature applies to Jesus (see John 10:30).

1. Read Genesis 37:18–30, Matthew 26:14–16, and 27:28–35. It is Reuben who suggests the brothers throw Joseph into a pit. Before doing so, they strip Joseph of the special tunic that his father had given him. Judah then suggests they sell Joseph for twenty pieces of silver to some travelling Ishmaelite slave traders. What parallels do you see between these incidents in Joseph's life as told in Genesis and the life of Jesus as told in Matthew?

2. Read Genesis 39:6–20 and 40:20–23. Joseph's circumstances go from bad to worse in Egypt, yet he continues to trust in the Lord. He had previously been rejected by his

brothers, but kept his focus on God. Potiphar's wife puts him in a compromising position, but he refuses to sin and flees from the room. He is sent to prison and suffers negative consequences for doing what was right, yet he keeps his mind and heart on God. Later, he is forgotten by the chief cupbearer and languishes another two years in prison. But God continues to work in the background—and Joseph continues to trust in him. Ultimately, Joseph goes from the prison to the palace. As you look at his story, how have you been rejected by family, others, or friends? How did you overcome those feelings? What have been some circumstances in your life that seemed impossible until you saw God working in the background to bring victory?

3. Read Genesis 45:5–9. These verses reveal Joseph's incredible focus on God. Instead of harboring anger or resentment toward his brothers, he allays their fears and four times points them to God. Underline or write out those four references to God. How did Joseph's focus on the Lord stabilize his perspective on life? How did this focus help him to forgive his brothers?

4. Read John 14:1–7 and 1 John 4:18. Jesus was surrounded by rejection, false accusations, and persecution. He knew that his followers would experience the same. What does Jesus promise to those who trust in him? What does Jesus say about allowing your heart to "be troubled"? What does it mean to you that God's "perfect love drives out fear"?

JOSEPH AND JESUS SAVED NATIONS

When Joseph interprets Pharaoh's dreams (see Genesis 41), it results not only in the salvation of Egypt but also of the nation of Israel. Furthermore, we find that Joseph not only saves his people *physically* (by allowing them to overcome the lean years), but he also saves them *spiritually* (through his act of forgiveness toward his brothers). When Joseph finally reveals himself to them, he doesn't hold a grudge or try to get even against them (see Genesis 45).

Jesus later summed up his own nation-saving desire when he told Nicodemus, "For God so loved *the world* that He gave His one and only Son, that whoever believes in Him *shall not perish* but have eternal life. God did not send His Son into the world to condemn the world, but *in order that the world might be saved through Him*" (John 3:16–17, emphasis added).

5. Read Genesis 37:1–11 and 39:1–23. Like many of the Bible stories, we don't get a glimpse of Joseph's feelings. But we can read between the lines of the text and realize that Joseph's years of trials were well endured by this man of dreams. He grew spiritually through each challenge. How do you think it was possible for Joseph to maintain his love for God and not lose hope?

6. Potiphar's wife in Joseph's story represents an attack against our God-given dreams. How did Joseph's response develop his character for his true calling to save nations? How are your God-given dreams attacked? How have you persevered to keep doing what God has called you to do?

7. Read Genesis 41:15–16. Just as Joseph never became despondent when his circumstances took a turn for the worse, so he did not become arrogant and prideful when things took a turn for the good. What enabled Joseph to keep from falling into arrogance?

8. Read Luke 4:18 and Mark 3:20–30. Pharaoh was not only impressed with *what* Joseph did (interpret dreams), but he also had an accurate sense of *how* Joseph did it (by the Spirit of God). One of Jesus' first public acts was the reading of the Scripture in Nazareth. Like Joseph, he did what he did by the Spirit of God. How does the Spirit of God lead you today? Why is it impossible for you to try and fulfill your God-given dream *without* God's help?

WHAT REJECTION AND SAVING THE NATIONS MEANS FOR YOU

In this study, we've learned that Joseph was rejected. He was envied, thrown in a pit, and sold to slave traders by his brothers. Likewise, a critical part of the Messiah's job description required him to be rejected by his people, Israel. He would suffer, die, and be resurrected in atonement for the transgressions of Israel and the nations.

Joseph's experiences ultimately led to him to be in a position where he was able to save two nations—both Egypt and the nation of Israel. He used what he learned from God, the pit, prison, and the palace to offer forgiveness to his brothers and save the line of Messiah. Likewise, another part of the Messiah's job description was Savior. He came to rescue us and save us. His desire is for every person, worldwide, to come to him and be saved.

9. Read John 1:11 and John 5:43. Jesus was rejected by the people of his day. His hometown rejected him. The religious leaders rejected him. Even Peter at one point rejected knowing him (though he was later restored). Like Joseph, the Messiah knew what it felt to be rejected by those who were close to him. People are still rejecting him today. Our culture finds it easy to accept sports stars, movie stars, and rock stars. So why do you think so many people have difficulty accepting Jesus? What led *you* to accept Jesus?

10. Read Hebrews 4:15 and 5:8–9. Both Jesus and Joseph learned obedience through their suffering. Jesus understands us perfectly because he's been through it all—he feels what we feel. How does knowing that Jesus understands your pain, suffering, and challenges help you to confidently approach him? How does it help you, like Joseph, live under stress?

11. Read Matthew 28:16–20 and Acts 1:8. Jesus came to make it possible for *anyone* to be forgiven of their sins and be adopted into God's family. Through his life, crucifixion, resurrection, and enthronement in heaven, the way was made for the Holy Spirit to be poured out, empowering his followers to become missionaries who would share the good news everywhere. What are some of the barriers that keep you from sharing Jesus' life-saving message? How can you, like Joseph, do what God has called you to do—including telling others about him?

For Next Week: In the next session, you will explore the mysteries of the Messiah as revealed in the story of Moses and his calling by God. Before your group gathers, read chapters 5–7 in *Mysteries of the Messiah*. Also take a few minutes to acquaint or reacquaint yourself with the events of Moses' leading the people out of Egypt as told in Exodus 1–7.

Notes
1. Charles R. Swindoll, *Joseph: A Man of Integrity and Forgiveness* (Nashville: Thomas Nelson, 1998), 131.
2. James Montgomery Boice, *Genesis: An Expositional Commentary* (Grand Rapids, MI: Baker Books, 1998), 1057.

FINDING JESUS IN THE STORY OF MOSES

Moses is perhaps the most powerful portrait of the person and work of the Messiah. Even his birth was intended to be a sneak preview of the birth of the Messiah! He is the greatest prophet of the Hebrew Bible, a central figure in Judaism, and was used by God not only to free the Israelites from slavery to Egypt—the greatest superpower of its day—but also to give the Ten Commandments and the Torah to the Hebrew people. No leader or prophet is as loved and revered by the Jewish people as Moses.

WELCOME

In this session, we are going to study the mysteries of the Messiah as revealed in the story of Moses—a man whom many would call, among other admirable things, the greatest leader in Jewish history. Moses was born in the land of Goshen in Egypt (c. 1391 BC), where the Israelites had settled during the time of Joseph. The situation in Egypt had deteriorated, and the Israelites were now being forced to work as slaves. So God called Moses from a burning bush to lead the people out of Egyptian bondage and into the land that he promised to give to Abraham.

At first glance, Moses was an odd choice for the job. He had gone into hiding in the wilderness after murdering an Egyptian for beating a fellow Hebrew. By his own admonition, he was not "a man of words" because he had "a slow mouth and a heavy tongue" (Exodus 4:10). He argued against God's call and asked him to choose someone else. But God persisted that he had found the person. He saw leadership traits in Moses that Moses couldn't see himself.

As one author noted, "God . . . had a mission for Moses, and he communicated it to him in no uncertain terms: 'So now, go. I am sending you to Pharaoh to bring my people the Israelites out of Egypt' (Exodus 3:10). It was this calling that would drastically alter the trajectory of Moses' life. Like the World War II posters of Uncle Sam that called young men to enlist in the army, God was pointing his finger at Moses and saying, 'I want you!' "[1]

What traits made Moses such a great leader? In a study sponsored by the American Management Association, leadership authors and consultants James Kouzes and Barry

Posner asked this same question in a survey of nearly 1,500 managers from across the United States. "More than 225 values and traits were identified, which were then grouped into 15 categories. The number one thing respondents said they wanted most from their leaders was integrity."[2] Leadership expert John Maxwell agrees. He identifies attributes such as influence, process, empowerment, trust, and connection, to name a few, as qualities of successful leaders.[3]

Moses possessed many of these qualities that experts believe make a successful leader. He delivered his people from slavery and led a recalcitrant bunch (some estimate more than two million people) through the wilderness. He learned to delegate, he performed miracles at God's command, and his vigor, wisdom, and passion were with him throughout his life. He did all of this without falling into pride. As the Scriptures relate, "Now the man Moses was very humble, more so than anyone on the face of the earth" (Numbers 12:3).

Yet Moses had one other critical quality that made him the right person for the job: he enjoyed a singularly focused relationship with God. As a result, God trusted Moses with his Word. He trusted this faithful servant to deliver his message to the Israelite people from Mount Sinai. After forty days of intimate contact with the Lord, Moses came down from the Mount with what may be the most important message to the people: the Ten Commandments.

Did Moses have shortcomings? Of course he did. For one thing, he could lose his temper with the people for their grumbling and disobedience. One such episode, in which he struck a rock to get water for the people instead of speaking to it as God commanded, led to him not being allowed to enter the Promised Land (see Numbers 20). But regardless of his shortcomings, God used Moses to bring the Hebrew people together as a nation and unite them under his laws. Furthermore, as we will explore in this session, God used the life of Moses—from birth to death—to reveal the mysteries of the coming Messiah.

SHARE

Before you watch the video teaching, pair up with another member and briefly discuss the following questions:

- Moses was an effective leader for the Israelites. Who would you consider to be an effective leader in your life? What traits does that person possess?

- One of the most important events in Moses' life was his encounter with God at the burning bush (see Exodus 3). When have you experienced this kind of life-changing encounter with God? What new direction did your life take?

WATCH

Play the video segment for session four. As you watch, use the following outline to record any thoughts or teachings that stand out to you.

According to Jewish tradition, when Moses was born, "the whole house in its entirety was filled with light." This was the divine light—the same light that shone on the first day of Creation. The light that radiated from Moses was a sign that the night of exile was coming to an end. The darkness was going to give way to the light of redemption and salvation.

The birth of Moses was meant to be a sneak preview of the birth of the Messiah. When the Messiah was born, the light of God's glory shone just like it shone at Moses' birth. Furthermore, the Magi followed a star (to find the Messiah) that was no ordinary star. It was the light of God's presence that led the wise men to the home of Jesus in Bethlehem.

Jesus said, "I am the light of the world" (John 8:12). Later on, he demonstrated this truth when he went up on the Mount of Transfiguration. He had a few of his disciples with him, and there was Elijah and Moses, standing in their midst. Again, we see the connection to Moses.

When God called Moses, he appeared to him in a burning thornbush (Hebrew *hasineh*). God was saying to the children of Israel, "I feel your pain, and I will never leave you nor forsake you." It was a promise that God was going to do a great work of redemption. Thorns connect to the greater exodus that would come through the Messiah. One of the reasons Jesus had a crown of thorns on the cross was that it connects back to God appearing to Moses in the thornbush.

God told Moses to take off his sandals (Hebrew *na-a-laim*), because he was standing on holy ground. The reason you wear shoes is to protect your feet from the pebbles and jagged things you might step on. Shoes are a physical barrier—but also represent *disconnection*. God told Moses to take off his shoes because he wanted Moses to be completely connected to him.

Two distinctions made Moses unique as a prophet. The first is that God spoke to him *face to face*. God directly communicated to Moses like a man speaks to a friend. This is significant because in the New Testament, we see that Yeshua had an even greater intimacy with God. As we read in John 1:1, Messiah was with God in the beginning, face-to-face with God.

Second, no other prophet performed as many amazing miracles as did Moses. The miracles demonstrate his unique relationship with God and reveal that he had been sent to be the redeemer of Israel. In the New Testament, we also find Jesus performing unique miracles. These miracles closely parallel the miracles that Moses performed in Egypt:

Moses	Jesus
water into blood (Exodus 4:9)	water into wine (John 2:1–11)
manna in the desert (Exodus 16)	multiplies bread and fish (John 6:1–15)
parts the Red Sea (Exodus 14:21)	walks on water (John 6:16–21)

All the miracles that John records reveal that Jesus is the greater than Moses, who brings about a greater redemption, and who causes the miraculous and supernatural to break into our lives. Jesus' miracles and his relationship with God show that he is the greater prophet than Moses.

The first time Moses went to Pharaoh, he took his staff, threw it down, and it became a serpent that swallowed up the staffs of the Egyptian magicians (which had also become serpents). The word for "serpent" in Hebrew is *nachash* and has a numerical value of 358:

358 = serpent (*nachash*)
358 = Messiah (*Mashiach*)

The Messiah, who symbolizes life, will swallow up death, represented by the Egyptian serpent.

One of the things that endeared Moses to the Lord was that he was the humblest man in all of the earth. Moses was so humble that he didn't even want to write in Leviticus 1:1 that the Lord had called him directly. Humility is making yourself small in the sight of God, smaller in the sight of others, and smaller in your own sight. Moses embodied this trait.

Humility is the way to greatness in God's kingdom. It's about making yourself small so that God can be great. You can't be full of yourself and have room for relationship and service to others. If you want to be a great leader—if you want to be like Messiah and like Moses, who embodied humility—you have to humble yourself in the sight of the Lord.

DISCUSS

Now it's your turn. Take a few minutes in your group to discuss what you just watched. Use the following questions to jump-start your discussion, and make sure to read the Scripture passages. Be open to receive what God is teaching you and doing in your group.

1. Moses' story has tremendous application to our lives today as followers of Christ. What topic or mystery or the Messiah in this lesson stood out to you?

2. Read Genesis 1:1–4, Psalm 27:1, Matthew 2:9, Luke 2:9, and John 8:12. *Light* is a significant part of the Bible. God brought light to Creation, Moses, and Jesus. Light has many spiritual meanings. For example, to the shepherds, the light of glory shone just as it did when Moses was born.

What are some other spiritual significances of light? How does knowing Jesus is the light of the world impact you?

3. Read Exodus 3:1–2. God was speaking to Moses from a burning thornbush and calling him to redeem the children of Israel. What is the significance of God speaking through a *thorn*bush? What was God saying to Moses and the children of Israel?

4. Read Exodus 3:5. When God appeared to Moses in the burning bush, one of the things he told him was to take off his sandals, because he was standing on holy ground. What do sandals represent? Given this, why did God want Moses to remove them?

5. Read Deuteronomy 18:18, 34:10–12, and John 1:1. When read together, these two passages unlock one of the most important reasons the Torah (the first five books of the Bible) was written. What was that reason? In what ways was Messiah a prophet like Moses? In what ways was he different?

6. Read Numbers 12:3, 6–8, Matthew 20:28, and John 5:41. According to Numbers, one of the things that endeared Moses to the Lord was that Moses was the humblest man in all of the earth. How did Jesus exemplify Moses-like humility? Why do you think humility is the way to greatness in God's kingdom?

RESPOND

Briefly review the outline for the session four teaching and any notes you took. In the space below, write down the most significant point you took away from this session.

PRAY

Close by praying aloud together for a few minutes, asking God to work in each person's heart as you reflect on the content of this session. Write down any specific prayer requests from your group members in the space below so you can continue praying throughout the week.

BETWEEN-SESSIONS PERSONAL STUDY

Moses, though born a Hebrew, is raised in the court of Pharaoh. As an adult, he witnesses an Egyptian beating a fellow Hebrew, kills the man, and hides his body in the sand. Here is Moses, a man raised in the palace, taking matters into his own hands. He wanted to fix things right now, in his way. As A. W. Pink notes, "Moses was in too big a hurry. He was running before the Lord. God's time had not yet come to deliver Israel. Another forty years must yet run their weary course. But Moses waxed impatient and acted in the energy of the flesh."[4]

As we continue to read Moses' story, we find that he was ultimately called the greatest prophet of Israel (see Deuteronomy 34:10–12). He led the people out of slavery. He wrote the first five books of the Old Testament. Perhaps more than any other figure in the Old Testament, the life of Moses is a powerful portrait that points to the life and work of the Messiah. While Abraham is Israel's *ancestor*, many consider Moses the one who established Israel as a *nation*.

So, how did Moses become Israel's greatest prophet? Since there's always more, we will go deeper in this study to learn more about Moses and God's calling on his life. We will examine the process through which God led him—from shepherd, to leader, to mediator—to ultimately become Israel's greatest prophet. Along the way, we will see that while most of us won't have "burning bush" encounters with God like Moses experienced, the Lord will still call each of us to fulfill the unique destiny that he has prepared for us.

STEPPING OUT AHEAD OF GOD

The day after Moses killed the Egyptian, he encountered two Hebrews arguing and fighting with one another. Moses asked one of the men, "Why are you beating your companion?" (Exodus 2:13). The man answered, "Who made you a ruler and a judge over us? Are you saying you're going to kill me—just as you killed the Egyptian?" (verse 14). Moses, certain his deed had become known, exchanged the palace in Egypt for shepherding in Midian. His eye was not on God, but on man. Moses tried to step ahead of God, but the Lord wasn't ready yet to free the children of Israel. His perfect timetable was in place but, for a while, it was on pause.

1. Read Acts 7:25 and Exodus 13:3. Moses acted impetuously. His motives were sincere, and he showed compassion, yet he acted out of anger instead of obeying God and waiting for his leading. It is hard to believe that the man who would be called the meekest man on earth (see Numbers 12:3) could ever act like this. What do you think God was

teaching Moses as he tended sheep in Midian? What was he revealing to Moses about his timing?

2. Read Proverbs 16:9 and 21:5. In most cases, we don't deliberately jump ahead of God. We make decisions quickly that please us in the moment without thinking of the consequences we may face in the future. What are the factors that cause *you* to step ahead of God?

3. Read Genesis 16:1–6 and Hebrews 11:1–11. God had promised to make Abraham into a great nation, but Sarah was tired of waiting. She distrusted what God had promised and, out of disobedience, caused tremendous consequences that still reverberate today. When was a time you were at this point in your walk with God, trying to figure things out ahead of his schedule?

4. Sarah still appears in the "Hall of Faith." Despite her impatience and insubordination, God fulfilled his promise to her and Abraham twenty-four years later. Despite Sarah's moment of failure, God was faithful to her and to his promise. When was a time that you witnessed God's faithfulness in spite of your actions to circumvent his path?

5. Warren Wiersbe wrote, "God never exalts anyone until that person is ready for it. First the cross, then the crown; first the suffering, then the glory. Moses was under God's hand for forty years before God sent him to deliver the Jews from Egypt."[5] God used Moses' time in the desert to cultivate his character and shape him into the leader he would become. In the process, Moses learned humility—and eventually served as a model of humility to others. What are some ways you can likewise cultivate more humility in your life? In what ways is God calling you to surrender more to his timing instead of trying to do things your own way?

STEPPING OUT WITH GOD

"Significantly, the turning point came in Moses' life when he saw, in the desert, that mysterious burning bush, which flamed and blazed away but, for all the crackling of the fire, was not consumed."[6] Moses was tending sheep near Mount Horeb when he saw the bush on fire. Typically, a thornbush in the desert would be consumed quickly, but this bush continued burning. When Moses approached it, the Lord called out to him, saying, "I am the God of your father, the God of Abraham, Isaac and Jacob" (Exodus 3:6). Moses' life was forever changed. He ultimately stepped out in faith to do what God wanted him to do—in his perfect timing.

6. Read Exodus 3:1–4. When Moses walked over to the bush, God "saw that he turned to look." Moses was open to an interruption in his routine. He could have just passed by, but he didn't. Instead, he stopped and took the time to listen. Many of us today wonder why we don't hear more from God. Maybe the answer is due to our activity—we are just too busy to take the time to listen for God. Is there a "burning bush" in your desert? How could you find some time today to quiet yourself and be open to what God might be saying to you?

7. Read Exodus 3:5–10. Moses took the time to turn and look at the burning bush, and when he did, God called out his name. God then unfolded his plan for Moses when he said, "Come now, I will send you to Pharaoh, so that you may bring My people *Bnei-Yisrael* out from Egypt" (Exodus 3:10). Why do you think God would use a man like Moses—who had failed—for such an important task? Can you think of others in the Bible whom God used in spite of their past?

8. Review the remainder of this story in Exodus 3:11–4:17. Moses is soon arguing with God and giving him several reasons as to why he is not the best choice to free the children of Israel. As the longer story unfolds, we find Moses to be a competent speaker and leader. He is a man of spiritual power who ends up writing the first five books of the Bible (Torah). The lesson here is that God knows us better than we know ourselves. We just need to bury the baggage that restrains the gifts God has given us to do what he has called us to do. What are some things that hold you back from trusting God to do what he tells you to do, in his way?

9. Read Matthew 4:18–19. David Platt wrote, "Jesus' call to the fishermen seems obvious in that context: they dropped their nets and followed Him. They physically walked around with Him wherever He went. And after Jesus' death and resurrection, they followed Him by his way of life and spreading the good news about what He had accomplished in His time on earth. But what does it mean to follow Jesus today?"[7] When was a time that you, like Moses and the disciples, dropped everything you were doing to follow God? How does it help you to trust and obey God when you know you're not alone—when you know there are others on this journey?

WHAT FOLLOWING GOD'S TIMING MEANS FOR YOU

God's vision is key to living the abundant life that Jesus promises in John 10:10. We need to see who we are—our identity in Christ—as well as God's purpose, calling, and mission for our lives from his divine perspective. As we have seen, Moses needed to experience his own *personal* breakthrough before he could help the Israelites experience their *corporate* breakthrough to freedom. God needed to transform Moses' identity so Moses could step into his destiny.

Often, it is our destiny that transforms our identity. Moses went from being a shepherd of sheep to a shepherd of

Israel. This was God's prophetic vision for him. The disciples of Jesus experienced a similar transformation, going from fishermen to fishers of men. God used who the disciples *were* and *where they came from* to make them into *what they were destined to be.* It just required both Moses and the disciples to be obedient to step into God's calling.

10. Read Song of Solomon 1:2 and John 10:27. Mouth-to-mouth, in this context ("the kisses of his mouth"), is understood as God revealing deep truth and revelation to his beloved. It implies intimate communication with God—the type of communication that Jesus and Moses received. A first step in obeying God is listening so you can hear his voice. But what's the next step you must take? (Think about what Moses did when God called him from the burning bush.)

11. Read Exodus 4:9 and John 2:1–11. In the first plague, Moses turned water into blood. In Jesus' first miracle, he turned water not into blood—but into new, sweet wine. Moses' miracle brought death, but Yeshua's miracle brought life. Notice that Jesus' miracle didn't happen until the wine ran out. Many times, when we experience a similar situation, we respond with worry and anxiety. We run around wringing our hands, wondering what we need to do to solve whatever we are facing. But instead, we need to react like Mary, moving from fear, worry, and anxiety to faith. As we believe, we move from faith to trust that God will show up in his time. When was a time when God showed up just at the right time? How does remembering those kinds of experiences help you stay in step with God's timing?

12. Read Hebrews 3:2–3. Jesus, as the greater than Moses, did all the Father asked him to do. Likewise, Moses remained faithful to tending God's house—meaning the children of Israel. If you want to live the abundant life, you must be willing to be transformed by God, rather than merely living the ordinary life on the backside of Midian. You must take risks obediently and move into what God is calling you to do. Obedience to God's Word, his Will, and his ways are critical components to stepping out in his timing. Contrast the time when Moses was outside of God's timing and, then, inside it. How was he different? How can you likewise be more "faithful to the One who appointed you" as you wait for God's timing in all things?

13. Read Numbers 13:25–33, Matthew 21:21, and Acts 2:14–41. The mind works like a projector. It takes images and magnifies them. You can either magnify why you can't fulfill

what God has given you to do (as the ten spies did), or you can magnify the Lord and his promises to you (as Joshua, Caleb, and Peter did). You have a choice to make when it comes to trusting in God—and when you choose to trust in God, you need to then *act* on that faith. What are Jesus' words to those who lack the faith to act? As you listen to God in the coming weeks, will you be open to acting on what he says and not merely listening? Why or why not?

For Next Week: In the next session, you will explore the mysteries of the Messiah as told in the love story of Ruth and Boaz. Before your group gathers, read chapter 11 in *Mysteries of the Messiah*. Also take a few minutes to acquaint or reacquaint yourself with these two important figures from the Old Testament by reviewing Ruth 1–4.

Notes

1. Anthony T. Selvaggio, *From Bondage to Liberty: The Gospel According to Moses*, ed. Iain M. Duguid, The Gospel According to the Old Testament (Phillipsburg, NJ: P&R Publishing, 2014), 32.
2. James Merritt, *Nine Keys to Successful Leadership: How to Impact and Influence Others* (Eugene OR: Harvest House Publishers, 2011), 8.
3. John Maxwell, *The 21 Irrefutable Laws of Leadership* (Nashville, TN: Thomas Nelson, 1998).
4. Arthur Walkington Pink, *Gleanings in Exodus* (Chicago: Moody Press, 1962), 20.
5. Warren W. Wiersbe, *The Bible Exposition Commentary*, vol. 2 (Wheaton, IL: Victor Books, 1996), 432.
6. John Philips, *Exploring Revelation*, rev. ed. (Chicago: Moody, 1987; reprint, Neptune, N.J.: Loizeaux, 1991), 156
7. David Platt, *What Did Jesus Really Mean When He Said Follow Me?* (Wheaton, IL: Tyndale House Publishers, 2013), 1.

FINDING JESUS IN THE STORY OF RUTH AND BOAZ

In the genealogy of Jesus in Matthew's Gospel, we find the names of four women: Tamar, Rahab, Bathsheba, and Ruth. All of these women are Gentiles. They are from people groups outside of Israel— and thus outside God's covenantal promise to Abraham. With the joining of Ruth and Boaz, we find a restoration between these groups. Boaz and Ruth, Jew and Gentile, come together to ultimately birth the messianic line of David. Their story reveals that we cannot be perfected in unity unless— like Ruth and Boaz—we are one relationally.

WELCOME

Many sections of the Bible are devoted to lists of family trees known as *genealogies*. In the Old Testament, we find them in the first five books of the Bible (the books of Moses or Pentateuch), Ruth, Chronicles, Ezra, and Nehemiah. Often, they are referred to as "the Book of Genealogies" (see Genesis 5:1) or introduced as "these are the genealogical records" (see Genesis 2:4). These biblical genealogies were not merely concerned with biological connections but often focused on occupations (see Genesis 4:17–22) or legitimacy, royal or otherwise.

Most of us tend to skip over these genealogies in our daily study of the Bible. We feel it is a waste of time to read through names we can't pronounce and don't know historically. However, despite how challenging these genealogies may be, they are important for at least two reasons. As Ray Stedman notes: (1) genealogies are important for obtaining a full understanding of the history of Israel, and (2) they are carefully selected and constructed to show God's plan in working through human beings to achieve his purposes.[1] Remember, God put every word in the Bible for a *reason* . . . including the genealogies.

Perhaps the most important genealogies in the Bible are found in the Gospels of Matthew and Luke. We find some differences in the accounts, but one name stands out in each: "*David*, the son of Jesse, the son of Obed, the son of Boaz" (Luke 3:31–32, emphasis added; see also Matthew 1:5–6). As scholars note, "Matthew gives the legal descent of heirship to the throne of *David*, through Joseph, while Luke gives the physical descent of Jesus through Mary. Matthew is concerned with the kingship of Jesus, Luke with his humanity."[2]

The Messiah came through the line of the patriarchs—through Abraham, Isaac, and Jacob—and descended through "David the king" (Matthew 1:6). As Paul wrote, "Concerning His Son, He came into being from the seed of David according to the flesh. He was appointed *Ben-Elohim* [Son of God] in power according to the *Ruach* [Spirit] of holiness, by the resurrection from the dead. He is Messiah *Yeshua* our Lord" (Romans 1:3–4).

Significantly, the genealogies of the Messiah reveal that the grandparents of King David were Boaz and Ruth. Boaz was an Israelite. But Ruth was a *Moabite*—a people group outside of the covenantal promise of God to Abraham. Even so, God saw it fit that his Son—Yeshua, the Messiah—would descend through this union. As we will see in this session, the relationship between Ruth and Boaz reveals much about the mysteries of the Messiah . . . and has implications for followers of Christ even to this day.

SHARE

Before you watch the video teaching, pair up with another member and briefly discuss the following questions:

- Who are some of the key individuals who stand out in your family's genealogy? What contributions did they make that are noteworthy?

- What do you know about the nationalities of the people in your family tree? What mixing between races and cultures do you find in your own family?

WATCH

Play the video segment for session five. As you watch, use the following outline to record any thoughts or teachings that stand out to you.

Ruth and Boaz play a significant role in the promise of the messianic King. The story begins with a couple named Naomi and Elimelech, who settle in Moab—a land cursed by God—during a time of famine. One of their sons marries a Moabite woman named Ruth. When Naomi's husband and two sons die sometime later, she makes the decision to return to Bethlehem.

Ruth makes the decision that she cannot break her connection and relationship with Naomi. She vows to go where Naomi goes—that her people will be her people, and Naomi's God will be her God. Nothing will separate them other than death. Ruth travels to Bethlehem, meets a man named Boaz, and eventually marries him. Their union establishes the genealogy of David.

The coming together of Ruth and Boaz represents the restoration of the relationship between Abraham and Lot. The two had separated when the land could no longer sustain what Abraham and Lot had acquired in one space. Lot went to Sodom and Gomorrah—a place of wickedness. When God judges those cities, Lot and his family are spared.

Lot's daughters believe the end of the world has come and sleep with their father. Two nations are born from those daughters. One of those nations is Moab, which in Hebrew literally means "from my father." Ruth was a descendant of that incestuous relationship. So when Ruth and Boaz come together, it is the restoration of that relationship between Abraham and Lot.

Matthew's genealogy of Jesus is unique in that it lists four women: Tamar, Rahab, Ruth, and Bathsheba. They are all Gentile women. In the same way it took Ruth and Boaz—Jew and Gentile—to birth the messianic line of David, it takes Jew and Gentile to birth the kingdom of God. We cannot be perfected in unity until Jew and Gentile are one relationally.

The rabbis see messianic significance in Ruth 2:14. First, the phrase, "Come over here," speaks prophetically about King David coming from Ruth and Boaz. Sin separates us, but the Messiah—the Son of David—would come to bring God's people near. The Messiah would do this by offering himself as a sacrifice so we could draw near to God.

Boaz says, "Eat some bread." Bread in Jewish thought is associated with the kingdom of God, and especially the Messiah.

We find a connection between *king* and *bread* in the number 90:

90 = bread (*lechem*)
90 = king (*melech*)

Just as Moses gave manna in the wilderness, Jesus gives bread from heaven and multiplies the bread for the people. He is the promised messianic King, the greater than Moses, and the One spoken of in this passage according to the rabbis.

Boaz then says to Ruth, "Dip your piece into the wine vinegar." The rabbis connect this to the suffering of the Messiah in Isaiah 53. We see this being fulfilled in two places in the New Testament. One is at the Last Supper, when Judas dips his piece of bread in the sop.[3] The second is when Jesus was on the cross and was offered wine vinegar. Both of these references point to this verse in Ruth being fulfilled in Jesus, the Messiah.

The number 8 is significant in the book of Ruth because it points to David:

8 = David (eighth son of Jesse)
8 = covenant (circumcise male boys on the eighth day)
8 = supernatural (rises above seven)
8 = resurrection (Jesus rose on eighth day of the week)
8 = new beginnings

In Greek, the name of Jesus adds up to 8, 8, 8. He is the ultimate son of David. He brings the covenant. He is the resurrection. He offers us a new beginning.

The story of Ruth reveals the importance of relationship and connection. Ruth made a commitment to leave everything behind so she could cleave to God and cleave to Naomi. She didn't want to leave the connection. Friendship and connection are critical components of living a life of blessing. God's blessing always happens in the context of relationship.

God doesn't want you to live out of lack. He wants you to live out of the overflow. But abundant life comes through abundant relationships. So let's be true friends of the Lord and true friends of those whom he places in our lives. Jesus came and died so that we might have friendship with God. He calls us friends if we follow him and believe in him.

DISCUSS

Now it's your turn. Take a few minutes in your group to discuss what you just watched. Use the following questions to jump-start your discussion, and make sure to read the Scripture passages. Be open to receive what God is teaching you and doing in your group.

1. Boaz and Ruth's love story has many applications for us today. What topic or mystery in this week's lesson especially stood out to you?

2. Read Genesis 13:5–18, Ruth 1:1–4, and 1 Peter 5:10. Ruth was a Moabite, a descendant of the incestuous relationship between Lot and his daughter. When Lot left Abraham, he

ultimately lost everything. But when Ruth and Boaz married, there is a restoration of Abraham and Lot's relationship. Why is this significant?

3. Read Matthew 1:1–17. One of the mysteries of the Messiah is that contained in Jesus' genealogy are the names of four Gentile women. What do you think this is meant to show us about Jesus? What is it meant to teach us?

4. Read Psalm 133 and John 17:20–23. We cannot be perfected in unity until Jew and Gentile are one relationally just as Ruth and Boaz were. The world will not be won, *W-O-N*, until we are one, *O-N-E*, in Jesus . Why is this significant? What are the barriers to unity? What are some ways you can overcome these barriers?

5. Read Ruth 2:14 and Ephesians 2:13. Sin separates us from God and creates a distance from him. The Hebrew word for sacrifice is *korban*, which means to "draw near." The

Messiah is the One who draws us near to the kingdom of God. What is the significance of Boaz asking Ruth to "come over here"? How does drawing near to God create an intimacy with him that helps us to live the abundant life that he offers?

6. As discussed in this week's teaching, there are two types of relationships: contractual and covenantal. How would you define each type of relationships? What type of relationship did Ruth and Boaz have? How do these types of relationships lead to abundant life in the family of God?

RESPOND

Briefly review the outline for the session five teaching and any notes you took. In the space below, write down the most significant point you took away from this session.

PRAY

Close by praying aloud together for a few minutes, asking God to work in each person's heart as you reflect on the content of this session. Write down any specific prayer requests from your group members in the space below so you can continue praying throughout the week.

BETWEEN-SESSIONS PERSONAL STUDY

As you have heard me say throughout this study . . . *there is always more.* Remember, everything in Scripture was written for the sake of the Messiah, and the book of Ruth is no exception. As we discussed this week, the Jewish rabbis examined parts of the story of Ruth and the ways those sections applied it to the Messiah. For this week's personal study, you are going to go deeper into those connections. Begin by reading Ruth 2:14 slowly, engaging every word. This one verse reveals many important mysteries of the Messiah.

COME AND EAT

In Ruth 2, we find the incredible generosity of Boaz. He shows hospitality to a foreigner (remember that Ruth was from Moab). He calls her by a warm word and invites her to eat with him. But something deeper is implied by Boaz's dialogue with Ruth. As Jesus states, "You search the Scriptures because you suppose that in them you have eternal life. It is these that testify about Me" (John 5:39). All the Scriptures testify about Jesus. So when Boaz says to Ruth, "Come over here," he is alluding, on a prophetic level, to Ruth's future descendant, Messiah, who would establish the messianic Kingdom. The phrase "coming near" is important in Jewish thought. It has been interpreted by the rabbis as "come/draw near to the Kingdom."[4]

1. Read Ephesians 2:13–17, John 7:37, and Mark 10:14. Jesus' primary mission was to enable us to draw near to God. What does it mean to you that Jesus is inviting you to "come over here"?

2. Max Lucado notes, "[God's] invitation is for life. An invitation to come into his kingdom and take up residence in a tearless, graveless, painless world."[5] How is your faith strengthened by Jesus' invitation to come and be part of an eternal community in his eternal presence?

3. Read 1 Corinthians 1:24. Nearness to Jesus means spiritual intimacy. How would you define spiritual intimacy with God? How could you become more spiritually intimate with Jesus?

4. Read Matthew 14:13–21. Boaz's invitation for Ruth to "eat some bread" alludes to "bread in the kingdom of God" (Luke 14:15). The Messiah, like Moses, would provide bread from heaven and would actually be "the bread of life" (John 6:35). Bread was an important part of the first century diet. Jesus, after preaching to the 5,000, says, "They need not go away; you give them something to eat." (Matthew 14:16). In what ways does Jesus give us "something to eat" today? How does the bread of life Jesus provides nourish us?

5. Read Matthew 6:10–11 and James 1:17. Every good thing comes from God, including being part of his kingdom. What does it mean for you to be part of his kingdom?

DIPPING, SITTING, AND PROVIDING

Boaz knew Ruth's story. As he demonstrates grace to her, and invites her to eat with him, he provides us with vital clues about the Messiah. When Jesus came to earth, he sought people to come and feast with him. The Messiah, like Boaz, made every effort to include those on the "outside" and make them feel loved, cared for, and accepted.

Boaz's invitation for Ruth to "dip your piece into the wine vinegar" points to the suffering of the Messiah. As the prophet Isaiah wrote, "He was pierced because of our transgressions, crushed because of our iniquities. The chastisement for our shalom was upon Him, and by His stripes we are healed" (53:5). Ruth's dipping her "piece into the vinegar [sop]" also alludes to the Messiah's death on the cross.

1. Read John 13:18–30. What chain of events begins with the handing of the sop to Judas?

2. Read Luke 22:14–23. Dipping the sop was part of the Last Supper (the Passover Seder). How does dipping the sop remind you of communion and Jesus' death?

3. Ruth received Boaz's invitation and "sat beside the harvesters" (Ruth 2:14). In Jewish thought, this phrase alludes to the kingship being taken from the Messiah for a time. The key question is *when*. In Isaiah 53:3–5, we read that the kingship was taken away when the majority of the Jewish people rejected Jesus as Messiah. The Messiah was rejected and, like Moses, had to be concealed for a time until the day Israel's final redemption comes. Why is it important to know that Jesus is now "hidden," but that he will one day be "revealed" and come again?

4. Read John 6:37. What does it mean to you that "anyone coming to Me I will never reject"? How are you actively extending this invitation to others who need to receive God's grace?

5. Ruth's marriage to Boaz points to the greater fulfillment of grace and the truth in the person of the Messiah. Boaz shows Ruth incredible grace, protection, and provision. Likewise, the Messiah, when we trust fully in him, gives us a vast amount of grace, protection, and provision. The key is looking forward to the promises of the Messiah and what he can do in your life. Paul wrote, "Our God gives you everything you need, makes you everything you're to be" (2 Thessalonians 1:2 MSG). Boaz personally shared his own side dish with Ruth when "held out her roasted grain" (Ruth 2:14). How does this compare to Jesus sharing all that he has with you?

6. Read 2 Timothy 3:16–17, Psalm 119:105, and Matthew 4:4. Ruth is not only invited to come, but also to eat. We are likewise invited to consume God's Word. How do his promises from the Word inspire you? How have they served to nourish you in your life?

WHAT BOAZ AND RUTH'S STORY MEANS FOR YOU

The book of Ruth has several themes. It's a book of redemption. It's a book of survival and loyalty. But it's also a book of mercy and kindness. The Hebrew word translated "kindness" in Ruth is *chesed*. It can be translated as "mercy," "lovingkindness," "steadfast love," and "compassion."[6] *Chesed* is everlasting. It's love in action. It's the love God has for his people. It's a love we need to extend to others. Ruth is full of *chesed*.

7. Read Ruth 1:6–15. Naomi recognizes that God is faithful and loving. She prays for her daughters-in-law that they will experience his *chesed*—his mercy and lovingkindness. What does God's lovingkindness and mercy mean to you? Who could you pray for today, asking God to extend his *chesed* to them?

8. Read Ruth 2:19–23. Naomi's hope is restored after experiencing her difficult circumstances, and she blesses Boaz for his kindness. Boaz goes on to redeem them from their difficulties and lay the foundation of the messianic line of David. What are some situations in your life that have caused you to feel hopeless? How have you witnessed God redeem and restore those times?

9. Read Ruth 3:7–15 and 4:13–21. Boaz could have to take the steps necessary to make Ruth his wife. But he loved her and chose her—just as our Messiah loves us, chooses us, and accepts us. How did Boaz show the kindness (*chesed*) of the kinsman redeemer? How does knowing that God loves you, chooses you, and accepts you after the way you feel about yourself?

10. Read John 1:14–17. Jesus was "full of grace." This suggests *chesed* as a part of Yeshua's character. As William Barclay wrote, "The fact that God came to earth to live and to die for men and women is not something which humanity deserved; it is an act of pure love on the part of God. The word "grace" emphasizes at one and the same time our own helpless poverty and God's limitless kindness."[7] Contrast the kindness of Boaz (who he was, how he treated Ruth, what he did for Ruth) with the kindness you find in Jesus. What are some of the ways you see Jesus' *chesed* in your life? In what ways can you reflect his mercy and lovingkindness to others?

For Next Week: In the final session, you will explore the mysteries of the Messiah as revealed in the story of David. Before your group gathers, read chapter 12 in *Mysteries of the Messiah*. Also take a few minutes to acquaint or reacquaint yourself with David's early life, anointing, and adversity faced at the hands of King Saul by reviewing 1 Samuel 16–19.

Notes

1. Ray C. Stedman, *Adventuring Through the Bible: Old Testament* (Grand Rapids, MI: Discovery House Publishers, 2011), eBook edition.
2. J. D. Douglas, Merrill C. Tenney, Moisés Silva, *Zondervan Illustrated Bible Dictionary* (Grand Rapids, MI: Zondervan, 2011), 515.
3. A sop is "a think piece of bread, dipped into a common dish and used as a spoon (John 13:26)." Walter Elwell, General Editor, Baker Encyclopedia of the Bible, (Grand Rapids, MI: Baker Book House, 1988), 1985.
4. *Midrash Rabbah: The Five Megillos—Ruth*, vol. 1, Kleinman ed. (Brooklyn, NY: Mesorah Publications, 2013), 49:1.
5. Max Lucado, *Everyday Blessings: Inspirational Thoughts from the Published Works of Max Lucado* (Nashville, TN: Thomas Nelson, Inc., 2004), Logos Software Edition.
6. "Putting the *Chesed* of Adonai Before Your Eyes," Hebrew4Christians, https://hebrew4christians.com/Meditations/Chesed/chesed.html
7. William Barclay, *The Gospel of John,* Rev. and updated., vol. 1, *The New Daily Study Bible* (Edinburgh: Saint Andrew Press, 2001), 77.

SESSION SIX

FINDING JESUS IN THE STORY OF DAVID

The Bible reveals the Messiah was present with God at the time of Creation. He was to come through the line of the patriarchs—through Abraham, Isaac, and Jacob. He was to be both a suffering servant and reigning king who would come to bring redemption and restoration between humans and God. He would be the greater than Moses. These are just some of the "mysteries of the Messiah" found in Scripture. But there's more! David's life and lineage provide even further insights and revelation into the person and work of the Messiah. The promised Son of David would be so much more than just a biological descendant of David's lineage.

WELCOME

David is a beloved figure in Scripture. He was God's anointed king, and it was from his line the promised Messiah was to come. As the Lord declared to him, "ADONAI will make a house for you. When your days are done and you sleep with your fathers, I will raise up your seed, who will come forth from you after you, and I will establish his kingdom. He will build a house for My Name, and I will establish his royal throne forever" (2 Samuel 7:11–13).

Why did God chose David for this role? The answer is clear: "ADONAI has sought for Himself a man after His own heart. So ADONAI will appoint him as ruler over His people" (1 Samuel 13:14). David was a man who *sought after God's own heart* and trusted in him. As a result, "David had success in all his undertakings, since [the Lord] was with him" (18:14).

The Hebrew word translated "success" in this verse is *sākal*. It means "to be wise, understand, prosper/be successful."[1] This was sadly not true of Israel's current king, a man named Saul. "Now Saul became afraid of David, because ADONAI was with him but had departed from Saul. Therefore Saul removed him from his entourage by appointing him as a captain of a thousand. So David went out and came in before the troops" (verses 12–13).

Saul was afraid of David. "He dreaded him" (verse 15). In fact, we read that Saul went so far as to throw a spear at David in an attempt to end his life (see verse 11). But David acted wisely. He fled from King Saul's presence and, rather than immediately staging a rebellion, chose to wait and trust in God's timing. Saul may have had physical skill when it came to tossing spears, but David had spiritual wisdom. Whether fighting giants, dodging projectiles, or leading armies, David's trust in God led him to a unique spiritual wisdom.

David's spiritual wisdom must have been obvious to the people for *all* of Israel and Judah to love him. What's more, David didn't use his popularity to overthrow Saul. He didn't allow his fame to lead to a swelled head. While Saul allowed his relationship with God to steadily sink, David committed to keeping his relationship on the rise. As a result, David was given success (*s kal*) in all his undertakings.

The apostle Paul wrote to Timothy, "Do not neglect the spiritual gift within you, which was given to you through prophecy with the laying on of hands of the elders. Practice these things—be absorbed in them, so that your progress may be clear to all. Give attention to yourself and your teaching. Persevere in these things, for in doing so you will save yourself and those who hear you" (1 Timothy 4:14–18).

David demonstrated such perseverance. Everything about his life points to the hand of God. He was truly "a man after [God's] heart" (Acts 13:22). And, as we will discover in this final session, his life has much to reveal about the person and work of the Messiah.

SHARE

Before you watch the video teaching, pair up with another member and briefly discuss the following questions:

- Both David *and* Saul were anointed by God to serve as kings of Israel. Why do you think David had greater success in this role?

• What does it mean to you to have spiritual wisdom? How would you describe the difference between worldly wisdom and wisdom that comes from God?

WATCH

Play the video segment for session six. As you watch, use the following outline to record any thoughts or teachings that stand out to you.

David is a key figure and a beloved individual in the Bible. In Hebrew, his name has three consonants: *dalet, vav, dalet*. The middle letter of David's name is the **vav**—the letter of connection. David was a man after God's own heart because he sought intimate connection with the Lord. We see this in the meaning of David's name: "beloved."

How did David seek that connection? He loved the Word of the Lord. He meditated on it day and night. He delighted in it. The Word of God—the **vav**—was at the center of his life.

Vav is the sixth letter in the Hebrew alphabet. We find other connections between the number 6, David, and the Word of God:

6 = day on which David was born (sixth day of Sivan)
6 = day on which David died (sixth day of Sivan)
6 = Day of Pentecost (the giving of God's Word)

David was connected to the Word of God. It was at the center of his life. It needs to be at the center of our lives if we want that deeper connection to the Lord as well.

The Holy Spirit was poured out on the people on the Day of Pentecost. Word and Spirit came on the exact same day. In the book of Genesis, we read how Creation came by the Word of God. The Spirit of God was hovering over the deep, and God spoke Creation into existence. In the same way, *new* creation comes by Word and Spirit. David was a man who pursued both.

Jesus was the greater than Moses, but he was also the greater than David. When God called Moses, he was shepherding the sheep. When God called David, he was also serving his family as a shepherd. David and Moses, as shepherds, prophetically point to Jesus, who said, "I am the Good Shepherd" (John 10:11). Jesus is willing to lay down his life for the sheep.

Jesus was born in Bethlehem, the same location where David was born and learned to become a shepherd. Jesus is the royal king from the family of David, born in Bethlehem to be a shepherd. He is the ultimate shepherd. Everything in David's life as a shepherd, and in Moses' life as a shepherd, points to Jesus and finds its fulfillment in him.

David, in Hebrew, has a numerical value of 14 (*dalet* = 4, *vav* = 6, *dalet* = 4). In Matthew's genealogy, he breaks up the generations in groups of 14:

14 = generations between Abraham and David
14 = generations between David and the Exile
14 = generations between the Exile and the Messiah

Matthew is spelling out the name of David, saying that all the generations find their fulfillment in the birth of Jesus. He is the promised Seed of the woman.

One of the gifts the wise men bring to Jesus is gold. In Hebrew, the word is *zahav,* and it has a numerical value of 14. So, the wise men come to worship the Son of David, born in the city of David, and bring him gold in recognition of his royalty. All of these are connected to the number 14. It's as if they are saying, "Jesus, you are truly the King of Israel sent by God."

The number 14 is associated with redemption. The way you write 14 in Hebrew literally means "hand." God redeemed Israel through Moses at the Passover. The Passover was to begin on the 14th day of the month of Nisan—the day the lamb was slaughtered.

The Passover had to begin on the 14th day because God brought Israel out of Egypt with a mighty hand (*yad hazakah*) and an outstretched arm (*zeroa netuyah*). When Jesus gives his life on the cross, he dies on the 14th day of the month of Nisan, because it is the hand of God working redemption through Christ. He is God's hand revealed in history to redeem us.

The two hands of God connect to the two comings of the Messiah. God's hand was revealed in Jesus' first coming. People couldn't recognize him and didn't understand who he was. But at the second coming, he will fully be revealed. He will defeat the enemies of God and establish his kingdom on earth as it is in heaven. May that day come speedily and soon!

Just as David was God's beloved, you have become his number one kid. His number one son or his number one daughter. Identity is destiny. Know that you are beloved in him. This will give you hope and will allow you to do great things for him, both now and in the future.

DISCUSS

Now it's your turn. Take a few minutes in your group to discuss what you just watched. Use the following questions to jump-start your discussion, and make sure to read the Scripture passages. Be open to receive what God is teaching you and doing in your group.

1. What part of Rabbi Jason's teaching stood out to you in this session as it relates to the mysteries of the Messiah as revealed in the story of King David?

2. David's name consists of three Hebrew letters: *dalet, vav, dalet*. *Vav* in Hebrew is the letter of connection. *Vav* and connection point to the essence of who David was at his core. How did David foster that deep connection to God? What must be at the center of your heart and life if you want a similar deep connection with the Lord?

3. Read Psalm 51:12–13, John 3:5, and Ephesians 1:17–20. Besides God's Word, what is foundational to have an

intimate connection with God? What are the blessings of pursuing God's Word and the Spirit in your life?

4. Read Ezekiel 34:23, John 10:11–17, and Matthew 2:6. Moses and David were great shepherds, but they didn't compare to Jesus. How does Jesus describe his role as our "Good Shepherd"? What does he promise to do for his "sheep"?

5. Read Isaiah 53:1 and 63:5. God rescued the children of Israel from Egyptian bondage by his mighty hand. When Jesus died on the cross, it represented the hand of God bringing redemption through Jesus. How has God's hand redeemed and rescued you?

6. Read Psalm 39:8, 42:6, and Romans 8:28. Sometimes you can see God's hand at work, while other times his actions will be hidden from you. David learned to accept God's hand in all things. What kind of faith do you need to do the same? How has God's hidden hand worked out "all things for good" in any challenge you have faced?

RESPOND

Briefly review the outline for the session six teaching and any notes you took. In the space below, write down the most significant point you took away from this session.

PRAY

Close by praying aloud together for a few minutes, asking God to work in each person's heart as you reflect on the content of this session. Write down any specific prayer requests from your group members in the space below so you can continue praying throughout the week.

FINAL PERSONAL STUDY

In this session, we have examined David from many per-spectives. As we continue to study this hero and forerunner of the Messiah, we cannot forget that he was also a song-writer who wrote so many beautiful psalms that appear in the Bible. Many of these psalms of David allude to the Mes-siah. In this final personal study, you will explore some of these connections between the Davidic Psalms and the hopes for a future victorious Messiah.

DAVID, THE KINGLY PROPHET

The rabbis tell us that David was the greatest Torah scholar of his generation.[2] Therefore, it only makes sense that David's study would lead him to know and write psalms about the Messiah. The Holy Spirit inspired David to write most of these psalms, the worship manual of Israel, and he prophet-ically spoke of Messiah in many of them. David certainly wrote about his own experiences. But underlying his writing, the focus was not on himself as king, but on the King of kings. As one author said, "The agony of the cross was not something David could have witnessed. The resurrection was not something he could have thought of. Yet, he identified closely with the Christ [Messiah] and wrote things as the Spirit of God revealed them."[3]

1. Read Psalm 2, Hebrews 1:5, and Revelation 11:15. In Psalm 2, David clearly described the Messiah. What names can you find in that psalm that relate to Yeshua? What does David predict?

2. Read Psalm 16. The opening verse states this is a miktam (or michtam) psalm of David. "Some translate the word 'golden,' i.e., precious. The root of the word means to stamp or grave, and hence it is regarded as denoting a composition so precious as to be worthy to be engraven on a durable tablet for preservation; or, as others render, 'a psalm precious as stamped gold,' from the word *kethem*, fine or stamped gold.' "[4] David wrote this psalm during a time of crisis, but it also powerfully speaks of the Messiah. What can you find in this psalm that describes Messiah? What can you find that describes what the Messiah does for us?

3. Read Psalm 22 and Matthew 27:46. This is one of David's finest messianic psalms and one of the most significant prophecies in the Bible. How does this psalm point to Yeshua, the greater David? What can you learn about what Jesus was thinking from David's song?

4. Read Psalm 24 and Psalm 68:18. As one scholar notes, "Psalm 24 will deal with the crown. Psalm 22 deals with Jesus' death and Psalm 23 with His life. . . . Here in Psalm 24, we'll see the Chief Shepherd who is coming back for us (1 Peter 5:4)."[5] Who truly has "clean hands and a pure heart" (Psalm 24:4)? How is your faith strengthened when you consider the "everlasting doors" (verse 9) will open again—that Jesus is coming again?

DAVID, THE SHEPHERD PROPHET

David, a man of passionate worship and prayer, spent many of his days in the field as a shepherd. In Jewish tradition, David's ability to shepherd his father's sheep is one of the primary reasons the Lord selected him to be Israel's royal shepherd. The Lord knew that if David could treat literal sheep as well as he did, he would be able to shepherd God's own people. God's choice of David, the compassionate shepherd, forms the New Testament background for Jesus' statement, "I am the Good Shepherd" (John 10:11).

5. Read Psalm 23, 1 Samuel 16:10–11, John 10:11, Hebrews 13:20, and 1 Peter 5:4. In Psalm 23, we find David describing the Lord as a shepherd. Picture David, in a valley, tending his flock. He looks out, and the Holy Spirit gives him a vision of the Messiah as Master Shepherd. As you read the Psalm, what blessings has the Master Shepherd brought to your life? How has he led you through dark valleys into green pastures?

6. If the Lord is your shepherd, it means you are his sheep. "So you, My sheep, the sheep of My pastures, you are human, and I am your God" (Ezekiel 34:31). What should be your attitude if you are indeed a sheep being led by your shepherd, Jesus?

7. Read Psalm 78:66–72, Luke 15:3–6, John 10:11–18. Shepherding is one of the oldest occupations in the world. David's life as a shepherd continued as he became Israel's king. How would you summarize the life of a shepherd?

8. What must a shepherd do to take care of his flock properly? What characteristics does Jesus, Messiah, have that make him the Master Shepherd?

9. Read Psalm 28 and Matthew 11:28. David wrote this psalm during a difficult time. It is possible he wrote it when facing Goliath, or, as many commentators believe, when his son Absalom led an insurrection against him. Whatever the circumstance, David returns to his roots as a shepherd (see Psalm 28:8–9). Although David is in a tough place, he knows the Good Shepherd is there too. What kind of rest does God offer? When was a time when you felt under attack or weak and you felt the Good Shepherd's presence?

WHAT DAVID'S MESSIANIC PSALMS MEANS FOR YOU

As we look at the messianic psalms of David, it's clear that David wrote them under the inspiration of the Holy Spirit. The Lord led him to take a step away from his own experiences and look ahead to compose these songs about the coming Messiah. When we read them, at one level we find David describing his own trials and tribulations. But at another level, we discover a glimpse of the suffering and victories of God's Son. God is revealing to David a picture of the Messiah approximately 1,000 years before he was born.

The fact that David, Yeshua's ancestor, wrote about him is significant. Yeshua is often referred in Scripture as the Son of David. Here, we have evidence of David looking ahead to the real King, the Good Shepherd, the Redeemer. If David and the other prophets can look forward and clearly see Jesus, then shouldn't we likewise set our hearts and minds on the Messiah?

10. Read Psalm 8, Luke 17:22–33, and Hebrews 2:14–18. In Psalm 8, David speaks of the "son of man" (see Psalm 8:5). This is a name that Jesus applies to himself (see Luke 17:22, 24, 25, 30). What does the phrase "son of man" mean to you? According to the author of Hebrews, what this significance of this title?

11. Read Psalm 31, 2 Samuel 22:1, and Luke 21:28. David writes in Psalm 31 about being protected by God. By the end of the psalm, he is asking God for deliverance and then strongly urging others to depend on God totally. David saw a vision of Yeshua's protection and deliverance in both his first and second comings. How has Jesus protected and delivered you? How will he protect and deliver you eternally?

12. Read Psalm 51 and Romans 5:1–11. David had his difficulties, and at times he sinned. In Psalm 51, we find him seeking redemption. How does David describe himself? What is he asking God to provide? What does Paul say the Messiah did for us in this regard?

13. Read Psalm 40 and Romans 8:1–2. David describes how God brought him "up out of the slimy pit, out of the mud and mire" and "set my feet on a rock" (Psalm 40:3). David finds his hope and peace by placing himself in God's hands, knowing that the Lord will not forsake him in spite of the sins of his past. How does it comfort you to know that Jesus accepts you and welcomes you as you are? How do you respond to the fact that there is "no condemnation for those who are in Messiah Yeshua" (Romans 8:1)?

Notes

1. William D. Mounce, *Mounce's Complete Expository Dictionary of Old & New Testament Words* (Grand Rapids, MI: Zondervan, 2006), 547.
2. "Psalms (Tehilim)," Torah.org, https://torah.org/learning/basics-primer-torah-psalms/.
3. Stephen Watkins, *Jesus Our Jewish Messiah,* vol. 1: Once in Time, (Flagstaff AZ: Lessons from Heaven Publications, LLC, 2009), 32.
4. M. G. Easton, *Easton's Bible Dictionary* (New York: Harper & Brothers, 1893).
5. Jon Courson, *Jon Courson's Application Commentary: Volume Two: Psalms–Malachi* (Nashville, TN: Thomas Nelson, 2006), 30.

LEADER'S GUIDE

Thank you for your willingness to lead your group through this study. What you have chosen to do is valuable and will make a great difference in the lives of others. Small groups are important in God's work. As Howard Snyder wrote, "Virtually every major movement of spiritual renewal in the Christian church has been accompanied by a return to the small group and the proliferation of such groups in private homes for Bible study, prayer and discussion of the faith."[1] Small groups provide tremendous opportunities for intimate fellowship among believers in Christ, prayer, and learning that leads to spiritual growth.

Mysteries of the Messiah is a six-session study built around video content and small-group interaction. As the group leader, your role is not to answer all the questions or reteach the content—the video, book, and study guide will do most of that work. Your job is to guide the experience and cultivate your small group into a kind of teaching community. This will make it a place for members to process, question, and reflect on what they are learning.

Before your first meeting, make sure everyone in the group gets a copy of the study guide. This will keep everyone on the same page and help the process run more smoothly. If some group members are unable to purchase the guide, arrange it so that people can share the resource with other group members. Giving everyone access to all the material will position this study to be as rewarding an experience as possible. Everyone should feel free to write in his or her study guide and bring it to the group every week.

SETTING UP THE GROUP

You will need to determine with your group how long you want to meet each week so you can plan your time accordingly. Generally, most groups like to meet for either ninety minutes or two hours, so you could use one of the following schedules:

SECTION	90 MINUTES	120 MINUTES
WELCOME (members arrive and get settled)	10 minutes	15 minutes
SHARE (discuss one or more of the opening questions for the session)	15 minutes	20 minutes
WATCH (watch the teaching material together and take notes)	25 minutes	25 minutes
DISCUSS (discuss the Bible study questions you selected ahead of time)	30 minutes	45 minutes
RESPOND / PRAY (reflect on the message, pray together as a group, and dismiss)	10 minutes	15 minutes

As group leader, you will want to create an environment that encourages sharing and learning. A church sanctuary or formal classroom may not be as ideal as a living room, as those locations can feel formal and less intimate. No matter what setting you choose, provide enough comfortable seating for everyone, and, if possible, arrange the seats in a semicircle so everyone can see the video teaching easily. This will make transition between the video and group conversation more efficient and natural.

Also, try to get to the meeting site early so that you can greet participants as they arrive. Simple refreshments create a welcoming atmosphere and can be a wonderful addition to a group study evening. Try to take food and pet allergies into account to make your guests as comfortable as possible. You may also want to consider offering childcare to couples with children who want to attend. Finally, be sure your media technology is working properly. Managing these details up front will make the rest of your group experience flow smoothly and provide a welcoming space in which to engage the content of *Mysteries of the Messiah*.

STARTING THE GROUP TIME

Once everyone has arrived, it's time to begin the group. Here are some simple tips to make your group time healthy, enjoyable, and effective.

First, begin the meeting with a short prayer and remind the group members to put their phones on silent. This is a way to make sure you can all be present with one another and with God. Next, give each person a few minutes to respond to the questions in the "Share" section. This won't require as much time in session one, but beginning in session two, people might need more time to share their insights from their personal studies. Usually, you won't answer the discussion questions yourself, but you can go first with the "Share" questions, answering briefly and with a reasonable amount of transparency.

At the end of session one, invite the group members to complete the between-sessions personal studies for that week and read the corresponding chapters in *Mysteries of the Messiah* for the next group session. Let them know it is not a problem if they can't get to some of the between-sessions activities some weeks. It will still be beneficial for them to hear from the other participants and learn about what they discovered.

LEADING THE DISCUSSION TIME

Now that the group is engaged, watch the video together and then respond with some directed small-group discussion. Encourage all the members to participate in the discussion. As the discussion progresses, you may want to follow up with comments such as, "Tell me more about that," or, "Why did you answer that way?" This will allow the group participants to deepen their reflections and invite meaningful sharing in a nonthreatening way.

Note that you have been given multiple questions to use in each session, and you do not have to use them all or even follow them in order. Feel free to pick and choose questions based on either the needs of your group or how the conversation is flowing. Also, don't be afraid of silence. Offering a question and allowing up to thirty seconds of silence is okay. It allows people space to think about how they want to respond and also gives them time to do so.

As group leader, you are the boundary keeper for your group. Do not let anyone (yourself included) dominate the group time. Keep an eye out for group members who might be tempted to "attack" folks they disagree with or try to "fix" those having struggles. These kinds of behaviors can derail a group's momentum, so they need to be steered in a different direction. Model active listening and encourage everyone in your group to do the same. This will make your group time a safe space and create a positive community.

The group discussion leads to a closing time of response and reflection. Encourage the members to take a few moments to review what they have learned, as this will help them cement the big ideas in their minds. Conclude by praying together as a group.

GROUP DYNAMICS

Leading a group study can be a rewarding experience for you and your group members—but that doesn't mean there won't be challenges. Certain members may feel uncomfortable discussing topics that they consider personal and might be afraid of being called on. Some members might have disagreements on specific issues. To help prevent these scenarios, consider the following ground rules:

- If someone has a question that may seem off topic, suggest that it is discussed at another time, or ask the group if they are okay with addressing that topic.

- If someone asks a question you don't know the answer to, confess that you don't know and move on. If you feel comfortable, invite other group members to give their opinions or share their comments based on personal experience.

- If you feel like a couple of people are talking much more than others, direct questions to people who may not have shared yet. You could even ask the more dominating members to help draw out the quiet ones.

- When there is a disagreement, encourage the group members to process the matter in love. Invite members from opposing sides to evaluate their opinions and consider the ideas of the other members. Lead the group through Scripture that addresses the topic, and look for common ground.

When issues arise, encourage your group to follow these words from Scripture: "Love one another" (John 13:34), "If possible, so far as it depends on you, live in *shalom* [peace] with all people" (Romans 12:18), "Whatever is true . . . honorable . . . just. . . lovely . . . if there is any virtue and if there is anything worthy of praise—dwell on these things" (Philippians 4:8), and, "Be quick to listen, slow to speak, and slow to anger" (James 1:19). This will make your group time more rewarding and beneficial for everyone who attends.

Thank you again for your willingness to lead your group. May God reward your efforts and dedication, equip you to guide your group in the weeks ahead, and make your time together in *Mysteries of the Messiah* fruitful for his kingdom.

Note

1. Howard Snyder, *The Problem of Wineskins* (Downers Grove, IL: Intervarsity Press, 1975), 164.

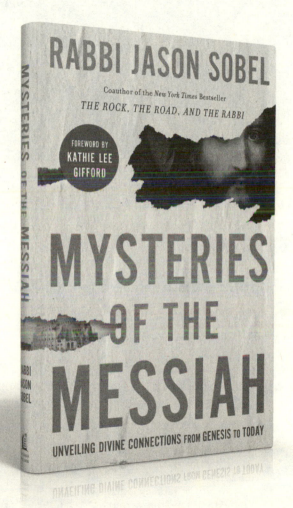

JOURNEY DEEPER
WITH RABBI JASON SOBEL
FUSIONGLOBAL.ORG

- **Add definition to your faith**
- **Restore the lost connection to your ancient roots**
- **Rediscover your forgotten inheritance**

Enrich your perspective of Yeshua-Jesus, His teaching, and His disciples by expanding your understanding of the Bible to include ancient Hebrew and contemporary wisdom, informed by the Spirit.

CONNECT DEEPER

@rabbijasonsobel

Learn how important Jesus felt festivals, traditions, and old testament teachings are. Together, lets grow to understand how important they should be to us as followers of Yeshua.

JOURNEY DEEPER
FUSIONGLOBAL.ORG

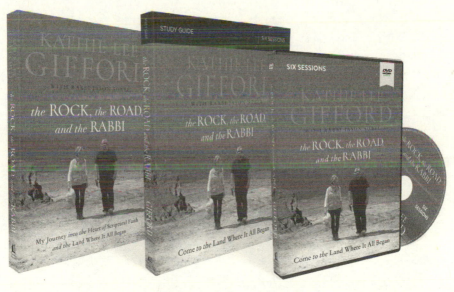

VISTAS Y VOCES LATINAS

Third Edition

Esther L. Levine
College of the Holy Cross

Constance M. Montross
Clark University

Prentice
Hall

Upper Saddle River, New Jersey 07458

Library of Congress Cataloging-in-Publication Data

Vistas y voces latinas / Esther L. Levine, Constance M. Montross [compilers]. — 3rd ed.
       p.   cm.
   Rev. ed. of: Vistas. c1995.
   ISBN 0-13-028294-4
    1. Spanish language—Readers—Spanish American literature. 2. Spanish American
literature—20th century.   I. Levine, Esther L.   II. Montross, Constance M.   III. Vistas
(1995)

PC4117 .V53 2002
468.6′468.6′421—dc21   2001033130

Publisher: Phil Miller
Assistant Editor: Meriel Martínez
Project Manager: Merrill Peterson
Prepress and Manufacturing Buyer: Tricia Kenny
Cover Director: Jayne Conte
Cover Design: Bruce Kenselaar
Marketing Manager: Stacy Best

This book was set in 11.5/13 Adobe Garamond by Interactive Composition Corporation
and was printed and bound by RR Donnelley & Sons Company.
The cover was printed by Phoenix Color Corp.

Printed in the United States of America

10   9   8   7   6   5   4

ISBN 0-13-028294-4

Pearson Education LTD., London
Pearson Education Australia PTY, Limited, Sydney
Pearson Education Singapore, Pte. Ltd
Pearson Education North Asia Ltd, Hong Kong
Pearson Education Canada, Ltd., Toronto
Pearson Educación de Mexico, S.A. de C.V.
Pearson Education—Japan, Tokyo
Pearson Education Malaysia, Pte. Ltd
Pearson Education, Upper Saddle River, New Jersey

Índice

Preface

Vistas y voces latinas is an anthology of readings by contemporary Latin American and Latino authors designed for students of Spanish who have completed at least four semesters of college-level Spanish or who have the equivalent background. The goals of this text are to help students develop conversational and reading skills in Spanish, analyze literary selections through discussion and short compositions, write creatively in Spanish and expand their knowledge of Latin American and Latino culture through investigations of the cultural topics of each chapter.

Based on our own experiences using the second edition, *Vistas: Voces del mundo hispánico,* and readers' comments, we have made several substantive changes in this third edition while retaining those components that were successful in the second edition. The new selections and features include the following:

- **New selections** by these well-known contemporary authors: Sandra Cisneros, Gustavo Pérez Firmat, Ángeles Mastretta, Marjorie Agosín and Heberto Padilla. In addition to new chapter readings, each chapter is introduced with a poem.

- **New chapter themes:** «Unidad I: La desilusión y la esperanza», «Unidad II: La soledad y la unión», «Unidad III: Los derechos humanos y la justicia social», and «Unidad IV: La imaginación y la realidad».

- **New organization** of selections and exercises:

  a. Each chapter starts with a «Para empezar» section in which students discuss and compare the poem and work of art that introduce each chapter's theme.

  b. The reading selections that introduce each unit are preceded and followed by «Antes de leer» and «Después de leer» exercises that stimulate conversation, creativity and analysis of each author's works.

  c. The biographical introductions of each author are now in Spanish, reflecting a more advanced-level text.

  d. Vocabulary lists and exercises precede the reading selections to better prepare students.

  e. Each chapter presents more selections, thus increasing the opportunities for discussion and comparison.

- **New vocabulary section of «Otras palabras útiles»** containing useful expressions and terms in Spanish.
- **New «Conexiones» section** with questions and essay topics that compare and contrast all the selections in a chapter, along with a list of recommended films and research topics.

The third edition retains the following popular features of the previous edition:

- **Readings by these highly regarded Latin American and Latino authors:** Francisco Jiménez, Rosario Castellanos, Pablo Neruda, Mario Bencastro, Silvina Ocampo, Gabriel García Márquez, and Rosario Ferré.
- **Autobiographical essays by or interviews with** the authors.
- **Vocabulary section of «Palabras problemáticas».**
- **Numerous oral and written activities** that challenge students to work with each other or individually to debate issues, create fiction, write analyses, and investigate related topics.
- **Literary selections by both men and women writers**.

UNIDAD 1

᎔᎔ ᎔᎔ ᎔᎔ ᎔᎔ ᎔᎔ ᎔᎔

La desilusión y la esperanza

Diego Rivera, Mexican, (1886–1957). "Open Air School," 1932. Lithograph, printed in black, composition: 12-1/2 × 16-3/8″ (31.9 × 41.6 cm). The Museum of Modern Art, New York. Gift of Abby Aldrich Rockefeller. Photograph © 2001 The Museum of Modern Art, New York © Banco de Mexico Diego Rivera Museum Trust.

Razones políticas, económicas, personales, étnicas o religiosas fuerzan a un individuo a inmigrar a otro país. Con la inmigración, sin embargo, no viene la felicidad instantánea ni la inmediata solución a los problemas anteriores. Al inmigrar, el individuo necesita sobrepasar obstáculos como la pobreza, la discriminación o el conocimiento de la nueva lengua. Además de estos impedimentos, debe enfrentarse al conflicto entre sus valores y tradiciones nativas y los del país adoptivo.

Entre las múltiples voces latinas de la primera unidad que contemplan la desilusión, la esperanza y el vaivén entre las dos, se encuentran las siguientes:

* Esperanza, una adolescente, que expresa sus propias luchas y las de sus vecinos pobres y marginados que esperan un futuro mejor, añoran el pasado y sobreviven un presente lleno de dificultades,
* un niño de una familia migratoria que sufre por su hogar transitorio, su falta de saber inglés o de no tener amigos en la escuela y
* un exiliado cubano que examina la relación ambigua y problemática entre el idioma, la cultura, el lugar y la identidad.

1

¿Cómo se sienten frente a los desafíos que les presenta la vida? ¿Pueden o no resolver sus conflictos? ¿Cuáles son sus éxitos y fracasos? ¿En qué o en quiénes creen? ¿Cómo se ven a sí mismos y el mundo alrededor de ellos? ¿Qué quieren, qué buscan, qué esperan?

Plantado

⊐⊫ ⊐⊫ ⊐⊫ ⊐⊫ ⊐⊫

Digo (me digo) que tanta vuelta°	1	turn
acabará por aplastarnos.°		crushing us
Que no es posible residir (agrio)° aquí,		sour, bitter
vivir (agrio) allá.		
De tanto no ser quien soy	5	
acabaré por no serme.		
De tanto no estar donde estoy		
acabaré por no estarme.		
Mas llegó el momento		
de serme y estarme	10	
de llegar y quedarme:		
sangre, savia,° sabiduría		sap, vitality
ahora, en este lugar,		
prole,° pies y cabeza		offspring
definitivamente plantados.°	15	standing, planted

Gustavo Pérez Firmat

Para empezar

Describa el cuadro, "Open Air School." ¿Quiénes son las figuras? ¿Qué hacen? ¿Qué sentimientos se expresan? Lea en voz alta el poema, «Plantado». ¿Cuál es el dilema del poeta? ¿Cómo lo resuelve? Explique cómo las dos obras de arte ayudan a expresar los temas de la pintura y el poema.

Antes de leer

A. Encuestas

Divídanse en grupos de dos, tres o cuatro estudiantes. Háganse unas de las preguntas siguientes. Después de cinco o diez minutos, cada estudiante le informará a la clase de las respuestas de otro estudiante de su grupo.

1. La familia, las raíces y la identidad

    a. ¿De dónde vienen tus parientes o tus antepasados? ¿Nacieron en los Estados Unidos o en otro país? Si han emigrado de otro país, ¿por qué lo han hecho?

    b. ¿Cómo se identifican? ¿Según su grupo étnico? ¿Su religión? ¿Su nacionalidad? ¿Son ciudadanos o piensan hacerse ciudadanos?

    c. ¿Qué idiomas hablan o hablaban? ¿Cuándo y cómo los aprendieron? ¿Hablas tú más de un idioma?

2. La casa, el vecindario y los vecinos

    a. ¿Dónde vivías cuando eras niño/a? ¿Qué recuerdas de aquellos sitios? Descríbelos.

    b. ¿Te gustaba tu casa o querías cambiarla? ¿Cómo la habrías cambiado?

    c. ¿Quiénes eran tus vecinos? ¿Cómo eran? ¿Qué papel tenían en tu vida?

3. La familia, las mudanzas y los cambios

    a. De niño/a, ¿te mudaste alguna vez? ¿Por qué? ¿Cómo te sentiste?

    b. ¿Tuviste que cambiar de escuela alguna vez? ¿Qué recuerdas del cambio? ¿Hubo algunas ventajas o desventajas?

    c. Si tuvieras que emigrar a otro país, ¿adónde irías? ¿Cómo te sentirías si tuvieras que hablar otro idioma todo el tiempo? Si pudieras llevarte contigo solamente una posesión, ¿cuál sería ésta? ¿Qué tendrías que hacer para sobrevivir y triunfar en la nueva sociedad?

B. Actuaciones

Divídanse en grupos de tres, cuatro o cinco estudiantes. Cada grupo debe escoger una de las siguientes situaciones y prepararla para después presentársela a la clase.

1. Esta familia inmigró hace diez años. Los hijos se niegan a hablar la lengua nativa; a veces, fingen ser norteamericanos nativos y hasta se burlan de unos nuevos inmigrantes en el barrio. Los padres y los hijos tienen una discusión sobre la importancia de la cultura nativa.

2. Es el primer día de clase en el sexto grado de una escuela primaria. Inventen una conversación entre los personajes siguientes:

   a. un/a estudiante nuevo/a

   b. un/a estudiante tímido/a pero simpático/a

   c. el/la maestro/a

   d. un/a estudiante egoísta a quien le gusta ser el centro de atención

   e. un/a estudiante a quien le gusta burlarse de los demás

3. Después de ser despedido/a por una corporación, el padre/la madre de una familia encuentra un trabajo en otro estado. La familia tendrá que mudarse si el padre/la madre acepta ese trabajo. Inventen una conversación o discusión donde los miembros de la familia deciden qué hacer. Los personajes podrían ser:

   a. el padre/la madre con la oferta del trabajo en otro estado

   b. el/la esposo/a que tiene trabajo seguro en el estado actual

   c. un/a hijo/a de 15 años

   d. un/a hijo/a de 6 años

   e. un/a abuelo/a anciano/a que vive con la familia

   f. un/a tío/a que es psicólogo/a de niños

4. Un/a estudiante universitario/a, muy preocupado/a por su vida académica y social, se duerme. En sus sueños/pesadillas, unas personas de su niñez (amigos, maestros, vecinos, parientes) le ofrecen consejos para resolver sus problemas.

Capítulo 1

⊒⊏ ⊒⊏ ⊒⊏ ⊒⊏ ⊒⊏

Sandra Cisneros

La escritora Sandra Cisneros nació en Chicago, Illinois, el 20 de diciembre de 1954. Igual que Esperanza, la narradora adolescente de *La casa en Mango Street*, Sandra Cisneros vivía de niña en un barrio pobre con sus seis hermanos, su padre mexicano y su madre mexicanoamericana. La familia se mudaba mucho entre los Estados Unidos y México ya que el padre quería ver a su familia en México. Para la niña Sandra, leer era una manera de escaparse de la pobreza e imaginar una vida más estable con «una casa» permanente.

Sandra empezó a escribir en la escuela secundaria, sirviendo de redactora de la revista estudiantil. En la Universidad de Loyola, de la cual se graduó en 1976, se matriculó en su primera clase de escritura. Sin embargo, fue en la Universidad de Iowa donde encontró su propia voz como escritora latina al capturar en sus obras las voces y personalidades del barrio pobre de su niñez, algo que nadie conocía mejor que ella. Después de recibir la maestría en esta universidad en 1978, siguió trabajando de escritora, profesora y consejera en varias universidades, incluso más recientemente la Universidad de Michigan y la Universidad de Nuevo México.

En las últimas dos décadas ha publicado dos libros de cuentos, *The House on Mango Street* (1984) y *Woman Hollering Creek* (1991). Además ha escrito tres libros de poesía: *Bad Boys* (1980), *My Wicked Wicked Ways*

(1987) y *Loose Woman* (1994). En 1994 publicó su primer libro bilingüe para adolescentes: *Hairs: Pelitos.*

Durante su carrera ha recibido premios y becas como la del National Endowment for the Arts y la de MacArthur. Sus obras han sido premiadas por el Segundo Congreso Nacional del Cuento Chicano y la Fundación Lannan.

En las selecciones siguientes de *La casa en Mango Street,* Cisneros nos revela con buen humor y compasión la dignidad y la belleza de las personas que luchan diariamente contra la pobreza y la desesperanza.

VOCABULARIO

⋲⋲ ⋲⋲ ⋲⋲ ⋲⋲ ⋲⋲

VERBOS

avisar	*to inform*
	«Tal vez si el cirujano hubiese llegado, si él no hubiera perdido tanta sangre, si tan sólo hubiera llegado el cirujano, habrían sabido a quién **avisar**le y dónde.»
empujar	*to push*
	«El hombre tuvo que jalarla, el chofer del taxi **empujar**la. **Empuja,** jala. **Empuja,** jala. ¡Puf!»
hartarse	*to get fed up*
	«Algunas veces el hombre **se harta**. Comienza a gritar y puede uno oírlo calle abajo.»
importarle	*to be important to him, her, you, etc.*
	«Sin embargo, Marín no puede explicar por qué **le importó,** las horas y horas, por alguien a quien ni siquiera conocía.»
jalar	*to pull*
	«El hombre tuvo que **jalar**la, el chofer del taxi empujar la. Empuja, **jala**.
pertenecer	*to belong*
	«Cuatro que no **pertenecen** aquí pero aquí están.»
seguir	*to continue, to carry on*
	«**Sigue, sigue, sigue,** dicen los árboles cuando duermo.»
sobrevivir	*to survive*
	«Los que le **sobreviven** están muy lejos, se preguntarán, van a encoger los hombros, recordarán.»

SUSTANTIVOS

el apellido
last name
«Geraldo sin **apellido**.»

el bolsillo
pocket
«Nada en sus **bolsillos**.»

el bracero
day laborer
«Sólo un **bracero** más de ésos que no hablan inglés.»

el cirujano
surgeon
«Tal vez si el **cirujano** hubiese llegado, si él no hubiera perdido tanta sangre, si tan sólo hubiese llegado **el cirujano**, habrían sabido a quién avisarle y dónde.»

las escaleras
stairs
«Cualesquiera sean sus razones, si porque es gorda o no puede subir **las escaleras**, o tiene miedo al idioma, ella no baja.»

el hogar
home
«**Hogar**. **Hogar**. **Hogar** es una casa en una fotografía, una casa color de rosa, rosa como geranio con un chorro de luz azorada.»

el piso
floor; story; apartment
«Mamacita es la mujer enorme del hombre al cruzar la calle, tercer **piso** al frente.»

ADJETIVOS

enviado
sent
«Marín, que había sido **enviada** a casa con su abrigo y una aspirina, ¿cómo lo explica?»

flaco
skinny
«Cuatro árboles **flacos** de **flacos** cuellos y codos puntiagudos como los míos.»

grueso
thick; fat
«Y va saliendo un zapatito color de rosa, un pie suavecito como la oreja de un conejo, luego el tobillo **grueso**, una agitación de caderas, unas rosas fucsia y un perfume verde.»

OTRAS PALABRAS ÚTILES

al & el infinitivo
upon -ing
«Mamacita es la mujer enorme del hombre **al cruzar** la calle, tercer piso al frente.»

de vez en cuando	*from time to time, now and again*
	«¡Ay!, Mamacita, que no es de aquí, **de vez en cuando** deja salir un grito, alto, histérico, como si él hubiera roto el delgado hilito que la mantiene viva, el único camino de regreso a aquel país.»
ni siquiera	*not even*
	«Sin embargo, Marín no puede explicar por qué le importó, las horas y horas, por alguien a quien **ni siquiera** conocía.»

PALABRAS PROBLEMÁTICAS

ahorrar	*to save* (*money*)
	«El hombre **ahorró** su dinero para traerla.»
guardar	*to keep, to put away; to guard; to observe*
	La niña **guardaba** su colección secreta de cartas en el armario.
salvar	*to save; to rescue*
	A pesar de sus esfuerzos, el cirujano no pudo **salvarle** la vida a Geraldo.
el tiempo	*time*
	El hombre no tenía **tiempo** para escuchar las quejas de Mamacita.
la vez	*time, instance*
	«No sé dónde aprendió eso, pero una **vez** oí que lo dijo y me sorprendió.»

Ejercicios de vocabulario

A. Querido consejero. Con otro estudiante, lea usted las cartas siguientes e invente unas respuestas posibles del consejero.

Querido consejero,

1. «Tengo los pies muy gruesos. No van a caber en unos zapatos especiales que tiene el príncipe. El cirujano me dijo que debía hacer ejercicio y perder peso. Ni siquiera me ofrece la posibilidad de la cirujía cosmética. Tengo que hacer algo antes de que mi hermanastra se los ponga. ¿Qué debo hacer? ¿Buscar otro cirujano? ¿Otro príncipe? ¿Otro par de zapatos? Mil gracias,

   Una hermanastra fea.»

2. «Mi esposo es muy flaco y nunca come nada dulce ni grasiento. Al sentarnos a comer, él sólo come vegetales y frutas, y yo dulces y

carnes. El siempre me dice que debo comer como él. Yo le aviso
que lo voy a dejar si no empieza a comer como yo. ¿Quién tiene
razón? Muchísimas gracias,

La esposa grande.»

3. «Después de vivir fuera de casa durante el verano, ya no creo
pertenecer a mi pueblo. Mis padres quieren que viva en casa
después de que me gradúe, pero no quiero. Ya no es mi hogar.
¿Cómo puedo resolver esta situación?

Aburrido en casa.»

B. Sinónimos. Empareje usted cada palabra en la primera columna
con una palabra de la segunda columna. Indique el número
correspondiente en los espacios en blanco.

1. enviado   ___guardar dinero
2. importarle   ___a veces
3. sin embargo   ___mandado
4. de vez en cuando ___tener importancia para alguien
5. ahorrar   ___no obstante

C. Elimine la palabra que no corresponde al grupo.

1. el piso, las escaleras, el hogar, el bolsillo
2. flaco, gordo, grueso, enviado
3. seguir, sobrevivir, tener éxito, hartarse
4. el apellido, la cara, el nombre, la firma
5. el bracero, el cirujano, el hogar, el abogado
6. empujar, mover, coger, pertenecer

D. Preguntas personales. Subraye las palabras de vocabulario y conteste
las preguntas con un compañero de clase.

1. Para ti, ¿es difícil *ahorrar* dinero? ¿Por qué sí o no?
2. Más que nada, ¿qué *te importa* en la vida?
3. Cuando eras niño/niña, ¿dónde *guardabas* tus posesiones
favoritas? ¿Cuáles eran? ¿Sellos? ¿Tarjetas de béisbol? ¿Muñecas?
4. Por lo general, ¿qué llevas en los *bolsillos*?
5. Para *sobrevivir* en la universidad, ¿qué hay que hacer?

Selección autobiográfica

Entrevista con Cisneros

La selección original apareció en inglés en *Southwest Review.* Tal
revista y la autora Sandra Cisneros dieron el permiso de traducir y

reproducirla en español para esta antología. La selección es de una
entrevista entre Martha Satz y Sandra Cisneros.

SATZ: Su libro *House on Mango Street* ha sido vendido como un   1
  libro para jóvenes, pero no es el tipo de libro que se suele
  producir para los niños. ¿Pudiera usted comentar sobre eso?

CISNEROS: Quisiera comentar eso. Parece venderse como un libro
  para los jóvenes, pero mis lectores varían entre los de segundo   5
  grado, a los estudiantes universitarios, a las amas de casa. Me
  gusta que tenga tal gama°. Está escrito, supongo, con el   range
  propósito que pueda leerse como cuentos o como una novela.
  Sí, tiene un tema general.

SATZ: Supongo que el libro se vende de esa manera porque se narra   10
  la historia desde el punto de vista de una niña; la obra está
  escrita en un lenguaje sencillo pero poderoso. Se trata de una
  experiencia que no es típica de la de un libro para los jóvenes.

CISNEROS: Siempre me sorprende cuando a los niños les gusta la
  historia. Cuando se la he leído a niños, hay ciertos cuentos que   15
  comprenden y que disfrutan. Mi propósito fue escribir las
  historias que no se narran—las historias de mi madre, las
  historias de mis estudiantes, las historias de todas esas personas
  que no tienen la habilidad de documentar sus vidas. Una de las
  razones por las cuales les dediqué el libro a las mujeres fue que   20
  había tanta gente a quien estaba agradecida porque le robé sus
  historias. Así es como compuse el libro. En un sentido, es el
  diario de una adolescente. Se narran todas las historias desde
  el punto de vista de una mujer-niña que está en esa edad
  nebulosa entre la niñez y la madurez. Unos días es niña y otros   25
  días tal vez sea adulta. Eso siempre me parecía un tiempo
  misterioso así que la elegí a ella como la narradora de
  estas historias.

Las selecciones siguientes vienen de la traducción en español de
The House on Mango Street. La narradora es la joven Esperanza.

LECTURA
Geraldo sin apellido

Lo conoció en un baile. Bonito el muchachito y joven. Dijo que   1
trabajaba en un restaurante, pero ella no puede recordar en cuál.
Geraldo. Eso es todo. Pantalones verdes y camisa de sábado.
Geraldo. Eso fue lo que él le dijo.

¿Y cómo iba a saber que sería la última en verlo vivo? Un   5
accidente, ¿no sabes? Pega y corre°. Marín, ella va a todos los bailes.   hit and run

Uptown. Logan. Embassy. Palmer. Aragon. Fontana. The Manor.
Le gusta bailar. Se sabe las cumbias, las salsas y hasta las rancheras°.
Y él sólo fue alguien con quien bailó. Sí, eso es. Uno que conoció
esa noche. Correcto.

Esa es la historia. Eso es lo que ella dijo una y otra vez°. Una vez
a los del hospital y dos veces a la policía. Ni dirección, ni nombre.
Nada en sus bolsillos°. ¿No es una lástima?

Sin embargo,° Marín no puede explicar por qué le importó,° las
horas y horas, por alguien a quien ni siquiera° conocía. La sala de
emergencias del hospital. Sólo un interno trabajando todo solito.
Tal vez si el cirujano° hubiese llegado, si él no hubiera perdido
tanta sangre, si tan sólo hubiese llegado el cirujano, habrían sabido
a quién avisarle° y dónde.

¿Pero qué importa? El no significaba nada para ella. No era su
novio ni nada por el estilo. Sólo un bracero° más de ésos que no
hablan inglés. Simplemente otro ilegal. Ya sabes de cuáles. Los que
siempre parecen estar avergonzados°. ¿Y después de todo qué andaba
ella haciendo afuera a las tres de la mañana? Marín, que había sido
enviada° a casa con su abrigo y una aspirina, ¿cómo lo explica?

Lo conoció en un baile. Geraldo con sus pantalones verdes y
brillante camisa de sábado. Geraldo yendo al baile.

¿Qué importa?

Ellos nunca vieron las cocinetas°. Nunca supieron de los
departamentos° de los dos cuartos y de los cuartuchos° que él
rentaba, las órdenes de pago° semanales enviadas a su pueblo, la
casa de cambio°. ¿Cómo podían?

Su nombre era Geraldo. Y su casa está en otro país. Los que le
sobreviven° están muy lejos, se preguntarán, van a encoger los
hombros°, recordarán. Geraldo—ése se fue al norte°...nunca
volvimos a saber de él°.

glossary:
- rancheras°: Mexican dances and songs (line)
- una y otra vez°: time and time again (line 10)
- bolsillos°: pockets
- Sin embargo,°: nevertheless / le importó,°: was important to her / ni siquiera°: not even (line 15)
- cirujano°: surgeon
- avisarle°: to inform
- bracero°: day laborer (line 20)
- avergonzados°: ashamed
- enviada°: sent (line 25)
- cocinetas°: cocinas pequeñas
- departamentos°: apartamentos / cuartuchos°: cuartos muy pequeños / órdenes de pago°: money orders / casa de cambio°: bureau of exchange (line 30)
- sobreviven°: survive (line 35)
- encoger los hombros°: shrug their shoulders / norte°: los Estados Unidos / nunca volvimos a saber de él°: we never knew anything of him again

Reacción y análisis

1. ¿Qué importancia tiene el título? ¿Qué relación hay entre la información «sin apellido» y el tema del cuento?

2. ¿Qué historia les cuenta Marín sobre Geraldo a los del hospital y a la policía? ¿Cómo y dónde lo conoció? ¿Qué accidente tuvo? ¿Qué ironía se encuentra entre el tipo de accidente y la falta de identidad de Geraldo?

3. Se implica una serie de preguntas en esta selección sobre Geraldo y la reacción de los demás hacia su accidente. ¿Cuáles serían unas de estas preguntas—empezando, por ejemplo, con su nombre?

4. ¿Qué conexión hay entre la narradora y el protagonista? ¿Por qué trata de convencerse la narradora que apenas hubo una conexión? ¿Es que la narradora triunfa al destruir esta conexión? Al pensar en la muerte de Geraldo, Marín repite «qué importa». ¿Es verdad que no le importa a ella?

5. Sin saber nada de él, Marín hace varias generalizaciones sobre Geraldo. ¿Qué implican sobre la vida de un inmigrante? ¿Qué importancia tienen estas observaciones—«bracero, de ésos que no hablan inglés», «otro ilegal», «de los que parecen estar avergonzados»? ¿Qué sugieren?

6. ¿Qué efecto tienen los dos últimos párrafos sobre la historia de Geraldo? ¿Cómo sirven de contraste a las observaciones de Marín? ¿Qué intención tendrá la autora al presentarnos esta información?

7. ¿Qué características lo unen o conectan a Geraldo a su comunidad adoptiva? ¿Qué características lo separan?

LECTURA
No speak English

Mamacita es la mujer enorme del hombre al cruzar° la calle, tercer piso al frente. Rachel dice que su nombre debería ser Mamasota° pero yo creo que eso es malo.

    El hombre ahorró° su dinero para traerla. Ahorró y ahorró porque ella estaba sola con el nene-niño en aquel país. El trabajó en dos trabajos. Llegó noche a casa y salió tempranito. Todos los días.

    Y luego un día Mamacita y el nene-niño llegaron en un taxi amarillo. La puerta del taxi se abrió como el brazo de un mesero. Y va saliendo un zapatito color de rosa, un pie suavecito como la oreja° de un conejo°, luego el tobillo° grueso°, una agitación de caderas°, unas rosas fucsia y un perfume verde. El hombre tuvo que jalarla°, el chofer del taxi empujarla°. Empuja, jala. Empuja, jala. ¡Puf!

    Floreció de súbito°. Inmensa, enorme, bonita de ver desde la puntita rosa salmón de la pluma de su sombrero hasta los botones de rosa de sus dedos de pie. No podía quitarle los ojos a sus zapatitos.

    Arriba, arriba, arriba subió con su nene-niño en una cobija° azul, el hombre cargándole las maletas, sus sombrereras° color lavanda, una docena de cajas° de zapatos de satín de tacón alto°. Y luego ya no la vimos.

    Alguien dijo que porque ella es muy gorda, alguien que por los tres tramos° de escaleras, pero yo creo que ella no sale porque tiene miedo de hablar inglés, sí, puede ser eso, porque sólo conoce ocho palabras: sabe decir *He not here* cuando llega el propietario, *No*

Glosses (right margin):

1 upon crossing

un aumentativo de Mamá—indica el tamaño grande con una connotación negativa

5 saved

10 ear

rabbit / ankle / thick / hips / pull her
push her
suddenly

15

blanket
hat boxes
boxes / high heel

20

flights

speak English cuando llega cualquier otro y *Holy smokes.* No sé   25
dónde aprendió eso, pero una vez oí que lo dijo y me sorprendió.

Dice mi padre que cuando él llegó a este país comió *jamanegs*
durante tres meses. Desayuno, almuerzo y cena. *Jamanegs.* Era la
única palabra que se sabía. Ya nunca come jamón con huevos.

Cualesquiera° sean sus razones, si porque es gorda, o no puede   30   whatever
subir las escaleras, o tiene miedo al idioma, ella no baja. Todo el día
se sienta junto a la ventana y sintoniza° el radio en un programa en   tunes
español y canta todas las canciones nostálgicas de su tierra con voz
que suena a gaviota°.   sounds like a seagull

Hogar°. Hogar. Hogar es una casa en una fotografía, una casa   35   home
color de rosa, rosa como geranio con un chorro° de luz azorada°. El   stream / startling
hombre pinta de color de rosa las paredes de su departamento, pero
no es lo mismo, sabes. Todavía suspira por su casa color de rosa y
entonces, creo, se pone a chillar°. Yo también lloraría.   bawl

Algunas veces el hombre se harta°. Comienza a gritar y puede   40   gets fed up
uno oírlo calle abajo.

Ay, dice ella, ella está triste.

Oh, no, dice él, no otra vez.

¿Cuándo, cuándo, cuándo?, pregunta ella.

¡Ay, caray! Estamos *en* casa. Esta *es* la casa. Aquí estoy y aquí me   45
quedo. ¡Habla inglés!, *speak English,* ¡por Dios!

¡Ay!, Mamacita, que no es de aquí, de vez en cuando° deja salir   at times
un grito, alto, histérico, como si él hubiera roto el delgado hilito°   little thread
que la mantiene viva, el único camino de regreso a aquel país.

Y entonces, para romper su corazón para siempre, el nene-niño,   50
que ha comenzado a hablar, empieza a cantar el comercial de la
Pepsi que aprendió de la tele.

No speak English, le dice ella al nene-niño que canta en un
idioma que suena a hoja de lata°. *No speak English, no speak English.*   tin plate
No, no, no. Y rompe a llorar°.   55   bursts into tears

Reacción y análisis

1. ¿Qué relación hay entre el título y el tema del cuento?

2. La protagonista Mamacita es a la vez cómica y triste; bella y grotesca.
   Busque ejemplos de estas cualidades en el texto. ¿Qué sugieren los
   colores en estas descripciones de la mujer? ¿Por qué se burla la
   narradora de ella? ¿Qué tipo de belleza ve la narradora en Mamacita?
   ¿Cómo son las connotaciones de «Mamacita» y «Mamasota»?

3. ¿Por qué vino Mamacita a los Estados Unidos? ¿Qué sacrificio hizo su
   esposo para que viniera? ¿Cómo pasa sus días Mamacita? ¿Por qué no

baja a la calle ni quiere aprender inglés? Contraste su actitud y su rutina con las de su esposo.

4. Examine el uso de los colores, especialmente el color «rosa». ¿Qué efecto tienen estos colores sobre la historia?

5. ¿Qué conflicto hay entre la mujer y el hombre después de que vino la mujer? Para los dos, ¿qué significa la palabra «hogar»? ¿Por qué se repite esta palabra en el texto? ¿Por qué es que el esposo pinta las paredes de color de rosa?

6. El hombre se harta con la mujer mientras que ella chilla y rompe a llorar al final del cuento. ¿Por qué tienen emociones y reacciones tan diferentes? ¿Se pueden comprender las acciones y las reacciones de los dos?

7. ¿Qué papel tiene el nene-niño en el cuento? ¿Por qué rompe a llorar su madre cuando él empieza a hablar inglés?

8. La historia menciona canciones nostálgicas y la canción de Pepsi entre gritos, chillos y lloros. También aparece la radio en español y la televisión en inglés. ¿Qué emociones evocan estos sonidos? ¿Qué esperanza o desilusión hay?

LECTURA
Cuatro árboles flaquititos

Son los únicos que me entienden. Soy la única que los entiende. $\quad$ 1
Cuatro árboles flacos° de flacos cuellos° y codos° puntiagudos° $\qquad$ skinny / necks / elbows / sharp /
como los míos. Cuatro que no pertenecen° aquí pero aquí están. $\qquad$ belong
Cuatro excusas harapientas° plantadas por la ciudad. Desde nuestra $\qquad$ ragged, tattered
recámara° podemos oírlos, pero Nenny se duerme y no aprecia estas $\quad$ 5 $\quad$ cuarto
cosas.

Su fuerza es secreta. Lanzan° raíces° bajo la tierra. Crecen hacia $\qquad$ throw, hurl / roots
arriba y hacia abajo y se apoderan de la tierra entre los dedos
peludos° de sus pies y muerden° el cielo con dientes violentos y $\qquad$ hairy / chew
jamás se detiene su furia. Así se mantienen°. $\quad$ 10 $\quad$ support themselves

Si alguno olvidara su razón de ser todos se marchitarían° como $\qquad$ would wither
tulipanes en un florero, cada uno con sus brazos alrededor del otro.
Sigue°, sigue, sigue, dicen los árboles cuando duermo. Ellos $\qquad$ continue, carry on
enseñan.

Cuando estoy demasiado triste o demasiado flaca para seguir $\quad$ 15
siguiendo, cuando soy una cosita delgada contra tantos ladrillos° es $\qquad$ bricks
cuando miro los árboles. Cuando no hay nada más que ver en esta
calle. Cuatro que crecieron a pesar del° concreto. Cuatro que luchan $\qquad$ in spite of
y no se olvidan de luchar. Cuatro cuya° única razón es ser y ser. $\qquad$ whose

Reacción y análisis

1. ¿Qué relación tiene la narradora con los árboles? ¿Cómo los personifica? ¿Cómo se identifica con ellos?

2. ¿Cómo pueden mantenerse los árboles en un ambiente tan hostil?

3. ¿Qué importancia tiene el hecho de que sólo la narradora y no Nenny puede apreciar los árboles?

4. Según la narradora, ¿qué ocurriría si uno de los árboles olvidara su razón de ser? ¿Qué lecciones le enseñan los árboles a ella?

5. ¿Qué inspiración recibe de ellos cuando la narradora está demasiado triste?

6. ¿Cómo se relaciona el título con los temas de la esperanza y la desilusión? ¿Qué sugiere el uso del diminutivo, «flaquititos»?

Después de leer

TEMAS DE ANÁLISIS Y CREACIÓN

A. Análisis

Explore usted uno de los siguientes temas en las selecciones de Cisneros:

1. **La desilusión, la añoranza y la esperanza.** Compare las emociones y los motivos de los personajes en «No speak English» y «Cuatro árboles flaquititos». ¿Cómo se enfrentan a los desafíos de la vida? ¿Cómo se sienten? ¿Quién o quiénes sienten más esperanza y por qué?

2. **La visión del mundo de Esperanza.** La narradora, Esperanza, presenta sus observaciones sobre Geraldo, Marín, Mamacita y la familia de ésta. Examine estas observaciones. ¿Qué efecto tiene la perspectiva de su juventud sobre la presentación de estos personajes? ¿Qué aprende? ¿Qué tendrá que hacer para sobrevivir?

3. **¿Pertenecer o no?: cómo se puede vivir entre dos mundos.** Geraldo y Mamacita tratan de vivir en dos mundos. Analice la experiencia de los dos personajes al tratar de pertenecer en los dos lugares. En el fin, ¿presenta Cisneros algún mensaje a su lector sobre esta dualidad y el deseo de «pertenecer»?

4. **El lenguaje metafórico en «No speak English» y «Cuatro árboles flaquititos».** Analice las descripciones de Mamacita y de los árboles en «No speak English» y «Cuatro árboles flaquititos». ¿Qué ideas sugieren?

5. La estructura de *La casa en Mango Street*. Aunque las selecciones son independientes, comparten los temas de desilusión o esperanza. Escoja uno de estos temas y examine su presentación en las selecciones.

6. Los papeles de los hombres y las mujeres. Examine a los personajes femeninos y masculinos en las selecciones. ¿Qué hacen? ¿Cómo viven? ¿En qué sentido controlan sus vidas? ¿Qué problemas comparten? ¿Cómo los pueden resolver?

7. El no saber inglés presenta conflictos en la vida de Geraldo y Mamacita. ¿Cómo son estos conflictos? ¿Qué consecuencias resultan en su vida por no saber inglés? ¿Hay alguna resolución en el fin?

B. Creación

Escriba una composición original basándose en una de las ideas siguientes:

1. Mamacita y su esposo en "No speak English" discuten la posibilidad de volver a su patria.

2. La noche antes del accidente, Geraldo le escribe a su familia y le describe su vida en los Estados Unidos. Escriba esta carta.

3. Diez años después de haber escrito «Cuatro árboles flaquititos», Esperanza escribe sobre sus experiencias durante estos últimos años.

4. Describa el hogar de usted. ¿Qué elementos lo definen? ¿Cómo se siente al pensar en él?

C. Las voces

Las historias de *La casa en Mango Street* se presentan como si fueran monólogos o las voces de los personajes. Lea en voz alta una sección de una selección. ¿Cómo se puede saber que es el lenguaje hablado? Actúe y presente el monólogo enfrente de su clase.

Capítulo 2

⌧⌧ ⌧⌧ ⌧⌧ ⌧⌧ ⌧⌧

Francisco Jiménez

Francisco Jiménez nació en Jalisco, México, en 1943. Cuando tenía cuatro años, inmigró con sus padres a California en busca de trabajo como obreros migratorios. A los seis años, Francisco empezó a trabajar en los campos. La familia seguía el ciclo de cosechas°—pizcando° fresas° en Santa María en el verano, uvas° en Fresno hasta mediados de octubre y algodón° en Corcoran hasta febrero cuando volvían a Santa María por las cosechas de lechuga° y zanahorias°.

A pesar de estas mudanzas° constantes y condiciones mínimas, Francisco triunfó académicamente. Su consejero° de la escuela secundaria reconoció su potencial y lo inspiró a ir a la universidad. Con la ayuda de varias becas°, se graduó con honores en español de la Universidad de Santa Clara. Con una beca de Woodrow Wilson, obtuvo su maestría y doctorado de la Universidad de Columbia.

Co-fundador de la publicación *Bilingual Review* y consultor para el *Bilingual Press*, ha escrito extensivamente sobre la literatura y la cultura chicana. Jiménez también ha sido premiado por su dedicación a la enseñanza y su participación en comités y comisiones regionales y nacionales. En la Universidad de Santa Clara ha desempeñado varios cargos como profesor y administrador. Actualmente, allí ocupa la cátedra prestigiosa de Profesor Fay Boyle en el Departamento de Lenguas Modernas.

harvest / picking / strawberries / grapes
cotton
lettuce / carrots
moves
counselor

scholarships

17

Muchos de sus cuentos presentan las dificultades y el espíritu de los trabajadores migratorios chicanos. «Cajas de cartón», basado en sus experiencias personales, presenta la desilusión y la esperanza de un niño de obreros migratorios.

VOCABULARIO

VERBOS

apuntar	*to mark down*
	«Papá **apuntó** el número de cajas que habíamos pizcado.»
cargar	*to carry*
	«Roberto **cargó** las dos (cajas) más grandes...»
empacar	*to pack*
	«Mientras **empacábamos** los trastes del desayuno...»
pizcar	*to pick (fruit or vegetables)*
	«Papá, Roberto y yo nos fuimos a la viña a **pizcar**.»
recoger	*to gather*
	«...los trabajadores...no **recogían** tantas cajas de fresas como en...junio...»

SUSTANTIVOS

la caja	*box*
	«Vi que todo lo que nos pertenecía estaba empacado en **cajas** de cartón.»
el camión	*bus* (en México); *truck*
	«El **camión** amarillo se paró frente a la casa del señor Sullivan.»
el cansancio	*fatigue*
	«Papá...dijo con **cansancio**: 'Es todo'.»
el cartón	*cardboard*
	«...Roberto y yo comenzamos a acarrear las cajas de **cartón** al carro.»
el colchón	*mattress*
	«Papá luego cargó el **colchón** ancho sobre la capota del carro...»
la cosecha	*harvest; harvesting*
	«...el señor Sullivan nos enseñó donde estaba su **cosecha**...»

la fresa	*strawberry*
	«La cosecha de **fresas** terminaba...»
la olla	*pot*
	«Era una **olla** vieja y galvanizada...»
el polvo	*dust*
	«El **polvo** que entraba de fuera lo hacía toser repetidamente.»
la temporada	*season*
	«El señor nos permitió quedarnos allí toda la **temporada**.»
la uva	*grape*
	«La temporada de **uvas** se había terminado...»

ADJETIVOS

empacado	*packed*
	«Todo estaba **empacado** menos la olla de Mamá.»
humedecido	*watery*
	«Sus tristes ojos sumidos estaban **humedecidos**.»
mareado	*dizzy, faint*
	«Todavía me sentía **mareado** a la hora del almuerzo.»
orgulloso	*proud*
	«Papá estaba muy **orgulloso** de su carro.»

PALABRAS PROBLEMÁTICAS

solo	*alone* (adjetivo)
	Los niños estaban **solos** en la esquina esperando el camión.
sólo	*only* (adverbio)
	«El domingo **sólo** uno—el mejor pizcador—vino a trabajar.»
solamente	*only* (adverbio)
	«**Solamente** podía oír el zumbido de los insectos.»
parecer	*to seem*
	«...el sudor y el polvo hicieron que la tarde **pareciera** una eternidad...»
parecerse	*to resemble; to be similar to*
	Roberto **se parece** mucho a su hermano menor.

aparecer	*to appear, to come into view*
	De repente, el camión amarillo **apareció** en la distancia.
mover	*to move (something)*
	«Apenas podía **mover** los brazos y las piernas.»
mudarse	*to change residence*
	«...se me llenaron los ojos de lágrimas al pensar que teníamos que **mudarnos**...»
la mudanza	*move, change of residence*
	«...para quienes **la mudanza** era una gran aventura...»
sentir	*to feel* (se usa con un sustantivo)
	«...**sentí** un gran dolor de estómago...»
sentirse	*to feel* (se usa con un adjetivo)
	«Todavía **me sentía** mareado a la hora del almuerzo.»
sentarse	*to sit down*
	«**Me senté** sobre una caja...»

Ejercicios de vocabulario

A. Complete el párrafo siguiente usando palabras de la lista de vocabulario. Haga los cambios necesarios.

Después de pizcar (1)_____ toda la mañana, sentí un gran (2)_____. El (3)_____ de los insectos, el (4)_____, el calor—todo me molestaba. Bajo un árbol grande de nueces, comencé a beber agua de la jarra. Después de descansar y recuperarme un poco, comí unos frijoles de la (5)_____. Luego (6)_____ el número de (7)_____ que había pizcado esa mañana. De repente, vi pasar el (8)_____ amarillo de la escuela. Me escondí detrás del árbol.

B. Utilice las palabras que aparecen entre paréntesis para completar las oraciones. Haga los cambios necesarios.

1. (uva, fresa) La _____ es una fruta roja mientras que la _____ puede ser púrpura o verde.

2. (empacar, mudarse) Al llegar a casa, Panchito vio que habían _____ todo en cajas de cartón. El niño estaba muy triste porque la familia tenía que _____ otra vez.

3. (mareado, humedecido) A causa del polvo en la chocita, tenía los ojos _____. Cuando vio la sangre en el piso, se sintió _____.

C. Escoja la palabra correcta entre paréntesis y después complete las siguientes oraciones, usando sus propias palabras y las del vocabulario presentado anteriormente.

1. La situación de los braceros (*aparecía / parecía*) horrible porque...

2. La familia (*solo / sólo*) ganaba cincuenta dólares al mes mientras que...

3. Después de (*pizcar / empacar*) las cajas de cartón, la familia...

4. Aunque el padre (*se sentía / sentía*) muy cansado, él...

5. Antes de (*moverse / mudarse*) a Fresno, el niño...

D. **Preguntas personales.** Conteste las preguntas siguientes y después, hágaselas a otra persona en la clase.

1. ¿A quién *te pareces* más en tu familia con respecto a tu personalidad o tu aspecto físico?

2. ¿Te gusta estar *solo* en tu cuarto?

3. ¿*Te mareas* cuando viajas?

4. ¿Cómo *te sentirías* si tuvieras que *mudarte* tan a menudo como la familia del cuento?

Selección autobiográfica

La génesis de «Cajas de cartón»
Jiménez escribió estos comentarios para esta antología.

«Cajas de cartón» es un cuento autobiográfico basado en mis ⟶ 1
experiencias de niño. La acción toma lugar durante la época cuando
mi familia y yo éramos obreros migratorios. Roberto es el nombre
verdadero de mi hermano mayor; «Panchito» es mi apodo°. La idea   nickname
para el cuento se originó hace muchos años cuando estudiaba inglés   5
en la escuela secundaria en Santa María, California. La señorita
Bell, la maestra de inglés, me animaba a escribir ensayos detallando
experiencias personales. Aunque el inglés era difícil para mí, me
gustaba escribir y me esforzaba en relatar lo que conocía más
íntimamente—la vida de los trabajadores migratorios.   10

La crítica positiva de la señorita Bell sobre mis humildes
composiciones me animó a seguir escribiendo aún después de que
terminé la escuela secundaria.

En 1972 mientras estudiaba para mi doctorado en Columbia
University, le enseñé dos de mis cuentos—«Muerte fría» y «Un   15
aguinaldo°»—al profesor y escritor mexicano Andrés Iduarte.   Christmas present
Después de leerlos, me escribió una notita diciéndome que le
habían impresionado mucho porque estaban «impregnados de una
dulce rebeldía, sin rencor ni amargura°, acrisolada° en un sereno y bitterness / purified
firme amor por la justicia social».   20

Sus comentarios me impulsaron a publicarlos, y a poner por escrito impresiones que habían ido germinando a través de los años. De una multitud de apuntes° salió «Cajas de cartón», donde describo felicidades familiares y decepciones escolares experimentadas por mí mientras crecía en un ambiente de obreros migratorios. [25]

°notes

LECTURA
Cajas de cartón

Era a fines de agosto. Ito, el contratista°, ya no sonreía. Era natural. La cosecha de fresas terminaba, y los trabajadores, casi todos braceros°, no recogían° tantas cajas de fresas como en los meses de junio y julio. Cada día el número de braceros disminuía. El domingo sólo uno—el mejor pizcador°—vino a trabajar. A mí me caía bien°. A veces hablábamos durante nuestra media hora de almuerzo. Así es como aprendí que era de Jalisco, de mi tierra natal. Ese domingo fue la última vez que lo vi. [1-8]

°contractor

°day laborers, farm workers / °pizcaban picker [5]
°I liked him

Cuando el sol se escondía detrás de las montañas, Ito nos señaló que era hora de ir a casa. «Ya hes horra°», gritó en su español mocho°. Ésas eran las palabras que yo ansiosamente esperaba doce horas al día, todos los días, siete días a la semana, semana tras semana, y el pensar que no las volvería a oír me entristeció°. Por el camino rumbo a casa°, Papá no dijo una palabra. Con las dos manos en el volante° miraba fijamente hacia el camino. Roberto, mi hermano mayor, también estaba callado. Echó para atrás la cabeza y cerró los ojos. El polvo que entraba de fuera lo hacía toser° repetidamente. [10-17]

°es hora [10]
°broken

°saddened me

°headed towards home / °steering wheel [15]

°cough

Era a fines de agosto. Al abrir la puerta de nuestra chocita° me detuve. Vi que todo lo que nos pertenecía estaba empacado° en cajas de cartón°. De repente sentí aún más el peso° de las horas, los días, las semanas, los meses de trabajo. Me senté sobre una caja, y se me llenaron los ojos de lágrimas al pensar que teníamos que mudarnos a Fresno. [18-24]

°little shack, cabin
°packed [20]
°cardboard / °weight

Esa noche no pude dormir, y un poco antes de las cinco de la madrugada Papá, que a la cuenta tampoco había pegado los ojos° en toda la noche, nos levantó. A pocos minutos los gritos alegres de mis hermanitos, para quienes la mudanza° era una gran aventura, rompieron el silencio del amanecer. Los ladridos° de los perros pronto los acompañaron. [25-30]

[25]

°closed his eyes

°move
°barks, barking
[30]

Mientras empacábamos los trastes° del desayuno, Papá salió para encender° la «Carcanchita». Ése era el nombre que Papá le puso a su viejo Plymouth negro del año '38. Lo compró en una agencia de carros usados en Santa Rosa en el invierno de 1949. Papá estaba muy orgulloso° de su carro. «Mi Carcanchita» lo [31-35]

°utensils, dishes
°start

°proud [35]

llamaba cariñosamente. Tenía derecho a sentirse así. Antes de comprarlo, pasó mucho tiempo mirando otros carros. Cuando al fin escogió la «Carcanchita», la examinó palmo a palmo°. Escuchó el motor, inclinando la cabeza de lado a lado como un perico°, tratando de detectar cualquier ruido que pudiera indicar problemas mecánicos. Después de satisfacerse con la apariencia y los sonidos del carro, Papá insistió en saber quién había sido el dueño. Nunca lo supo, pero compró el carro de todas maneras. Papá pensó que el dueño debió haber sido alguien importante porque en el asiento de atrás° encontró una corbata azul.

 Papá estacionó el carro enfrente de la choza y dejó andando el motor°. «Listo», gritó. Sin decir palabra, Roberto y yo comenzamos a acarrear° las cajas de cartón al carro. Roberto cargó° las dos más grandes y yo las más chicas. Papá luego cargó el colchón° ancho sobre la capota° del carro y lo amarró° con lazos° para que no se volara con el viento en el camino.

 Todo estaba empacado menos la olla° de Mamá. Era una olla vieja y galvanizada que había comprado en una tienda de segunda en Santa María el año en que yo nací. La olla estaba llena de abolladuras° y mellas°, y mientras más abollada estaba, más le gustaba a Mamá. «Mi olla» la llamaba orgullosamente.

 Sujeté° abierta la puerta de la chocita mientras Mamá sacó cuidadosamente su olla, agarrándola por las dos asas° para no derramar° los frijoles° cocidos. Cuando llegó al carro, Papá tendió las manos para ayudarle con ella. Roberto abrió la puerta posterior del carro y Papá puso la olla con mucho cuidado en el piso° detrás del asiento. Todos subimos a la «Carcanchita». Papá suspiró°, se limpió el sudor° de la frente con las mangas° de la camisa, y dijo con cansancio: «Es todo».

 Mientras nos alejábamos, se me hizo un nudo° en la garganta. Me volví y miré nuestra chocita por última vez.

 Al ponerse el sol llegamos a un campo de trabajo cerca de Fresno. Ya que Papá no hablaba inglés, Mamá le preguntó al capataz° si necesitaba más trabajadores. «No necesitamos a nadie», dijo él, rascándose° la cabeza, «pregúntele a Sullivan. Mire, siga este mismo camino hasta que llegue a una casa grande y blanca con una cerca° alrededor. Allí vive él».

 Cuando llegamos allí, Mamá se dirigió a la casa. Pasó por la cerca, por entre filas° de rosales° hasta llegar a la puerta. Tocó el timbre°. Las luces del portal se encendieron y un hombre alto y fornido° salió. Hablaron brevemente. Cuando el hombre entró en la casa, Mamá se apresuró hacia el carro. «¡Tenemos trabajo! El señor nos permitió quedarnos allí toda la temporada°», dijo un

poco sofocada de gusto y apuntando hacia un garaje viejo que
estaba cerca de los establos.   80

   El garaje estaba gastado° por los años. Roídas por comejenes°,
las paredes apenas sostenían el techo agujereado°. No tenía
ventanas y el piso de tierra suelta ensabanaba° todo de polvo°.

   Esa noche, a la luz de una lámpara de petróleo, desempacamos
las cosas y empezamos a preparar la habitación para vivir. Roberto,   85
enérgicamente se puso a barrer° el suelo°; Papá llenó los agujeros°
de las paredes con periódicos viejos y con hojas de lata°. Mamá les
dio de comer a mis hermanitos. Papá y Roberto entonces trajeron
el colchón y lo pusieron en una de las esquinas del garaje.
«Viejita», dijo Papá, dirigiéndose a Mamá, «tú y los niños duerman   90
en el colchón. Roberto, Panchito, y yo dormiremos bajo los
árboles».

   Muy tempranito por la mañana al día siguiente, el señor
Sullivan nos enseñó donde estaba su cosecha y, después del
desayuno, Papá, Roberto y yo nos fuimos a la viña a pizcar.   95

   A eso de las nueve, la temperatura había subido hasta cerca de
cien grados. Yo estaba empapado° de sudor y mi boca estaba tan
seca que parecía como si hubiera estado masticando° un pañuelo.
Fui al final del surco°, cogí la jarra° de agua que habíamos llevado y
comencé a beber. «No tomes mucho; te vas a enfermar», me gritó   100
Roberto. No había acabado de advertirme cuando sentí un gran
dolor de estómago. Me caí de rodillas y la jarra se me deslizó° de las
manos. Solamente podía oír el zumbido° de los insectos. Poco a
poco me empecé a recuperar. Me eché agua en la cara y en el cuello
y miré el lodo° negro correr por los brazos y caer a la tierra que   105
parecía hervir°.

   Todavía me sentía mareado° a la hora del almuerzo. Eran las dos
de la tarde y nos sentamos bajo un árbol grande de nueces que
estaba al lado del camino. Papá apuntó° el número de cajas que
habíamos pizcado. Roberto trazaba° diseños en la tierra con un   110
palito. De pronto vi palidecer° a Papá que miraba hacia el camino.
«Allá viene el camión° de la escuela», susurró° alarmado. Instintiva-
mente, Roberto y yo corrimos a escondernos entre las viñas. El
camión amarillo se paró frente a la casa del señor Sullivan. Dos
niños muy limpiecitos y bien vestidos se apearon°. Llevaban libros   115
bajo sus brazos. Cruzaron la calle y el camión se alejó. Roberto y yo
salimos de nuestro escondite° y regresamos adonde estaba Papá.
«Tienen que tener cuidado», nos advirtió.

   Después del almuerzo volvimos a trabajar. El calor oliente y pe-
sado, el zumbido de los insectos, el sudor y el polvo hicieron que la   120
tarde pareciera una eternidad. Al fin las montañas que rodeaban el

---

Glosses (right margin):

- worn out / termites
- leaky, with holes
- covered / dust

- sweep / piso / holes
- tin can tops

- soaked, saturated
- chewing
- furrow / pitcher

- slipped
- buzzing

- mud
- boil
- dizzy

- marked down
- drew, traced
- turn pale
- bus / whispered

- got off

- hiding place

valle se tragaron° el sol. Una hora después estaba demasiado
obscuro para seguir trabajando. Las parras° tapaban° las uvas y era
muy difícil ver los racimos°. «Vámonos», dijo Papá señalándonos
que era hora de irnos. Entonces tomó un lápiz y comenzó a figurar　125
cuánto habíamos ganado ese primer día. Apuntó números, borró
algunos, escribió más. Alzó la cabeza sin decir nada. Sus tristes ojos
sumidos° estaban humedecidos°.

　　Cuando regresamos del trabajo, nos bañamos afuera con el agua
fría bajo una manguera°. Luego nos sentamos a la mesa hecha de ca-　130
jones de madera y comimos con hambre la sopa de fideos°, las papas
y tortillas de harina blanca recién hechas. Después de cenar nos
acostamos a dormir, listos para empezar a trabajar a la salida del sol.

　　Al día siguiente, cuando me desperté, me sentía magullado°; me
dolía todo el cuerpo. Apenas podía mover los brazos y las piernas.　135
Todas las mañanas cuando me levantaba me pasaba lo mismo hasta
que mis músculos se acostumbraron a ese trabajo.

　　Era lunes, la primera semana de noviembre. La temporada de
uvas se había terminado y yo podía ir a la escuela. Me desperté
temprano esa mañana y me quedé acostado mirando las estrellas y　140
saboreando el pensamiento de no ir a trabajar y de empezar el sexto
grado por primera vez ese año. Como no podía dormir, decidí
levantarme y desayunar con Papá y Roberto. Me senté cabizbajo
frente a mi hermano. No quería mirarlo porque sabía que él estaba
triste. Él no asistiría a la escuela hoy, ni mañana, ni la próxima　145
semana. No iría hasta que se acabara la temporada de algodón, y
eso sería en febrero. Me froté° las manos y miré la piel seca y
manchada de ácido enrollarse y caer al suelo.

　　Cuando Papá y Roberto se fueron a trabajar, sentí un gran
alivio. Fui a la cima de una pendiente° cerca de la choza y　150
contemplé a la «Carcanchita» en su camino hasta que desapareció
en una nube de polvo.

　　Dos horas más tarde, a eso de las ocho, esperaba el camión de la
escuela. Por fin llegó. Subí y me senté en un asiento desocupado.
Todos los niños se entretenían hablando o gritando.　155

　　Estaba nerviosísimo cuando el camión se paró° delante de la
escuela. Miré por la ventana y vi una muchedumbre° de niños.
Algunos llevaban libros, otros juguetes. Me bajé del camión, metí las
manos en los bolsillos, y fui a la oficina del director. Cuando entré oí
la voz de una mujer diciéndome: "May I help you?" Me sobresalté°.　160
Nadie me había hablado inglés desde hacía meses. Por varios segundos me quedé sin poder contestar. Al fin, después de mucho esfuerzo,
conseguí decirle en inglés que me quería matricular en el sexto grado.
La señora entonces me hizo una serie de preguntas que me

(glosas marginales)

swallowed
grapevines / covered
bunches

sunken / wet, watery

hose
thin noodles

bruised, beat up

I rubbed

slope

stopped
crowd

I was startled

parecieron impertinentes. Luego me llevó a la sala de clase. El señor   165
Lema, el maestro de sexto grado, me saludó cordialmente, me asignó
un pupitre°, y me presentó a la clase. Estaba tan nervioso y tan asus-   desk
tado en ese momento cuando todos me miraban que deseé estar con
Papá y Roberto pizcando algodón. Después de pasar la lista, el señor
Lema le dio a la clase la asignatura de la primera hora. «Lo primero   170
que haremos esta mañana es terminar de leer el cuento que comen-
zamos ayer», dijo con entusiasmo. Se acercó a mí, me dio su libro y
me pidió que leyera. «Estamos en la página 125», me dijo. Cuando lo
oí, sentí que toda la sangre me subía a la cabeza, me sentí mareado.
«¿Quisieras leer?», me preguntó en un tono indeciso. Abrí el libro a la   175
página 125. Mi boca estaba seca. Mis ojos se me comenzaron a
aguar°. El señor Lema entonces le pidió a otro niño que leyera.   water

    Durante el resto de la hora me empecé a enojar más y más
conmigo mismo. Debí haber leído, pensaba yo.

    Durante el recreo me llevé el libro al baño y lo abrí a la página 125.   180
Empecé a leer en voz baja, pretendiendo que estaba en clase. Había
muchas palabras que no sabía. Cerré el libro y volví a la sala de clase.

    El señor Lema estaba sentado en su escritorio. Cuando entré me
miró sonriendo. Me sentí mucho mejor. Me acerqué a él y le
pregunté si me podía ayudar con las palabras desconocidas. «Con   185
mucho gusto», me contestó.

    El resto del mes pasé mis horas de almuerzo estudiando ese in-
glés con la ayuda del buen señor Lema. Un viernes durante la hora
del almuerzo, el señor Lema me invitó a que lo acompañara a la
sala de música. «¿Te gusta la música?», me preguntó. «Sí,   190
muchísimo», le contesté entusiasmado, «me gustan los corridos°   ballads
mexicanos». El sonido me hizo estremecer. Me encantaba ese
sonido. «¿Te gustaría aprender a tocar este instrumento?», me preguntó. Debió haber comprendido la expresión en mi cara porque
antes que yo respondiera, añadió: «Te voy a enseñar a tocar esta   195
trompeta durante las horas del almuerzo».

    Ese día casi no podía esperar el momento de llegar a casa y con-
tarles las nuevas° a mi familia. Al bajar del camión me encontré con   news
mis hermanitos que gritaban y brincaban° de alegría. Pensé que era   jumped
porque yo había llegado, pero al abrir la puerta de la chocita, vi que   200
todo estaba empacado en cajas de cartón...

Reacción y análisis

1. ¿Qué aspectos de la experiencia inmigrante nos presenta Jiménez?
   ¿Ha empezado a asimilarse el niño a la vida norteamericana? ¿Por
   qué sí o por qué no?

2. ¿Por qué se narra el cuento desde el punto de vista de un niño? ¿Qué efecto tiene sobre el lector?

3. ¿Cuál es la importancia del título?

4. Haga una comparación entre la mudanza a Fresno al principio del cuento y la del final. ¿Qué efecto tienen sobre el niño estas mudanzas? ¿Y sobre el lector?

5. Una parte del cuento empieza: «Era a fines de agosto...»; la segunda parte empieza: «Era a fines de noviembre...». ¿Qué relatan las dos secciones? ¿Qué semejanzas y diferencias hay entre ellas? ¿Cómo es que las temporadas determinan la vida de la familia?

6. ¿Cómo es la casa de Sullivan? ¿Por qué la presenta así el escritor?

7. Lea de nuevo la descripción del trabajo del primer día de pizcar uvas. ¿Qué problemas hay? ¿Cómo puede resolverlos el niño?

8. Analice la descripción del primer día del niño en la escuela. ¿Con qué obstáculos se enfrenta él? ¿Cómo puede resolverlos? ¿Quién lo ayuda?

9. ¿Cómo reaccionó usted al leer que el señor Lema le enseñaría música al niño? ¿Tendría el niño esta oportunidad otra vez?

10. ¿En qué sentido le sorprendió a usted el fin del cuento? ¿Por qué nos lo presenta el escritor de este modo?

11. ¿Es el cuento optimista o pesimista? ¿Hay esperanza para el niño y su familia?

12. En la «Selección autobiográfica», Jiménez declara: «...describo felicidades familiares y decepciones escolares experimentadas por mí mientras crecía en un ambiente de obreros migratorios.» Examine cuáles son las felicidades y decepciones del niño y de su familia.

Después de leer

A. Debates y discusión

En grupos de tres o cuatro, expresen su opinión sobre las siguientes afirmaciones. ¿Están de acuerdo o no? ¿Por qué sí o por qué no? Busquen evidencia en el cuento para apoyar su punto de vista.

1. «Cajas de cartón» representa una visión optimista de la experiencia inmigrante.

2. El niño en «Cajas de cartón» va a superar sus obstáculos y tener éxito en la vida.

3. El aislamiento del protagonista en «Cajas de cartón» lo ha convertido en alguien fuerte.

4. Hay que separarse de su familia y asimilarse a la sociedad nueva para lograr sus metas personales y profesionales.

5. En el cuento, los padres representan un estorbo para los hijos.

B. Momentos decisivos

En parejas, analicen sus reacciones ante las situaciones siguientes:

1. El niño le pide ayuda a su maestro. ¿Lo habría hecho Ud.? ¿Ha tenido Ud. un maestro que haya tenido influencia en su vida?

2. El niño se sobresalta al tener que hablar inglés. ¿Cómo se siente Ud. al hablar un idioma extranjero?

3. Jiménez describe en detalle las dificultades con las que la familia tiene que enfrentarse. Si Ud. estuviera en la misma situación, ¿cuál sería el obstáculo más difícil para Ud.? ¿Se sentiría orgulloso/a o avergonzado/a de su familia y su situación?

C. Creación

1. Ud. es el niño de «Cajas de cartón». Escriba dos o tres entradas en el cuaderno diario que Ud. mantiene.

2. Ud. es el niño. Escriba una carta al señor Lema, quince años más tarde, donde Ud. le cuenta lo que le ha ocurrido durante esos años.

3. Desde el punto de vista de Roberto o del señor Lema, escriba su versión breve de la trama del cuento «Cajas de cartón».

4. Es la noche antes de una mudanza. Escriba una conversación entre los padres de «Cajas de cartón». ¿Qué esperanzas tienen para sus hijos? ¿Cómo se sienten? ¿Cómo ha sido su vida?

5. Escriba un final diferente para este cuento.

D. Análisis literario

Escriba un ensayo de exposición de uno de los temas siguientes:

1. «Cajas de cartón» presenta varios aspectos de la experiencia inmigrante a través de la historia del niño. Escriba sobre los efectos y las consecuencias que esta experiencia tiene sobre el niño.

2. Examine la relación entre las palabras del título y los temas del cuento.

3. La voz narrativa del cuento es la de un niño. Analice el efecto de esta técnica sobre el tono del cuento y el mensaje del autor.

4. Este cuento presenta a un niño que desea aprender y a un maestro que quiere enseñar. Examine el papel de la enseñanza aquí y su efecto sobre la experiencia inmigrante.

Capítulo 3

Gustavo Pérez Firmat

Su nacimiento en Cuba en 1949 y su crianza en Miami después de la llegada de Castro a Cuba forjaron la identidad cubana y cubano-americana que Gustavo Pérez Firmat analiza y examina en su prolífica carrera literaria.

Pérez Firmat ha triunfado como profesor y escritor. Duke University lo premió en 1995 por su excelencia como profesor. Actualmente, ocupa la cátedra prestigiosa "David Feinson" de literatura hispanoamericana en Columbia University.

Además de recibir múltiples becas y premios nacionales, Pérez Firmat se ha destacado por su producción literaria. Poeta, ha publicado tres colecciones de poesía en inglés y español—*Carolina Cuban, Equivocaciones* y *Bilingual Blues.* Ensayista y narrador, ha escrito sobre la crítica literaria y cultural en *Idle Fictions, Literature and Liminality,* y *Do the Americas Have a Common Literature?* Sus libros como *The Cuban Condition, Life on the Hyphen* y *My Own Private Cuba* han tratado de descifrar el enigma de la identidad cubana. *Next Year in Cuba,* otro libro que trata de este tema, fue nominado para el Premio Pulitzer en 1995.

Por su creación literaria se puede comprender por qué *Hispanic Business Magazine* lo incluyó en su lista de los 100 hispanos de más influencia y *Newsweek* en su lista de los 100 americanos de más promesa en el próximo siglo.

Las selecciones en este texto vienen de su ensayo personal sobre el exilio, *Cincuenta lecciones de exilio y desexilio,* publicado en el año 2000.

VOCABULARIO

⧻ ⧻ ⧻ ⧻ ⧻

VERBOS

alcanzar	*to reach, to catch up to* «Pero llega un momento cuando la edad nos **alcanza**...»
cumplir	*to reach (an age); to fulfill* «Hoy **cumplo** años.»
durar	*to last* «...pues sólo **dura** lo que **dura** una vida.»
ensayar	*to try out, to rehearse* «**Ensayo** un procedimiento menos doloroso...»
entristecer	*to sadden* «Esa otra vida...me **entristece**...»
envejecer	*to age* «**Envejecer** es aterrizar.»
heredar	*to inherit* «...el exiliado que sobrevive **hereda** de sus muertos...»
jurar	*to swear* «...Miguel...**juraba** que había salido de Cuba...»
regalar	*to give (a present)* «Por mi cumpleaños me voy a **regalar**...»
soler	*to be in the habit of* «**Suelo** citar una frase...»

SUSTANTIVOS

la búsqueda	*search* «...me dedico a la **búsqueda** de una vida en español.»
el despacho	*study, office* «Hoy por la mañana reconfiguré mi **despacho**...»
el destierro	*exile* «...todos esos refugiados que llevaron su **destierro**...»

la espera	*waiting, expectation*
	«Lo que primero fue expectativa después se hizo **espera**.»
la oscuridad	*darkness*
	«La **oscuridad** no siempre es noche...»
el vacío	*emptiness, void*
	«...y hago mía...su nostalgia, su mirada al **vacío**.»

ADJETIVOS

dulce	*sweet; gentle, meek*
	«Esa otra vida...es **dulce**.»
encerrado	*shut in, confined*
	«**Encerrado** en mi renovado despacho...»
preciso	*necessary*
	«...para cambiar de idioma es **preciso** cambiar de vida.»

OTRAS PALABRAS ÚTILES

a lo mejor	*maybe, probably*
	«Aunque **a lo mejor**...morir en el exilio es seguir...»
de ahora en adelante	*from now on*
	«**De ahora en adelante,** al entrar en mi despacho...»
no obstante	*nevertheless, however*
	«...y **no obstante** me siento acompañado...»
por lo tanto	*therefore*
	«**Por lo tanto**...alguien tendrá el récord...»

PALABRAS PROBLEMÁTICAS

compromiso	*obligation, commitment*
	«Y mi **compromiso** con este paisaje...»
convenio	*agreement; compromise*
	La autora y su esposo han firmado un **convenio**.
darse cuenta de	*to realize*
	«...entonces **nos damos cuenta de** que ya no hay...»
realizar	*to bring to fruition*
	Espero **realizar** mi sueño de volver a Cuba.
la lengua	*language*
	«...como pérdida de lenguaje, o mejor dicho, de **lengua**.»

el lenguaje	*use of words, grammar, language*
	«Siento el exilio...como pérdida de **lenguaje**...»
el idioma	*language*
	«Para cambiar de **idioma** es preciso cambiar de vida.»
ya no	*no longer*
	«...**ya no** hay tiempo para seguir callando.»
todavía	*still*
	Todavía hay tiempo para seguir.
todavía no	*not yet*
	Todavía no ha terminado la novela.
ya	*already*
	Ya terminó la novela.
raro	*strange*
	«...tiende a convertirse en un bicho **raro**...»
único	*unique, rare*
	Esta cerámica es muy **única**.
extraño	*strange*
	¡Qué **extraño** es ese hombre!
extranjero	*foreigner, foreign*
	El **extranjero** viene de Cuba.

Ejercicios de vocabulario

A. Complete las oraciones siguientes:

Mis resoluciones para el Año Nuevo

1. Voy a cambiar mi vida. *De ahora en adelante...*
2. Prometo que cuando tenga un *compromiso,* yo...
3. No voy a *envejecer* nunca porque...
4. *Juro* que nunca más...
5. Quiero *realizar* la ambición de...

B. Complete el cuento con la palabra adecuada de la lista siguiente. Use la forma correcta de los verbos.

regalar	despacho	único
soler	preciso	extranjero
heredar	dulce	darse cuenta de
cumplir	raro	oscuridad

La fiesta de cumpleaños

El domingo, Juanita iba a (1)_____ veinte años y sus padres planeaban una fiesta de sorpresa para ella. Primero, compraron un pastel muy (2)_____ en una pastelería en la ciudad. Después, decidieron que en vez de (3)_____ los regalos típicos como flores y chocolates, Juanita iba a (4)_____ el collar de la bisabuela, un collar muy especial y (5)_____. Invitaron a muchas personas, incluso a unos estudiantes (6)_____ de Europa, los cuales eran amigos de Juanita.

Al fin llegó la hora de la fiesta. Era (7)_____ mantener la sala en (8)_____ para que Juanita no sospechara nada. Cuando ella llegó a su casa, pensó que todo estaba muy (9)_____ porque había demasiado silencio y la casa siempre (10)_____ tener muchas luces encendidas. De pronto, oyó el grito «¡Sorpresa!» de la dirección del (11)_____ de su mamá. Entonces, Juanita (12)_____ que era su celebración de cumpleaños.

C. Preguntas personales. Conteste las preguntas siguientes y después, hágaselas a otra persona en la clase.

1. ¿Sabes de algún *convenio* que haya ayudado al mundo?

2. ¿Cómo te sentirías si tuvieras la experiencia del *destierro*?

3. ¿Qué metas quieres *alcanzar* en tu vida?

4. ¿Te gustaría aprender otra *lengua* además del español? ¿Por qué sí o por qué no?

Selección autobiográfica

Comentario de Pérez Firmat

Pérez Firmat escribió estos comentarios para esta antología.

No soy un escritor sino un hombre que escribe. Mi primer poema lo escribí la noche en que nació mi hijo David en junio de 1981. Por alguna misteriosa razón, para mí la autoría y la paternidad van juntas. Desde esa noche sigo escribiendo, sin trazarme grandes planes o propósitos, sencillamente respondiendo a urgencias o preocupaciones del momento (que pueden, no obstante°, durar° años y años). El escritor cubano Virgilio Piñera dijo una vez: «La literatura no es estilo sino respiración.» Eso es la literatura para mí: oxígeno, aire, desahogo°, respiración artificial o más bien artificiosa°.

nevertheless / last

emotional release / artful

LECTURA
Cincuenta lecciones de exilio y desexilio

Las próximas selecciones vienen del libro *Cincuenta lecciones de exilio y desexilio,* una colección de cincuenta ensayos escritos por Pérez Firmat al cumplir los cincuenta años.

V

Hoy por la mañana reconfiguré mi despacho°, moviendo el escritorio, el butacón°, las mesitas, la lámpara. Esta tarde, cuando me siente a leer, en vez de ver los estantes° de libros, casi todos en lengua inglesa, miraré hacia los árboles. Mis hijos me dicen que el butacón frente a las ventanas les recuerda un cuento donde el protagonista se sienta, despreocupado, a leer sin tino° su destino en una novela. Me alegra que para ellos, también, la vida se confunda con la literatura. Según el poeta Derek Walcott, para cambiar de idioma es preciso° cambiar de vida. Ensayo° un procedimiento menos doloroso: mover los muebles°.

Sentado en el butacón que me acompaña hace más de veinte años, y que ha asistido a la escritura de un puñado° de libros en inglés, empiezo a escribir, a desvivir. Me doy cuenta de que lo primero que debo hacer es cambiarles de nombre a los árboles que observo por la ventana. He creído que los objetos, igual que las personas, igual que los lugares, tienen una nacionalidad. Las cosas que conforman mi entorno° llevan sus nombres a cuestas°, y esos nombres las arraigan° en un idioma. Ese roble a diez metros de mi ventana, es un *oak;* ese empinado tronco que le hace pareja°, es un *pine.* Tendré que arrancárselos°, Adán de nuevo, para bautizarlos en español.

De ahora en adelante° al entrar en mi despacho, que ya no es *my study,* al sentarme en el butacón, que ha dejado de ser *my reading chair,* y al contemplar el bosque, que nunca más llamaré *the woods,* tendré que mirar en español. Suelo° citar una frase de Elías Canetti que leí en inglés: *A language is a place.* En adelante, la citaré en español: «El lenguaje es un lugar.» Me suena mejor en inglés, aunque tal vez sea sólo por la costumbre. La verdadera dificultad estribará° en convencerme de que la fórmula inversa es falsa: un lugar no tiene lenguaje; puedo imponerle cualquier idioma a cualquier lugar, a cualquier hogar.

Glosas (marginal):
1 study
reading chair
shelves

5

aimlessly

necessary / I try out
10 furniture

handful

15

surroundings / as a burden / firmly root them
complements it
20 tear them out
from now on

I am in the habit of

25

will rest

30

Reacción y análisis

1. Pérez Firmat cita a Walcott cuando dice que «para cambiar de idioma es preciso cambiar de vida». ¿Tienen razón los dos autores? ¿Qué simboliza el cambio de idioma?

2. ¿Qué efecto tiene la personalización del butacón al leer que éste «acompaña» al autor y «ha asistido a su escritura»?

3. ¿Por qué cree el autor que es necesario «bautizar» los objetos en español para facilitar el pensar/escribir en español?

4. En otro momento, el autor cita a Elías Canetti al decir «el lenguaje es un lugar» ("a language is a place"). ¿Cómo desarrolla Pérez Firmat esta idea? ¿Convence él al lector?

XXII

Escribo a solas, sabiendo que lo que escribo no lo podrán leer ni mi esposa ni mis hijos, y no obstante me siento acompañado, mucho más que cuando escribo en inglés. Se dice que recordar es volver a vivir; recordar también es volver a escribir. 　　　　　　1

Encerrrado° en mi renovado despacho—encerrado no, refugiado—me dedico a la búsqueda° de una vida en español. Leo poemas de Dulce María Loynaz—«Soy lo que no queda ni vuelve»— y hago mía su espera°, su nostalgia, su mirada al vacío°. Y mi compromiso° con este paisaje de pinos se torna accesorio, excéntrico. Esa otra vida es Dulce, es dulce°. Me acompaña, me consuela, me entristece°; pero no es lastre° sino ala°, liberación. El rencor del cual hablaba hace un momento se vence palabra por palabra, sílaba por sílaba. La voz trae la paz. Escribir en español es un acto de reconciliación—con mi patria, con mis padres, conmigo mismo. 　5 · 10

confined
search

waiting, expectation / emptiness, void
commitment
sweet
saddens / dead weight / wing

Salir del despacho tras un par de horas de aspirar español, de aspirar al español, es mudar de piel° y de mundo. Oigo sus rumores: platos, televisor, lavadora, retazos° de conversación. Es mi familia. Son mis hijos y mi esposa. Prefiero este mundo más mío, sin más familia que ese yo alterno que es hijo y hermano y madre y esposa. Regreso a mi refugio, al ocio° Dulce: «Me pierdo en lo oscuro, me pierdo en lo claro.» 　15 · 20

skin
remnants

leisure, idleness

Hoy cumplo años. Por mi cumpleaños me voy a regalar una noche. Una noche tropical, con flamboyán°, una mata° de mangos filipinos, arbustos° de marpacífico°, un banquito de piedra° y una fuente. 　25

La oscuridad no siempre es noche, pero hoy sí.

flamboyant tree native of the Caribbean, with flaming red flowers / planta / matas / otra mata de flores brillantes / stone

Reacción y análisis

1. ¿Por qué cree Ud. que el autor se siente «más acompañado» cuando escribe en español aunque «escribe a solas»? ¿Qué representa el español para él?

2. El español crea una distancia entre el autor y su familia. ¿Por qué nos lo informa Pérez Firmat? ¿Qué efecto tiene esto sobre el lector?

3. ¿Por qué sustituye la palabra «encerrado» con «refugiado»? ¿Qué diferencias hay entre estas palabras y sus connotaciones?

4. «Recordar es volver a vivir», nos dice el autor. ¿Qué es lo que «vuelve a vivir»?

5. «Reconciliación» es el acto de restablecer la armonía o la amistad entre dos personas. ¿Qué sugiere el autor sobre su pasado al decirnos que «escribir en español es un acto de reconciliación»?

6. ¿Qué simbolizan los regalos de cumpleaños que se otorga el autor? ¿Qué efecto tienen estas imágenes? ¿Cómo es el tono de este ensayo de celebración?

(Sin cuenta)°

without counting

> *Todo libro es una confesión,*
> *o no es absolutamente nada.*
> Varona

Sin llegar a ser libro, estas lecciones mías, viláneas o avilanadas°, este diario externo de un viaje interior, compuesto durante unas semanas antes y después de cumplir los cincuenta mal llamados años, quisiera confesar algo que no sé si nombrar error o errancia°. Creo firmemente, como he dicho, que el exilio nos convierte en otra gente. Esa disyunción° o dislexia (ya que de lecciones se trata) se manifiesta de muchas maneras, pero en mi caso la experiencia de la ruptura ha sido ante todo lingüística. Siento el exilio como *language loss,* como pérdida de lenguaje, o mejor dicho, de lengua. Pese a° que he escrito varios libros—no me atrevo° a decir que soy escritor—me considero un hombre de silencios. Cada una de las tantas oraciones que he redactado° en inglés tapa° un silencio, recubre una ausencia, la de la frase en español que no he querido o podido escribir. (Que no he querido escribir, por resentimiento; que no he podido escribir, por inseguridad.) Pero llega un momento cuando la edad nos alcanza°, y entonces nos damos cuenta de° que ya no hay tiempo para seguir callando.

   A veces quisiera nunca haber tenido la opción de escoger entre idiomas. A veces quisiera nunca haber cedido ante la tentación del inglés. El ejemplo de escritores polígotas no me alienta°, me deprime. Beckett no es Beckett ni en inglés ni en francés—pero ése es el tema de Beckett, la nulidad del ser. El escritor que, como

1   boorish

5   wandering
    separación

10 in spite of
    dare
    written
    covers

15

    catches up
    realize

20

    encourages, inspires

Beckett, practica más de un idioma tiende a convertirse en una curiosidad, un bicho° raro°, un «caso.» Aunque comparta ese destino, no me resigno a vivir en el *hyphen,* en el «entre», en ese vaivén° que he tratado de reivindicar en algunos libros. No niego que la vida en vilo° pueda satisfacer a otros; sólo afirmo que no me satisface a mí. Carezco° de vocación de alambrista°; el vaivén no me asienta°, me marea. Y eso es lo que busco más que nada: asentarme, como lo estoy ahora en este butacón, en un sólo idioma, en un sólo país, en un ambiente con gente.

    La vida en vilo nos obliga a vivir en el aire, del aire. Pero no somos criaturas de aire. Haber nacido en una isla ya es suficiente levedad. Envejecer° es aterrizar°. Pero, ¿dónde?

25	insecto / strange
	back and forth motion / suspended
	I lack / tightrope walker / does not go well with me
30	
35	To age / land from the air

Reacción y análisis

1. ¿Qué significa el juego de palabras entre el título «Sin cuenta» y el número «cincuenta»?

2. Esta lección empieza con la cita de Varona diciendo que «todo libro es una confesión». Después, el autor afirma que sus lecciones son «un diario externo de un viaje interior». Verdaderamente, ¿qué representa este libro para Pérez Firmat?

3. ¿Cree Ud. que el exilio cambia a las personas? ¿En qué sentido?

4. El exilio tiene muchos efectos sobre la persona. Uno de éstos es la pérdida de la lengua. ¿Qué consecuencias puede traer esta «pérdida»?

5. ¿Cuál es el dilema con que se enfrenta el autor como exiliado y como escritor?

6. ¿Cómo se siente el autor al haber perdido la confianza en su propia lengua a través de los años?

7. El autor nos dice que «quisiera no haber tenido la opción de escoger entre idiomas». ¿Por qué es que preferiría no haber tenido esta opción? ¿Es que un inmigrante puede «escoger»? ¿Puede un inmigrante rechazar «la tentación del inglés»?

8. Vivir en el «hyphen» es vivir entre dos culturas. ¿Es posible o agradable hacer esto toda una vida?

9. ¿Qué sugiere la imagen del alambrista y su trabajo de balancearse entre dos mundos/niveles?

10. En el fin, el autor reconoce que necesita «aterrizar», asentarse en una cultura. ¿Ha podido hacerlo él? ¿Qué connotación tiene el verbo «aterrizar»?

XLIX

*Magic City se asusta, no puede regresar
a sus orígenes, ni a su silencio.*
Esteban Luis Cárdenas

No hay silencio interminable, pues sólo dura lo que dura una vida.   1
Por lo tanto, alguien por ahí tendrá el récord del exilio de más larga
duración, marca° que será batida° algún día por uno de esos viejitos   récord / beat
que deambulan°, pena en el alma°, por las aceras° de Miami.   wander / soul /
Aunque a lo mejor° (y a lo peor) morir en el exilio es seguir   5   sidewalks /
viviendo en el exilio, y en tal caso la marca es imbatible. El exilio   maybe
nos acaba sin acabarse él.

Me informa un demógrafo amigo que en las últimas cuatro
décadas más de un cuarto de millón de cubanos han muerto lejos
de Cuba: un sinfín° de exilios sin fin. ¿A qué fin?   10   sin número

Más seguro sería el cálculo del exilio de menos duración. Sin
duda uno de los aspirantes a esta distinción ha sido mi tío Miguel,
quien juraba° que había salido de Cuba como exiliado pero que   swore
había llegado a los Estados Unidos como inmigrante. Su exilio duró
no más que el vuelo° entre La Habana y Miami. O hasta menos,   15   flight
porque tal vez, Mike, un tío vivo, se inició en el exilio al levantar el
pie para subir la escalera de abordaje°, y al plantarlo en el primer   boarding
peldaño° ya lo había superado. De ser así, el suyo fue un exilio de   step
un paso: tránsito y no trance.

Mucho más dolorosa es la suerte de aquellos cubanos—la gran   20
mayoría, parece—que nunca se resignaron o se decidieron a ser
nada más que exiliados: todos esos «refugiados» que llevaron su
destierro° a cuestas hasta el último suspiro°. Entre ellos ha habido   exilio / breath, sigh
de todo: vividores y muertos de hambre, mártires y mataperros°,   hoodlums
hombres sin nombre y renombradas damas de sociedad. Me duelen   25
todos, porque el exiliado que sobrevive hereda° de sus muertos,   inherits
quiéralo o no, el peso° y pesar° de tantas vidas incumplidas. Hace   weight / sorrow
años me parecía que nadie se moría en Miami; ahora no conozco
otra ciudad con más muertos, con más muerte, que Miami. Lo que
primero fue expectativa después se hizo espera, y a la larga la espera   30
se ha convertido en duelo°. En contra de lo que dicen algunos,   grief
Miami no es una ciudad alegre, porque en Miami se vive con la
evidencia de un exilio en agonía, con el convencimiento, por
inconfesado no menos palpable, de que ninguna peripecia histórica
ya nos puede salvar. De ser refugiados sin país hemos pasado a ser   35
exiliados sin refugio.

Reacción y análisis

1. ¿Qué sugiere el autor al decir «el exilio nos acaba sin acabarse él»?
2. ¿Qué diferencia hay entre un exiliado y un inmigrante?
3. ¿Qué intención puede tener el autor al informarnos que tantos cubanos «han muerto lejos de Cuba»?
4. ¿En qué sentido es su tío «Miguel/Mike» un caso excepcional? Según Pérez Firmat, ¿cómo se consideran la mayoría de los cubanos en Miami?

L

> *Sube a la nube el juvenil vilano.*
> *En tierra, o bajo tierra, se es gusano.°* — worm, Castro's derogatory word for Cuban exiles
> Juan José Domenchina

Se ha hecho tarde. La noche ahora es trasnoche. Miro por la ventana y no veo un solo roble, un solo pino, una sola estrella. Me imagino que el venado° habrá regresado a su bosque. Ya cumplí, me digo, soplando° las velitas° mentales del cake imaginario, haciendo mi oscuridad. [1] [5] — deer / blowing out / candles

  Me levanto del butacón, que ha vuelto a ser *reading chair,* salgo de mi despacho, que ha recobrado su aspecto de *study,* y voy en busca de compañía. La casa está toda iluminada. Huele° a sofrito° y *brownies.* En el comedor, mis hijos, pacientes como el venado, han estado esperando que termine de escribir. Al verme llegar, cantan en coro: «-¡*Apio verde to you, Papi!*» [10] — it smells / sauteed onions and garlic Cuban style

Reacción y análisis

1. ¿Qué imagen nos presenta el autor al «soplar velitas mentales» del cake imaginario?
2. ¿Cree Ud. que Pérez Firmat ha cambiado de actitud?
3. ¿Por qué es necesario nombrar las palabras en inglés para poder regresar a la vida norteamericana?
4. ¿Qué indica la mezcla de «sofrito y *brownies*»?
5. ¿Qué efecto tiene la comparación de sus hijos al venado? ¿Por qué hace esto el autor?
6. ¿Qué indica el coro de los niños «¡Apio verde to you, Papi!»? ¿Qué efecto causa sobre el autor y el lector esta mezcla de palabras?
7. ¿Qué sugiere la mezcla de español e inglés? ¿Ha podido resolver Pérez Firmat su crisis de identidad?

Después de leer

A. Encuestas

Divídanse en grupos de dos, tres o cuatro estudiantes. Háganse las preguntas que figuran a continuación. Después de cinco o diez minutos, cada grupo debe informar a la clase sobre lo que ha discutido.

1. ¿Conoces a algún exiliado en tu comunidad? ¿Qué obstáculos o problemas ha tenido esta persona? Si no conoces a nadie personalmente, ¿puedes imaginar cuáles serían estos problemas u obstáculos?

2. Desde que comenzaste tu estudio del español, ¿has tenido alguna experiencia cuando te hayas confundido con el uso del inglés y del español? ¿Cómo te sentiste?

3. Imagina que tu familia se muda permanentemente a un país hispanohablante. ¿Crees que hablarías español en tu casa? ¿Crees que buscarías un esposo / una esposa norteamericano / norteamericana? ¿Crees que les enseñarías inglés a tus hijos?

4. ¿Qué diferencias hay entre un exiliado y un inmigrante? ¿Serían sus experiencias iguales en el nuevo país? ¿Por qué sí o por qué no?

B. Opiniones

¿Qué piensa? Base su opinión según las «lecciones» de Pérez Firmat. Imagine que el gobierno de Cuba cambia y ahora es posible para los exiliados regresar a su patria después de más de cuarenta años de exilio.

1. ¿Van a regresar todos los exiliados? ¿Por qué sí o por qué no?

2. Al regresar a Cuba, ¿cómo se va a distinguir su español del de los cubanos?

3. ¿Van a sentirse los exiliados completamente «en casa»? ¿Por qué sí o por qué no?

4. ¿Qué expectativas puede tener un exiliado cubano después de tantos años de destierro?

5. Según lo que Ud. ha leído sobre las experiencias y la nostalgia de Pérez Firmat, ¿debe regresar el autor a Cuba?

C. Creación

1. Escriba una entrada en el diario de Pérez Firmat los primeros días de su regreso a Cuba. ¿Cómo se siente el autor al ver los flamboyanes y al oír español todo el tiempo?

2. En una revista aparece un artículo titulado: «Diez consejos para vivir entre dos culturas y ser feliz». Escriba este artículo.

D. Análisis literario

1. En la Selección autobiográfica, Pérez Firmat afirma: «Eso es la literatura para mí: oxígeno, aire, desahogo...» Examine el tipo de «desahogo» que experimenta el autor en cada una de las selecciones. Compare la selección **V** con la **L**—¿Hay un cambio o desarrollo de emociones entre el principio y el fin? ¿Es el acto de escribir estas «lecciones» un «desahogo» para el autor al cumplir los cincuenta años?

2. A través de estas selecciones, el autor describe su relación personal al español y al inglés. Describa y analice lo que representa cada idioma al autor. Examine si las dos lenguas tienen el mismo efecto sobre él.

3. Según lo que nos presenta Pérez Firmat en sus «lecciones», ¿cómo es el exilio cubano? Describa y examine los efectos del exilio cubano, usando ejemplos específicos de cada selección presentada aquí.

Conexiones

A. Contrastes y exploraciones

Las selecciones de Cisneros, Jiménez y Pérez Firmat comparten muchos temas. Las siguientes preguntas presentan la oportunidad para escribir ensayos de comparación y contraste de estos temas.

1. Mamacita en «No Speak English», el niño en «Cajas de cartón» y Pérez Firmat en sus «Lecciones» sufren de aislamiento. ¿Cómo es este aislamiento? ¿Qué causa el aislamiento en cada caso? ¿Qué técnicas usa cada autor para presentarlo? ¿Qué deben hacer los personajes para eliminar el aislamiento? En el fin de cada obra, ¿llega a estar menos aislado alguno de los personajes? Al examinar cada fin, ¿qué se puede deducir sobre el aislamiento según los mensajes en las tres obras?

2. La familia tiene un papel importante en las obras «Geraldo sin apellido», «No Speak English» y «Cajas de cartón». Describa la presentación de la familia en cada obra. ¿Es una fuerza positiva o negativa? ¿Ayuda al personaje a asimilarse a la nueva cultura o a separarse más de ésta? En el fin, ¿se puede decir que la fuerza de la familia ha contribuido a la desilusión o la esperanza del personaje?

3. Geraldo, Mamacita y el niño de «Cajas de cartón» sufren por no saber bastante inglés. Pérez Firmat, sin embargo, sufre por saber demasiado inglés. Examine este tipo de sufrimiento y sus consecuencias en cada una de las obras. ¿Presentan estas obras alguna solución o recomendación para poder vivir con las dos lenguas?

4. En «No Speak English», los esposos luchan por su concepto diferente de lo que es un «hogar». En «Cajas de cartón», el niño tiene problemas por no tener una casa permanente y Pérez Firmat en sus «Lecciones» siente la necesidad de cambiar el ambiente físico de su casa para poder escribir y pensar en español. ¿Qué representa el concepto «hogar» en cada una de estas obras? ¿Tienen Cisneros, Jiménez y Pérez Firmat algún mensaje sobre la definición de «hogar»?

5. «Cajas de cartón» es la historia de un niño latino escrito en primera persona. La narradora de «Cuatro árboles flaquititos» también es una niña que escribe en la primera persona. Igualmente, las «Lecciones» de Firmat son una exploración personal en primera persona de un adulto latino de cincuenta años. Examine el efecto de esta voz narrativa en cada obra.

6. Los niños de «Cajas de cartón» y «Cuatro árboles flaquititos» demuestran que a pesar de haber tenido muchos obstáculos en su

vida, tienen una fuerza interior que los inspira a seguir adelante y sobrevivir. ¿Cómo es esta fuerza interior? ¿Qué tipo de mensaje nos presentan los autores?

7. Todos los personajes en las selecciones de Cisneros, Jiménez y Pérez Firmat tratan de mantener su propia cultura a la vez de adaptarse a la nueva. Escoja a dos de estos personajes y examine la presentación de su identidad, sus conflictos y su resolución en el intento de vivir con las dos culturas.

B. Visiones cinematográficas

Hoy día se han producido una gran variedad de películas que presentan visiones de la experiencia inmigrante. Aquí aparecen algunas de éstas. Compare y analice la presentación de ciertos temas—como el aislamiento, los obstáculos en la asimilación y la desilusión y la esperanza—que causan el vivir entre dos culturas, en las obras literarias estudiadas y las películas siguientes:

1. *Nueba Yol (¡Por fin llegó Balbuena!)* (1995). Angel Muñiz, el escritor y director dominicano, presenta la historia de Balbuena, un viudo que al llegar a Nueva York descubre que no es la ciudad de sus sueños.

2. *Nueba Yol 3 (¡Abajo la nueva ley!)* (1998). La continuación de la historia de Balbuena presenta sus esfuerzos por adaptarse a la cultura norteamericana y sobrevivir a pesar de la nueva ley de inmigración.

3. *The Mambo Kings* (1992), basada en *"The Mambo Kings Play Songs of Love"*, la novela del escritor cubano-americano Oscar Hijuelos, presenta los conflictos entre los hermanos Cesar y Nestor cuando tratan de asimilarse a la cultura norteamericana.

4. *Con ganas de triunfar (Stand and Deliver)* (1988) es la verdadera historia de la experiencia del maestro Jaime Escalante al tratar de enseñar a sus estudiantes latinos la importancia de triunfar a pesar de los obstáculos y las dificultades a que se enfrentan.

5. *The Mexican Americans* (1993) es un estudio de la vida de los mexicano-americanos en los Estados Unidos.

6. *The Cubans* (1993) es un estudio de la vida de los cubanos en los Estados Unidos.

7. *The Puerto Ricans* (1993) es un estudio de la vida de los puertorriqueños en los Estados Unidos.

8. *El Norte* (1984) es la historia de Rosita y Enrique, dos hermanos guatemaltecos que inmigran ilegalmente a los Estados Unidos para escaparse de la persecución política y experimentan desilusión y esperanza en el nuevo país.

9. *El super* (1979) es la historia cómica de Roberto, un exiliado cubano que trabaja como superintendente en un edificio en Nueva York y rehusa asimilarse a la nueva cultura.

C. Investigaciones

Los siguientes temas presentan áreas de investigación que tienen relación a los temas en las selecciones literarias. Relacione su investigación a una de las selecciones estudiadas.

1. Muchas ciudades tienen programas bilingües en las escuelas y otras ofrecen la asignatura de «inglés como una segunda lengua». California, en cambio, recientemente eliminó este tipo de programa educativo. Investigue las ventajas y las desventajas de tales programas y los efectos en la educación de los niños que tratan de vivir en dos culturas y con dos lenguas.

2. César Chávez fue un chicano que empezó el movimiento para proteger y defender los derechos de los trabajadores migratorios. Dolores Huerta ha continuado a luchar por esta causa. Investigue el efecto de este movimiento sobre la presente situación de estos obreros.

3. A través de los años, los cubanos han cambiado la identidad de la ciudad de Miami. Investigue la mezcla de las dos culturas y su efecto en los negocios, la política, la vida social, etc.

UNIDAD 2

⋣ ⋣ ⋣ ⋣ ⋣ ⋣

La soledad y la unión

Jose Clemente Orozco, Mexican (1883–1949) "Epic of American Civilization: Anglo-America, (Panel 15)" (c. 1932–1934). Fresco, 120 × 103 in. Commissioned by the Trustees of Dartmouth College, Hanover, New Hampshire. Hood Museum of Art. © Orozco Valladares Family. Reproduction authorized by the Instituto Nacional de Bellas Artes.

El término «ser humano» sugiere la existencia única de cada «ser» y nuestra relación con los demás, lo «humano». Alternamos constantemente entre la soledad y la unión, la individualidad y la solidaridad. ¿Son complementarias o contradictorias estas dos fuerzas según las que vivimos—la necesidad de ser individuo y la de ser parte de una comunidad? Nuestra conciencia se mueve entre los dos estados al construir e interpretar nuestro mundo interior y el mundo alrededor de nosotros.

En las selecciones de la Unidad 2, los autores exploran estas cuestiones filosóficas. Vemos el anhelo por el amor, la desesperanza, la desilusión con los demás, la esperanza y la unión, aunque a veces ésta no sea perdurable en las relaciones íntimas entre amantes, amigos o padres.

Buscamos la intimidad, la conexión con otros seres humanos o tal vez divinos. ¿Qué significa nuestra existencia? ¿Cómo podemos seguir a pesar de la debilidad y la maldad? ¿Dónde podemos encontrar el amor, la paz, y la unión?

Mi madre cuando nos visita

∃|E ∃|E ∃|E ∃|E ∃|E

Mi madre cuando nos visita	1	
tiñe° todo		tints
de familiaridad:		
viste de verde y mar		
mi jardín de tierra adentro	5	
(cuando ella está mi casa es carabela°),		caravel
imparte el color del cariño		
a estos raros rojos otoñales		
y bajo sus pisadas° las hojas		footsteps
crujen° amorosamente.	10	rustle
El aire se hace respiración.		
La soledad se vuelve° habitable.		becomes
Lo extraño torna hogareño°		home-like, familiar
cada otoño		
mi madre cuando nos visita.	15	

Gustavo Pérez Firmat

Para empezar

1. Describa la pintura "The Epic of American Civilization—Anglo America". ¿Quiénes son las personas? ¿Cómo parecen? ¿Qué hacen? ¿Cómo están vestidos? ¿Son de la actualidad o del pasado? ¿Son caricaturas, figuras realistas, vivas o muertas? ¿Qué tienen en común? ¿Qué emociones o falta de emociones se revelan en sus caras?

2. En "The Epic of American Civilization—Anglo America", ¿cómo es que el pintor Orozco interpreta la epopeya o la historia de esta civilización? ¿Qué comentarios hace sobre la sociedad, sus valores y su historia? ¿Qué critica? ¿Cuál es su mensaje?

3. En su poema, «Mi madre cuando nos visita», Pérez Firmat expresa los efectos que tiene su madre en él y su casa cuando los visita. ¿Cuáles son estos efectos? ¿Qué nos dicen sobre la relación entre el hijo y su madre?

4. Compare los retratos emocionales en «Mi madre cuando nos visita» y "The Epic of American Civilization—Anglo America". ¿Qué es lo que les hace falta a las personas en la pintura? ¿Qué es lo esencial de la relación entre el hijo, su familia y la madre?

5. En el poema «Mi madre cuando nos visita», ¿cómo es que la madre altera la perspectiva del hijo? Examine el efecto que tiene su presencia en la casa a través de frases como «mi jardín de tierra adentro», «los raros rojos otoñales» y el color de las hojas.

6. Los últimos cinco versos del poema resumen la transformación dramática de la vida debida a la presencia de la madre. ¿Por qué es tan importante su visita para el hijo y su familia? ¿Qué echa de menos el hijo? ¿Qué es lo que lleva la madre con ella?

7. Examine el lenguaje descriptivo. ¿Qué sugieren las palabras «viste de verde y mar»? ¿La casa como «carabela»? ¿Qué mundo lleva con ella a la casa de su hijo desterrado?

Antes de leer

A. Variaciones del amor
Conteste estas preguntas y luego hágaselas a otra persona de la clase.

1. ¿Cómo pueden ser las relaciones posibles entre los hombres y las mujeres? Piense en relaciones familiares, de trabajo o de la universidad. ¿Son difíciles las amistades entre los hombres y las mujeres? ¿Por qué sí o por qué no?

2. ¿Cree usted en el matrimonio? ¿Cuáles son los elementos de un matrimonio que dura? ¿Con qué desafíos se enfrentan los esposos?

¿Qué conflictos pueden ocurrir? ¿Cómo se debe resolverlos? ¿Piensa casarse algún día?

3. Muchos matrimonios terminan en el divorcio. Muchas personas se casan más de una vez. ¿Por qué hay tantos divorcios en nuestra sociedad? ¿Ha cambiado la institución del matrimonio? ¿Por qué es que la gente se casa? ¿Qué buscan? ¿Qué quieren?

B. ¿Verdadero o falso?

Dé su opinion sobre las siguientes afirmaciones. Explique su respuesta.

1. El amor es ciego.
2. Los opuestos se atraen.
3. El amor vence todo.
4. Una madre o un padre ideal sacrifica todo por su familia.
5. Los padres deben escogerles las parejas a sus hijos.
6. Uno no debe casarse con una persona de otra religión, raza o grupo étnico.

C. Momentos poéticos

1. Todos nosotros hemos tenido experiencias muy intensas: momentos de alegría, tristeza, amor, odio, amargura, etc. Escoja una de estas experiencias y describa lo que ocurrió y lo que sintió Ud. ¿Cómo se podría transformar esta descripción en poema? ¿Qué tendría Ud. que hacer?

2. Recuerde una escena, un lugar o una experiencia de su niñez que Ud. haya gozado mucho. Utilizando imágenes de los cinco sentidos, describa esta experiencia brevemente para que otros puedan comprenderla y sentirla mejor. ¿Qué veía, escuchaba, olía, tocaba? Después, comparta su descripción con un/a compañero/a de la clase.

D. Reacciones

¿Cómo es la sociedad actual? ¿Cómo debe ser la ideal? Intercambie con los compañeros de clase sus opiniones sobre las siguientes afirmaciones:

1. La violencia es el problema más grave de la sociedad.
2. La sociedad se divide entre los que tienen y los que no tienen.
3. No es posible crear una sociedad justa.
4. La naturaleza del ser humano es buena/mala.
5. En un conflicto con los derechos de la mayoría, los derechos del individuo siempre son más importantes.
6. La familia es la institución más importante de la sociedad.

Capítulo 4

⊒⊑ ⊒⊑ ⊒⊑ ⊒⊑ ⊒⊑

Rosario Castellanos

Escritora de poesía, prosa y drama; profesora; embajadora; madre y esposa—éstos fueron unos de los papeles públicos y privados de Rosario Castellanos, una crítica perspicaz e irónica de México. En sus obras explora las dificultades de ser miembro de una minoría, sea como indígena en Chiapas o como una mujer cosmopolita en la capital. Con humor y tristeza, sus obras tratan de la injusticia, la soledad y la desilusión.

Nació el 25 de mayo de 1925 en la Ciudad de México, pero después, con su familia se trasladó a Chiapas donde vio por primera vez el tratamiento injusto de los indígenas. Esas experiencias inspiraron su primera novela, *Balún Canán,* en que Castellanos revela los prejuicios que causan tanto sufrimiento en los mundos mestizo e indígena.

A la edad de quince años se mudó a la capital para terminar sus estudios. Allí empezó a trabajar como redactora para numerosas revistas literarias y publicó sus primeros libros de poesía: *Trayectoria del polvo* (1948), *Apuntes para una declaración de fe* (1949), *Dos poemas* (1950) y *De la vigilia estéril* (1950).

Su preocupación por los indígenas y las mujeres continuó en los años posteriores. Trabajó para el Instituto Nacional Indigenista en San Cristóbal de Las Casas y escribió *Oficio de tinieblas,* su segunda novela indigenista. En los cuentos de *Álbum de familia* (1971) y *Convidados de agosto* (1964) escribió de los conflictos de las mujeres contemporáneas. Explora este tema por toda su obra literaria incluso su último drama, «El eterno femenino: Farsa», en que satiriza las creencias y los prejuicios que esclavizan a los seres humanos. En 1971 Rosario Castellanos fue nombrada embajadora a Israel. El 7 de agosto de 1974 murió en un accidente trágico. La poesía siguiente viene de la antología, *Poesía no eres tú: Obra poética, 1948–1971.*

VOCABULARIO

VERBOS

asustarse
to become frightened
«Me **asusté** mucho.»

cobrar
to charge money (for a service or article)
«Y ni siquiera **cobro**.»

enterarse (de)
to find out, to discover
«Mi mamá no **se entera**.»

envejecer
to age, to become old
«Estoy **envejeciendo**.»

rogar
to beg, to plead
«...vendrá el Príncipe Azul, porque se lo **he rogado**...»

SUSTANTIVOS

la cicatriz
scar
«...y prefiero una que otra **cicatriz**.»

el novio
boyfriend, fiancé
«No, no he tenido **novio**.»

el noviazgo
engagement
Se casaron después de un **noviazgo** de tres años.

el ruego
request
No se cumplió **el ruego** aunque ella lo pidió muchas veces.

la solterona
spinster, old maid
Tiene miedo de ser **solterona**.

ADJETIVOS

enamorado
in love
«Entonces vamos a ser felices. **Enamorados** siempre.»

soltero
unmarried
«**Soltera**, sí. Pero no virgen.»

vacío	*empty*
	«...a tener la memoria como un cofre **vacío**.»

PALABRAS PROBLEMÁTICAS

la vergüenza	*shame*
	«Al principio me daba **vergüenza**, me humillaba...»
avergonzado/a	*ashamed*
	La narradora estaba **avergonzada** de sus acciones.
el embarazo	*pregnancy*
	Su peso aumentó mucho por el **embarazo**.
embarazada	*pregnant*
	La mujer se sentía contenta porque estaba **embarazada**.
el carácter	*inner character*
	«Dicen que no fea. **Carácter** llevadero.»
el personaje	*character (in literature)*
	Hay sólo dos **personajes** en el cuento.
enamorarse (de)	*to fall in love (with)*
	Una noche estrellada, la mujer **se enamoró de** él.
estar enamorado/a (de)	*to be in love (with)*
	La mujer ya no **está enamorada de** él.
casarse (con)	*to marry*
	«Ya perdí la esperanza de **casarme**...»
por qué	*why*
	«¿Que **por qué** lo hago?»
porque	*because*
	«**Porque** me siento sola.»

Ejercicios de vocabulario

A. Los antónimos. Indique el antónimo de cada palabra en la primera columna. Escriba el número de la palabra en el blanco.

1. envejecer   ___ofrenda
2. cobrar   ___ignorar
3. solterona   ___pagar
4. ruego   ___casada
5. enterarse de   ___rejuvenecer

B. Las asociaciones. ¿Qué palabra de la primera columna se asocia con una palabra de la segunda columna? Escriba el número en el blanco.

1. porque   ___pedir
2. soltero   ___ya que
3. asustarse   ___no casarse
4. rogar   ___tener miedo
5. vergüenza   ___personalidad
6. carácter   ___encinta
7. embarazo   ___culpa

C. Preguntas personales. Conteste las preguntas siguientes y después hágaselas a otra persona de la clase.

1. ¿Qué película o novela de amor has visto o leído recientemente? ¿Quiénes son los *personajes?* ¿Cómo es el *carácter* de ellos?

2. ¿Cuánto tiempo debe durar el *noviazgo* antes de que *se casen* los novios? ¿Conoces a alguna pareja que haya tenido un *noviazgo* muy largo o muy corto?

3. ¿Cuándo fue la primera vez que *te enamoraste* de alguien? ¿Cómo era él o ella?

4. ¿Puedes recordar algún incidente cuando hayas tenido *vergüenza?* ¿Por qué te sentías *avergonzado?*

5. ¿Eres una persona optimista o pesimista? ¿Cómo ves la vida—como un vaso medio *vacío* o medio lleno?

6. ¿Tienes alguna *cicatriz* que te identifique? ¿*Por qué* la tienes?

Selección autobiográfica

En recuerdo de Rosario Castellanos

Esta selección viene de una entrevista con Rosario Castellanos por María Luisa Cresta de Leguizamón.

M.L.: Rosario, ¿se considera usted incluida dentro de alguna corriente° literaria, mexicana o hispanoamericana, como por ejemplo la indigenista°?

R.C.: Los críticos en general han coincidido en incluirme dentro de la corriente indigenista porque los personajes que protagonizan la mayor parte de mis libros de relatos° son indígenas, o mestizos°, o blancos pero en su relación con los indígenas. Sin embargo, yo no creo que esta inclusión sea válida porque lo que se entiende por literatura indigenista corresponde a una serie de

current

Indian, having to do with native peoples

stories

people of Indian and European blood

esquemas, a una concepción del mundo maniquea°, en la cual se
dividen los buenos y los malos por el color de la piel; y
naturalmente los buenos son los indios porque son las víctimas,
y los malos son los blancos porque son los que ejercen el poder,
tienen la autoridad y el dinero; y yo no creo que estos esquemas
sean válidos. Precisamente lo que he tratado de hacer en todos
mis libros es que este esquema se muestre como falso y
aparezca la ambigüedad esencial de los seres humanos; pero
además, la serie de contradicciones que existen entre las
relaciones sociales...

M.L.: Creo entender que el problema de la mujer le interesa
profundamente. Dígame algo de ello, de la mujer escritora o
intelectual, o política, o madre...

R.C.: Creo que me interesa, más que nada, el problema en general.
Ser mujer, en México, es un problema; entonces hay que
planteárselo° de la forma más lúcida posible porque creo que es
la manera de dar un paso hacia la solución. En México vivieron
con una serie de mitos respecto a la femineidad, que no se
examinan, que se supone que se practican, que se traicionan
constantemente y que no se pone en crisis el momento de la
traición y el momento de la sustentación de ese mito; que no se
ve cómo ese mito es absolutamente inaplicable a la realidad. Y
entonces, vivimos con una serie de desniveles de conducta, de
pensamientos, de convicciones, con una serie de contradicciones
entre hechos° reales y formas ideológicas y formas de
pensamientos que ya no se pueden llevar más lejos de lo que se
han llevado. Casi toda la moral nuestra, la moral que se aplica a
las mujeres y que desde luego es absolutamente distinta a la de
los hombres, porque se la considera un ser inferior, un ser
ancilar° en todos los sentidos de la palabra, la moral que se le
aplica a la mujer es una moral válida en el siglo XVI porque las
condiciones estaban dadas para que la mujer aceptara esa moral,
pero que tiene que seguir manteniendo y respetando en unas
condiciones que son ya totalmente diferentes. Ha logrado° una
independencia económica, en muchos casos superior a la del
hombre; ha logrado un acceso a todos los centros de educación
sin ningún tipo de obstáculo, ha logrado un acceso a las
representaciones populares en la política, ha logrado una serie de
derechos en la ley; pero, en la realidad, las costumbres siguen
imponiéndose, y esta mujer que «de hecho» goza de tantas
igualdades y «de derecho» también, cuando trata de vivir su
propia vida, tiene que someterse° a una moral feudal periclitada.

10 Manichean; of a
religious system
whose principal
feature is a
dualistic theology
that represents a
conflict between
15 light and darkness

20

25 to state, to present

30

facts

35

ancillary

40

achieved

45

50

submit herself

Entonces, esta serie de contradicciones, que además yo he
padecido de una manera mucho más intensa por el oficio que
escogí, el de escritora, me ha preocupado, y en muchos casos me
ha sublevado, sin que por eso quiera decir que soy feminista en   55
el sentido cursi° de la palabra. Esta situación me ha hecho   vulgar
escribir una serie de textos al respecto. Yo quisiera que quedara
claro cómo es contradictoria nuestra situación.

LECTURA

Alfred Charles Kinsey, 1894–1956, sociólogo y biólogo
norteamericano, ganó fama por su investigación del
comportamiento sexual humano. Los dos poemas siguientes, de la
colección «Otros poemas» en *Poesía no eres tú: Obra poética,* son dos
reacciones inventadas por Castellanos al cuestionario de Kinsey. En
una sociedad donde el machismo siempre ha sido una gran fuerza,
las mujeres siempre han actuado pasivas y silenciosas al tema de la
experiencia sexual. Estos dos poemas se consideran todavía
revolucionarios a causa de su visión del amor y de las relaciones
sexuales según el punto de vista de dos mujeres. Careciendo de un
contexto específicamente mexicano, el tema de la búsqueda del
amor verdadero es universal.

Kinsey Report Nº 6

Señorita. Sí, insisto. Señorita.   1
Soy joven. Dicen que no fea. Carácter
llevadero°. Y un día   easy-going
vendrá el Príncipe Azul°, porque se lo he rogado°   Prince Charming /
como un milagro° a San Antonio°. Entonces   5   begged / miracle /
vamos a ser felices. Enamorados siempre.   St. Anthony (to
¿Qué importa la pobreza? Y si es borracho   whom lovers pray)
lo quitaré del vicio. Si es un mujeriego°   womanizer
yo voy a mantenerme siempre tan atractiva,
tan atenta a sus gustos, tan buena ama de casa,   10
tan prolífica madre
y tan extraordinaria cocinera
que se volverá fiel° como premio a mis méritos   faithful
entre los que, el mayor, es la paciencia.
Lo mismo que mis padres y los de mi marido   15
celebraremos nuestras bodas de oro
con gran misa solemne.
No, no he tenido novio. No, ninguno
todavía. Mañana.

Kinsey Report Nº 2

Soltera°, sí. Pero no virgen. Tuve	1	unmarried
un primo a los trece años.		
Él de catorce y no sabíamos nada.		
Me asusté° mucho. Fui con un doctor		I became frightened
que me dio algo y no hubo consecuencias.	5	
Ahora soy mecanógrafa° y algunas veces salgo		typist
a pasear con amigos.		
Al cine y a cenar. Y terminamos		
la noche en un motel. Mi mamá no se entera°.		doesn't find out
Al principio me daba vergüenza°, me humillaba	10	shame
que los hombres me vieran de ese modo		
después. Que me negaran		
el derecho° a negarme cuando no tenía ganas°		right / didn't feel like / marked / prostituta
porque me habían fichado° como puta°.		
Y ni siquiera cobro°. Y ni siquiera	15	charge
puedo tener caprichos° en la cama.		whims
Son todos unos tales°. ¿Que por qué lo hago?		nobodies
Porque me siento sola. O me fastidio°.		get frustrated
Porque ¿no lo ve usted? Estoy envejeciendo°.	20	aging
Ya perdí la esperanza de casarme		
y prefiero una que otra cicatriz°		scar
a tener la memoria como un cofre° vacío°.		chest / empty

Reacción y análisis

KINSEY REPORT Nº 6

1. ¿Cómo es la narradora? ¿Qué nos indican sus respuestas al cuestionario de Kinsey sobre su carácter?

2. ¿Qué simboliza el Príncipe Azul? ¿En qué se basa su identidad? ¿Cómo va a realizarse?

3. ¿Qué estereotipo nos presenta del esposo típico? Compare este estereotipo con el del Príncipe Azul.

4. ¿Qué estereotipo nos presenta de la esposa ideal? Según su experiencia, ¿cómo es la relación matrimonial?

5. ¿Qué efecto tiene la repetición de la estructura comparativa con el uso de «tan»?

6. ¿Qué visión del amor nos presenta la narradora? ¿Es esta visión realista? ¿Es personal o universal?

7. ¿Qué efecto tiene la referencia a San Antonio y su poder de crear milagros? ¿Qué relación hay entre esta referencia y la visión del amor?

8. ¿Por qué está el poema escrito en el futuro? ¿Qué contraste hay entre el uso del futuro y el cambio en el último verso al pretérito perfecto? ¿Qué función tiene esta última declaración?

9. ¿Es el tono del poema optimista o pesimista? Use ejemplos específicos para ilustrar este optimismo o pesimismo.

10. Castellanos nos dice en la «Selección autobiográfica» que «en México vivieron con una serie de mitos respecto a la femineidad... que no se ve cómo ese mito es absolutamente inaplicable a la realidad». ¿Se encuentran algunos de estos mitos en este poema?

11. En la «Selección autobiográfica», Castellanos declara que «vivimos con una serie de contradicciones entre hechos reales y formas ideológicas». ¿Cómo se ilustra esta idea en el poema?

KINSEY REPORT Nº 2

1. ¿Cómo es la narradora? ¿Qué nos indican sus respuestas al reporte de Kinsey sobre su carácter?

2. ¿Qué intención tiene la narradora al afirmar en el primer verso que es «soltera» y «no virgen»?

3. ¿Cómo caracteriza su primera experiencia sexual? ¿Cómo cambia su actitud ante las relaciones sexuales durante su vida? ¿Es ésta una actitud típica de las mujeres/de los hombres?

4. ¿Qué refleja el comentario «Mi mamá no se entera»?

5. ¿Qué perspectiva nos presenta de los hombres y del trato que recibe de ellos? ¿En qué se basan estas relaciones? ¿Cómo define su experiencia sexual en términos negativos?

6. ¿Qué justificaciones presenta la narradora para su promiscuidad?

7. ¿Cómo es la «cicatriz» que menciona la narradora?

8. ¿Qué simboliza «el cofre vacío»? ¿Qué contraste hay entre éste y la cicatriz mencionada anteriormente? El poema termina con la palabra «vacío». ¿Cómo se puede aplicar la palabra a toda su vida emocional?

9. ¿Es el tono del poema optimista o pesimista? Use ejemplos específicos para ilustrar este optimismo o pesimismo.

10. En la «Selección autobiográfica», Castellanos dice que «las costumbres siguen imponiéndose, y esta mujer que 'de hecho' goza de tantas igualdades y 'de derecho' también, cuando trata de vivir su propia vida, tiene que someterse a una moral feudal...» ¿De qué igualdades goza la narradora del poema? ¿Demuestra felicidad al haber ganado estas igualdades? ¿Por qué sí o por qué no?

11. También en la «Selección autobiográfica», Castellanos afirma que «la moral que se aplica a las mujeres es absolutamente distinta a la de

los hombres porque se la considera un ser inferior...» ¿Indica este poema esta moral distinta?

12. ¿Presenta este poema los mismos estereotipos sexuales que el poema «Kinsey Report Nº 6»?

13. En el poema «Kinsey Report Nº 6», la narradora espera al Príncipe Azul mientras que en «Kinsey Report Nº 2», la narradora dice que «ya perdí la esperanza de casarme». ¿Qué representa este cambio? ¿Qué diferencias hay entre las dos narradoras? ¿Qué comparten las dos?

Después de leer

A. Correspondencia y creación

1. Acompañadas de amigos, las narradoras de «Kinsey Report Nº 6» y «Kinsey Report Nº 2» se conocen en una fiesta. Escriba un diálogo entre las dos donde ellas conversan sobre los hombres y el amor.

2. La narradora de «Kinsey Report Nº 2» se siente muy sola y le escribe a «Querida Abby» pidiéndole consejos. Escriba la carta de la narradora y la respuesta de «Querida Abby».

3. Es el «Día de los enamorados» y Ud. escribe un poema expresando su amor por su enamorado/a.

B. Análisis literario

1. Examine la soledad de las narradoras de «Kinsey Report Nº 6» y «Kinsey Report Nº 2». ¿Es igual la soledad de las dos? ¿Cómo se enfrentan a la soledad? ¿Cómo llenan el vacío en su vida? ¿Qué diferencias hay entre el presente, el pasado y el futuro de las dos narradoras?

2. Analice los papeles de las mujeres y los hombres presentados en «Kinsey Report Nº 6» y «Kinsey Report Nº 2». ¿Han cambiado estos papeles en la sociedad actual?

3. En los dos poemas, Castellanos implica que hay un doble criterio para las mujeres y los hombres. ¿Cree Ud. que debe existir? Escriba un ensayo de argumentación donde defienda o ataque las ideas de Castellanos según su propia experiencia en la sociedad actual.

Capítulo 5

⊒⊏ ⊒⊏ ⊒⊏ ⊒⊏ ⊒⊏

Ángeles Mastretta

La talentosa escritora mexicana Ángeles Mastretta nació en Puebla, México, el 9 de octubre de 1949. Después de seguir sus estudios pre-universitarios en Puebla, se trasladó a la Ciudad de México. Allí estudió periodismo en la Facultad de Ciencias Políticas y Sociales de la UNAM y recibió su título en Comunicaciones.

Durante los años siguientes, colaboró en periódicos y revistas como *Excélsior, Unomásimo, La Jornada, Proceso* y *Ovaciones*. Reconociendo su talento artístico, el Centro Mexicano de Escritores le otorgó una beca para participar en un taller literario con autores mexicanos como Juan Rulfo. Entre 1975 y 1982, trabajó como directora cultural en varios lugares como la ENEP y el Museo del Chapo. En 1988 apareció frecuentemente en «La almohada», un programa de televisión de charlas y entrevistas. Es miembro del Consejo Editorial de la revista feminista *FEM* y la revista *NEXOS*. También hace años que colabora para esta última con su columna «Puerto libre». De vez en cuando también escribe para periódicos extranjeros como *Die Welt* y *El País.*

Su obra literaria ha sido premiada mundialmente. *Arráncame la vida* (1985), su primera novela, que fue traducida al inglés en 1989 con el nombre de *Mexican bolero,* recibió el Premio Mazatlán. *Mal de amores* (1996), su segunda novela, recibió el Premio Rómulo Gallegos en 1997, señalando la primera vez que se otorgaba este premio a una mujer. Esta novela fue traducida al inglés en 1997 bajo el nombre de *Lovesick*. Además de estas novelas, Mastretta ha escrito colecciones de relatos y ensayos: *Mujeres de ojos grandes* (1990), *Puerto libre* (1993) y *El mundo iluminado* (1998). Su obra más reciente, *Ninguna eternidad como la mía* (1999) es una novela corta que apareció durante cuatro semanas en el periódico *El País*. Los temas de la liberación de la mujer y la presentación de la mujer independiente aparecen a través de sus novelas y ensayos.

Las selecciones literarias que aparecen aquí son tres de las treinta y siete viñetas de *Mujeres de ojos grandes* donde la mujer rompe con la sociedad para descubrir su libertad y descubrirse a sí misma.

VOCABULARIO

ᴲᴵᴱ ᴲᴵᴱ ᴲᴵᴱ ᴲᴵᴱ ᴲᴵᴱ

VERBOS

cargar	*to carry*
	«...tía Jose, pálida de terror, la **cargó** hasta el hospital.»
cargar con	*to bear, to carry (a burden)*
	«Hay quienes esperan durante toda su vida y quienes **cargan** para siempre con un anillo que les disgusta...»
confiar	*to trust*
	«Su marido **confiaba** en la ciencia médica y hablaba de ella como otros hablan de Dios.»
deslumbrar	*to dazzle*
	«La **deslumbraban** el color de su piel, el tamaño de sus pestañas y la placidez con que dormía.»
disimular	*to hide*
	«Esposo, eres un violador de correspondencia y usaste un pésimo pegamento para **disimularlo**.»
maldecir	*to curse*
	«...incapaz de hacer otra cosa que llorar y **maldecir** al destino.»
mandar	*to send*
	«De ahí **mandó** su primera carta diciendo cuánto extrañaba...»
proponer	*to propose*
	«El mensaje le **proponía** matrimonio...»

regañar	*to scold*
	«Le ayudó a levantarse y la **regañó** por su falta de cordura y esperanza.»

SUSTANTIVOS

el anillo	*ring*
	«...para saber cuánto costaba un **anillo** de compromiso que era la ilusión de su vida.»
el/la antepasado/a	*ancestor*
	«...se acercó a la niña y empezó a contarle las historias de sus **antepasadas**.»
el/la bisabuelo/a	*great grandfather/great grandmother*
	«La mesa sobre la que estaba era una antigüedad que había pertenecido a **la bisabuela** de la tía Magdalena.»
la cordura	*judgment, good sense; sanity*
	«Le ayudó a levantarse y la regañó por su falta de **cordura** y esperanza.»
el deber	*duty, obligation*
	«Vuelve al **deber** que elegiste y no llames ni pretendas convencerme de nada.»
la herencia	*inheritance*
	«Y que el dinero que llamaba su **herencia** lo había sacado de un contrabando...»
la lágrima	*tear*
	«Fue después de aquel cumpleaños, que terminó con **las lágrimas** de su madre...»
los labios	*lips*
	«...y algo en las alas de sus **labios** que parecía pregunta.»
la mejilla	*cheek*
	«...todos tenían las cabezas un poco desordenadas y **las mejillas** hirviendo.»
el sobre	*envelope*
	«Así que al recibir aquel **sobre** tan blanco...con el nombre de su mujer escrito por una letra...»
el/la viudo/a	*widower; widow*
	«Desde entonces fue **la viuda** de Arqueros.»

OTRAS PALABRAS ÚTILES

arisco	*surly*
	«...con la cabeza sobre las piernas, sin hambre y sin voz, rencorosa y **arisca,** ferviente y desesperada.»

desafiante	*challenging*
	«...su hija abrió los ojos y la miró ávida y **desafiante,** como sería el resto de su larga existencia.»
húmedo	*damp, humid*
	«La rabia le puso las orejas coloradas y los ojos **húmedos**.»
tener razón	*to be right*
	«**Tienes razón,** fue hermoso.»
valer la pena	*to be worth it*
	«¿Qué podría decirle para convencerla de que **valía la pena** hacer el esfuerzo en vez de morirse?»

PALABRAS PROBLEMÁTICAS

cantar	*to sing*
	«Les puso letra a unos preludios de Chopin y los **cantaba** evocando romances que nunca se le conocieron.»
contar	*to tell (a story); to count*
	«...empezó a **contar**le las historias de sus antepasadas.»
	«Estaba **contando** los brincos de su hija que iba en el ciento tres.»
la cuenta	*bill*
	«...lo dejó en la charola del correo con el recibo del teléfono y **las cuentas** del banco.»
el cuento	*story*
	Los cuentos de sus antepasadas la inspiraron a la niña.
bien	*well* (adverbio)
	«En cambio tú disimulas **bien**.»
el bien	*good* (sustantivo)
	«...porque la amistad entre hombres y mujeres es un **bien** imperdonable.»
bueno	*good* (adjetivo)
	«¿Qué sería **bueno** ofrecerle a su cuerpo pequeño lleno de agujas y sondas para que le interesara quedarse en este mundo?»
mal	*badly* (adverbio)
	La esposa disimula sus emociones muy **mal**.
el mal	*harm, wrong* (sustantivo)
	«...sus cuatro hermanas estaban casadas para bien o para **mal**...»

malo
bad (adjetivo)
El amante de la tía Magdalena es un hombre **malo** *(o un **mal** hombre).*

pedir
to ask for
«...**pedían** a todo Dios que los dejara vivos.»

despedir
to dismiss (from a job)
El jefe lo **despidió** de su trabajo ayer.

despedirse
to say goodbye
«Cuando **se despidieron,** él dijo como de costumbre...»

preguntar
to ask (questions)
«...¿no crees? —le **preguntó** a su madre durante la comida.»

hacer preguntas
to ask questions
Cuando las hermanas vieron el anillo, le **hicieron** muchas **preguntas.**

quedarse
to remain
«Entonces **me quedo** —contestó el marido, recuperando su alma. Y **se quedó.**»

quedada
spinster
«En poco tiempo, sus sobrinos la llamarían **quedada** y ella no estaba segura de poder soportar ese golpe.»

Ejercicios de vocabulario

A. Un cuento. Complete el cuento con la palabra adecuada de la lista siguiente. Use la forma correcta de las palabras.

mejillas	sobre	lágrimas
viuda	anillo	proponer
herencia	bisabuela	deslumbrar

Un cuento de amor

Mi (1)_____ y yo siempre teníamos una relación muy especial. Cuando ella murió, ella me dejó un (2)_____ que contenía mi (3)_____. Adentro se encontraba una carta y su (4)_____ de compromiso. La carta decía:

«Querida Elenita,
Cuando mi esposo, tu bisabuelo, me (5)_____ matrimonio, yo lloré de alegría. Desde niños nos habíamos querido mucho y siempre nos habíamos prometido casarnos. Cuando mi madre me vio llorar y todas las (6)_____ que me corrían por las

(7)_____, ella se preocupó porque creía que yo había cambiado de idea. Yo le expliqué que él era el amor de mi vida. Y así fue. Cuando él murió después de sesenta años de matrimonio, todos decían que yo era una (8)_____ con muchos recuerdos románticos. Espero que el brillo de este anillo te (9) _____ siempre y te traiga mucha felicidad y amor.»

B. **¿Qué palabra?** Escoja la palabra apropiada en las oraciones siguientes.

1. Antes de salir del restaurante, mi amiga y yo le *(preguntamos/pedimos) (la cuenta/el cuento)* al mesero.

2. En el aeropuerto, los familiares lloraron cuando tuvieron que *(despedir/despedirse).*

3. Aunque su madre le ha pagado muchas clases de música, Juanito no puede *(cantar/contar)* muy *(bueno/bien).*

4. Después de discutir por mucho tiempo, el hombre le dijo: (*«Tienes razón»/«Vales la pena»).*

5. Sus padres lo *(confiaron/regañaron)* por haber dicho tantas mentiras.

C. **Preguntas personales.** Conteste las preguntas siguientes y después hágaselas a otra persona de la clase.

1. ¿Qué *herencia* recibimos de nuestros *antepasados?* ¿Qué *herencia* quieres dejarles a tus hijos?

2. ¿Qué simbolizan los *anillos?* ¿Cuándo te gusta llevarlos?

3. Por lo general, *¿haces preguntas* en la clase o prefieres quedarte callado/a?

4. En nuestra sociedad, ¿se usa todavía el concepto de una *«quedada»?* ¿Qué opciones hay para los hombres y las mujeres con respecto a su estado civil?

5. *¿Cantas bien o mal?* En tu opinión, ¿quién es un/una *buen/buena* cantante?

Selección autobiográfica

La mujer es un misterio

La siguiente selección es una sección del texto leído por Ángeles Mastretta en una mesa redonda dedicada a las mujeres mexicanas en 1992.

Hay una estampa que guarda el más importante archivo fotográfico de la Revolución Mexicana, por la que camina hacia cualquier batalla

1

un grupo de revolucionarios montados a caballo. Altivos y solemnes, con sus dobles cananas° cruzándoles el pecho y sus imponentes sombreros cubriéndoles la luz que les ciega° los ojos y se los esconde al fotógrafo, parece como si todos llevaran una venda° negra a través de la cual creen saber adónde van.

    Junto a ellos caminan sus mujeres, cargadas con canastas° y trapos°, parque° y rebozos°. Menos ensombrecidas° que los hombres marchan sin reticencia a su mismo destino: los acompañan y los llevan, los cobijan° y los cargan°, los apacientan° y los padecen°.

    Muchas veces las mujeres mexicanas de hoy vemos esa foto con la piedad avergonzada de quien está en otro lado, pero muchas otras tenemos la certidumbre de ser como esas mujeres. De que seguimos caminando tras los hombres y sus ciegos proyectos con una docilidad que nos lastima° y empequeñece. Sin embargo hemos de aceptar que las cosas no son del todo iguales. Creo que con la prisa° y la fiebre con que nos ha tocado participar, padecer y gozar estos cambios, ni siquiera sabemos cuánto han cambiado algunas ideas y muchos comportamientos°.

    Muchas de las mujeres que viven en las ciudades trabajan cada vez más fuera de sus casas, dejan de necesitar que un hombre las mantenga, se bastan a sí mismas°, se entregan con pasión y con éxito a la política y al arte, a las finanzas o la medicina. Viajan, hacen el amor sin remilgos° y sin pedirle permiso a nadie, se mezclan con los hombres en las cantinas° a las que antes tenían prohibida la entrada, deambulan° por la calle a cualquier hora de la noche sin necesidad de perro, guardián o marido que las proteja, no temen vivir solas, controlan sus embarazos, cuidan y gustan de sus cuerpos, usan la ropa y los peinados que se les antojan, piden con más fuerza que vergüenza la ayuda de sus parejas en el cuidado de los hijos, se divorcian, vuelven a enamorarse, leen y discuten con más avidez que los hombres, conversan y dirimen° con una libertad de imaginación y lengua que hubiera sido el sueño dorado de sus abuelas...

    Me preguntaba hace poco un periodista: ¿Por qué a pesar de todo lo logrado, las mujeres hacen sentir que no han conquistado la igualdad? ¿Qué falta?

    Falta justamente la igualdad, le respondí. ¿Por qué si un hombre tiene un romance extraconyugal es un afortunado y una mujer en la misma circunstancia es una piruja°? ¿El hombre un ser generoso al que le da el corazón para dos fiebres y la mujer una cualquiera° que no respeta a su marido? ¿Por qué no nos parece aberrante un hombre de cincuenta años entre las piernas de una adolescente y nos disgusta y repele la idea de una mujer de treinta y cinco con un muchacho de veintiséis? ¿Por qué una mujer de cuarenta y cinco empieza a envejecer y un hombre de cuarenta y cinco está en la edad más

Glosses (right margin):

- cartridge belts (2)
- blinds (5)
- blindfold
- baskets (8)
- rags / artillery / shawls / shadowed
- 10
- protegen / carry / satisfacen sus deseos / sufren
- hurts (16)
- rush
- behaviors (20)
- are self-sufficient
- prudery (25)
- bares
- caminan
- 30
- reconcile
- prostituta (40)
- una persona sin importancia ni moralidad

interesante de su vida? ¿Por qué detrás de todo gran hombre hay una gran mujer y detrás de una gran mujer casi siempre hay un vacío provocado por el horror de los hombres a que los vean menos? ¿Por qué los esposos de las mujeres jefes de Estado no se hacen cargo de las instituciones dedicadas al cuidado de los niños? ¿Por qué a nadie se le ocurre pedirle al esposo de una funcionaria de alto nivel que se adscriba° al voluntariado social? ¿Por qué las mujeres que ni se pintan ni usan zapatos de tacón° son consideradas por las propias mujeres como unas viejas fodongas° cuando todos los hombres andan en zapatos bajos y de cara lavada sintiéndose muy guapos? ¿Por qué se consideran cualidades masculinas la fuerza y la razón y cualidades femeninas la belleza y la intuición? ¿Por qué si un hombre puede embarazar a tres distintas mujeres por semana y una mujer sólo puede embarazarse una vez cada diez meses, los anticonceptivos están orientados en su mayoría hacia las mujeres?

    ...Por todo eso, incluso hemos encontrado prestigio y reconocimiento. Sin embargo aún no desciframos el misterio. Aún no sabemos bien a bien quiénes somos, mucho menos sabemos quiénes y cómo son las otras mujeres mexicanas...

- 50   be appointed
-   high heels
- 55   sucias
- 60
- 65

LECTURA

Las siguientes selecciones vienen del libro *Mujeres de ojos grandes* de Ángeles Mastretta.

Tía Jose Rivadeneira...

Tía Jose° Rivadeneira tuvo una hija con los ojos grandes como dos lunas°, como un deseo. Apenas colocada° en su abrazo, todavía húmeda y vacilante°, la niña mostró los ojos y algo en las alas° de sus labios° que parecía pregunta.

    —¿Qué quieres saber? —le dijo la tía Jose jugando a que entendía ese gesto.

    Como todas las madres, tía Jose pensó que no había en la historia del mundo una criatura tan hermosa como la suya. La deslumbraban° el color de su piel, el tamaño° de sus pestañas° y la placidez° con que dormía. Temblaba de orgullo imaginando lo que haría con la sangre y las quimeras° que latían° en su cuerpo.

    Se dedicó a contemplarla con altivez° y regocijo° durante más de tres semanas. Entonces la inexpugnable° vida hizo caer sobre la niña una enfermedad que en cinco horas convirtió su extraordinaria viveza° en un sueño extenuado y remoto que parecía llevársela de regreso° a la muerte.

    Cuando todos sus talentos curativos no lograron° mejoría° alguna, tía Jose, pálida de terror, la cargó° hasta el hospital. Ahí se

- 1   abreviación de Josefina
-   moons / placed
-   swaying / outline
-   lips
- 5
-   dazzled / size /
- 10   eyelashes
-   tranquilidad
-   fantasías / beat
-   arrogance / delight
-   unyielding
- 15   liveliness
-   return
-   did not attain /
-   improvement
-   carried

la quitaron° de los brazos y una docena de médicos y enfermeras
empezaron a moverse agitados y confundidos en torno a la niña. 20
Tía Jose la vio irse tras una puerta que le prohibía la entrada y se
dejó caer al suelo° incapaz de cargar consigo misma° y con aquel
dolor como un acantilado°.

Ahí la encontró su marido que era un hombre sensato y
prudente como los hombres acostumbran fingir° que son. Le ayudó 25
a levantarse y la regañó° por su falta de cordura° y esperanza. Su
marido confiaba° en la ciencia médica y hablaba de ella como otros
hablan de Dios. Por eso lo turbaba° la insensatez° en que se había
colocado su mujer, incapaz de hacer otra cosa que llorar y maldecir°
al destino. 30

Aislaron a la niña en una sala de terapia intensiva. Un lugar
blanco y limpio al que las madres sólo podían entrar media hora
diaria. Entonces se llenaba de oraciones° y ruegos°. Todas las
mujeres persignaban° el rostro° de sus hijos, les recorrían° el cuerpo
con estampas y agua bendita°, pedían a todo Dios que los dejara° 35
vivos. La tía Jose no conseguía sino llegar junto a la cuna° donde su
hija apenas respiraba para pedirle: «no te mueras». Después lloraba
y lloraba sin secarse los ojos ni moverse hasta que las enfermeras le
avisaban que debía salir.

Entonces volvía a sentarse en las bancas° cercanas a la puerta, 40
con la cabeza sobre las piernas, sin hambre y sin voz, rencorosa°
y arisca°, ferviente° y desesperada°. ¿Qué podía hacer? ¿Por qué tenía
que vivir su hija? ¿Qué sería bueno ofrecerle a su cuerpo pequeño
lleno de agujas° y sondas° para que le interesara quedarse en este
mundo? ¿Qué podría decirle para convencerla de que valía la pena° 45
hacer el esfuerzo° en vez de morirse?

Una mañana, sin saber la causa, iluminada sólo por los
fantasmas° de su corazón, se acercó a° la niña y empezó a contarle
las historias de sus antepasadas°. Quiénes habían sido, qué mujeres
tejieron° sus vidas con qué hombres antes de que la boca y el 50
ombligo° de su hija se anudaran° a ella. De qué estaban hechas,
cuántos trabajos habían pasado, qué penas y jolgorios° traía ella
como herencia°. Quiénes sembraron° con intrepidez y fantasías la
vida que le tocaba° prolongar.

Durante muchos días recordó, imaginó, inventó. Cada minuto 55
de cada hora disponible° habló sin tregua° en el oído de su hija. Por
fin, al atardecer° de un jueves, mientras contaba implacable° alguna
historia, su hija abrió los ojos y la miró ávida° y desafiante°, como
sería el resto de su larga existencia.

El marido de tía Jose dio las gracias a los médicos, los médicos 60
dieron gracias a los adelantos° de su ciencia, la tía abrazó a su niña

took her away

floor / shoulder
  herself
cliff or something
  inaccessible
pretend
scolded / good
  sense
trusted
disturbed /
  foolishness
curse

prayers / requests
made a cross over /
  face / went over,
  covered
holy water / leave
cradle

benches

resentful
surly / fervent /
  desperate

needles / probes
it was worth it
make the effort

ghosts /
  approached
ancestors
wove
navel / joined
merriment
inheritance / sowed
  / fearlessness
it was her turn

available / without
  ceasing
dusk / relentless
avid, eager /
  challenging

advances

y salió del hospital sin decir una palabra. Sólo ella sabía a
quién agradecer la vida de su hija. Sólo ella supo siempre que
ninguna ciencia fue capaz de mover tanto, como la escondida
en los ásperos° y sutiles hallazgos° de otras mujeres con los ojos   65   harsh / discoveries
grandes.

Reacción y análisis

1. En el primer párrafo, se describen las características sorprendentes de
   la recién nacida. ¿Cuáles son? Desde el principio la madre y la hija se
   comunican. ¿Cómo? ¿Qué pregunta le parece hacer la niña a su
   madre?

2. El segundo párrafo expresa el orgullo y el amor intenso que la madre
   siente por su bebé. Describa cómo se siente y por qué.

3. Las enfermeras tienen que separarla de su bebé. ¿Por qué es que la
   madre siente tan intensamente esa separación?

4. La enfermedad grave de la niña le causa a la madre angustia y
   desesperanza agudas. ¿Cómo comparte ella sus sentimientos con las
   otras madres? ¿Cómo reaccionan los demás, incluso su marido? ¿En
   qué confían los otros?

5. Para convencerla de que debe hacer el esfuerzo para seguir viviendo,
   la madre le cuenta historias. ¿De quiénes le habla? ¿Qué se incluye en
   los cuentos? ¿Qué comparte la bebé con aquellas mujeres?

6. ¿Por qué sobrevivió la niña según los médicos, el marido, y la tía Jose?

7. ¿Qué significa la descripción «mujeres de ojos grandes»? ¿Cómo son
   estas mujeres?

8. Según Mastretta, ¿cuál es más fuerte, la ciencia médica o la herencia
   de las mujeres? Explique.

Análisis literario

1. La independencia, fuerza y determinación de las mujeres. ¿Cómo es
   que enfrentan las dificultades de la vida? ¿Cómo logran sus metas a
   pesar de vivir en una sociedad que las limita?

2. La importancia de las historias de las antepasadas. ¿Por qué es que
   se le cuentan a cada generación de mujeres? ¿Cuáles son sus
   mensajes?

3. La presentación de los papeles masculinos y femeninos. Examine
   las características de cada uno. ¿Qué papel se presenta con más
   fuerza?

LECTURA
No era bonita la tía Cristina...

No era bonita la tía Cristina Martínez, pero algo tenía en sus   1
piernas flacas y su voz atropellada° que la hacía interesante. Por   precipitada
desgracia, los hombres de Puebla° no andaban buscando mujeres   una ciudad en
interesantes para casarse con ellas y la tía Cristina cumplió veinte   México
años sin que nadie le hubiera propuesto° ni siquiera un noviazgo°   5   proposed /
de buen nivel°. Cuando cumplió veintiuno, sus cuatro hermanas   engagement
estaban casadas para bien o para mal y ella pasaba el día entero con   stature, standard
la humillación de estarse quedando para vestir santos°. En poco   to be stuck on the
tiempo, sus sobrinos la llamarían quedada° y ella no estaba segura   shelf
de poder soportar° ese golpe. Fue después de aquel cumpleaños,   10   a spinster
que terminó con las lágrimas° de su madre a la hora en que ella   tolerar
sopló° las velas° del pastel, cuando apareció en el horizonte el señor   tears
Arqueros.   blew out / candles

    Cristina volvió una mañana del centro, a donde fue para
comprar unos botones de concha° y un metro de encaje°, contando   15   shell / lace
que había conocido a un español de buena clase en la joyería° *La*   jewelry store
Princesa. Los brillantes° del aparador° la habían hecho entrar para   diamantes / shop
saber cuánto costaba un anillo° de compromiso° que era la ilusión   window
de su vida. Cuando le dijeron el precio le pareció correcto y   ring / engagement
lamentó no ser un hombre para comprarlo en ese instante con el   20
propósito de ponérselo algún día.

    —Ellos pueden tener el anillo antes que la novia, hasta pueden
elegir una novia que le haga juego° al anillo. En cambio, nosotras   match
sólo tenemos que esperar. Hay quienes esperan durante toda su
vida, y quienes cargan° para siempre con un anillo que les   25   bear
disgusta°, ¿no crees? —le preguntó a su madre durante la comida.   no les gusta

    —Ya no te pelees° con los hombres, Cristina —dijo su madre—.   argue
¿Quién va a ver por ti cuando me muera?

    —Yo, mamá, no te preocupes. Yo voy a ver por mí.

    En la tarde, un mensajero de la joyería se presentó en la casa con   30
el anillo que la tía Cristina se había probado°, extendiendo la mano   tried on
para mirarlo por todos lados mientras decía un montón de cosas
parecidas a las que le repitió a su madre en el comedor. Llevaba
también un sobre° lacrado° con el nombre y los apellidos de   envelope / sealed
Cristina.   35

    Ambas cosas las enviaba el señor Arqueros, con su devoción, sus
respetos y la pena° de no llevarlos él mismo porque su barco salía a   regret
Veracruz al día siguiente y él viajó parte de ese día y toda la noche
para llegar a tiempo. El mensaje le proponía matrimonio: «Sus
conceptos sobre la vida, las mujeres y los hombres, su deliciosa voz 40
y la libertad con que camina me deslumbraron°. No volveré a   dazzled

México en varios años, pero le propongo que me alcance° en
España. Mi amigo Emilio Suárez se presentará ante sus padres
dentro de poco. Dejo en él mi confianza y en usted mi esperanza».

 Emilio Suárez era el hombre de los sueños adolescentes de
Cristina. Le llevaba doce años y seguía soltero° cuando ella tenía
veintiuno. Era rico como la selva° en las lluvias y arisco° como los
montes en enero. Le habían hecho la búsqueda° todas las mujeres
de la ciudad y las más afortunadas sólo obtuvieron el trofeo de una
nieve en los portales°. Sin embargo, se presentó en casa de Cristina
para pedir°, en nombre de su amigo, un matrimonio por poder en
el que con mucho gusto sería su representante.

 La mamá de la tía Cristina se negaba a creerle que sólo una vez
hubiera visto al español, y en cuanto Suárez desapareció con la
respuesta de que iban a pensarlo, la acusó de mil pirujerías°. Pero
era tal el gesto de asombro° de su hija, que terminó pidiéndole
perdón a ella y permiso al cielo° en que estaba su marido para
cometer la barbaridad de casarla con un extraño°.

 Cuando salió de la angustia propia de las sorpresas, la tía
Cristina miró su anillo y empezó a llorar por sus hermanas, por su
madre, por sus amigas, por su barrio, por la catedral, por el zócalo°,
por los volcanes, por el cielo, por el mole°, por las chalupas°, por el
himno nacional, por la carretera a México, por Cholula, por
Coetzálan, por los aromados huesos° de su papá, por las cazuelas°,
por los chocolates rasposos°, por la música, por el olor de las
tortillas, por el río San Francisco, por el rancho de su amiga Elena y
los potreros° de su tío Abelardo, por la luna de octubre y la de
marzo, por el sol de febrero, por su arrogante soltería°, por Emilio
Suárez que en toda la vida de mirarla nunca oyó su voz ni se fijó en
cómo carambas caminaba.

 Al día siguiente salió a la calle con la noticia y su anillo
brillándole. Seis meses después se casó con el señor Arqueros frente
a un cura°, un notario y los ojos de Suárez. Hubo misa°, banquete,
baile y despedidas°. Todo con el mismo entusiasmo que si el novio
estuviera de este lado del mar. Dicen que no se vio novia más
radiante en mucho tiempo.

 Dos días después Cristina salió de Veracruz hacia el puerto
donde el señor Arqueros con toda su caballerosidad° la recogería
para llevarla a vivir entre sus tías de Valladolid.

 De ahí mandó° su primera carta diciendo cuánto extrañaba° y
cuán feliz era. Dedicaba poco espacio a describir el paisaje°
apretujado° de casitas y sembradíos°, pero le mandaba a su mamá la
receta de una carne con vino tinto que era el platillo de la región, y
a sus hermanas dos poemas de un señor García Lorca° que la

Glosses (margin):

- catch up with
- 45
- single
- jungle / surly
- pursued
- 50   a cold shoulder
- to ask for
- 55   licentious acts
- astonishment
- heaven
- stranger
- 60
- plaza principal
- un tipo de guisado /
- small maize cakes
- bones / casseroles
- sharp tasting
- 65
- pastures
- spinsterhood
- 70
- priest / Mass
- farewells
- 75
- gentlemanliness
- 80   sent / missed
- landscape
- crowded / sown
- fields
- un famoso poeta
- español

habían vuelto al revés°. Su marido resultó un hombre cuidadoso° y
trabajador, que vivía riéndose° con el modo de hablar español y las
historias de aparecidos de su mujer, con su ruborizarse° cada vez
que oía un «coño»° y su terror porque ahí todo el mundo se cagaba°
en Dios por cualquier motivo y juraba° por la hostia° sin ningún
miramiento°.

    Un año de cartas fue y vino antes de aquélla en que la tía
Cristina refirió a sus papás la muerte inesperada del señor Arqueros.
Era una carta breve° que parecía no tener sentimientos. «Así de mal
estará la pobre», dijo su hermana, la segunda, que sabía de sus
veleidades° sentimentales y sus desaforadas° pasiones. Todas
quedaron con la pena de su pena y esperando que en cuanto se
recuperara de la conmoción les escribiera con un poco más de
claridad sobre su futuro. De eso hablaban un domingo después de
la comida cuando la vieron aparecer en la sala.

    Llevaba regalos para todos y los sobrinos no la soltaron° hasta
que terminó de repartirlos°. Las piernas le habían engordado° y las
tenía subidas en unos tacones° altísimos, negros como las medias, la
falda, la blusa, el saco, el sombrero y el velo° que no tuvo tiempo de
quitarse de la cara. Cuando acabó la repartición se lo arrancó° junto
con el sombrero y sonrió.

    —Pues ya regresé —dijo.

    Desde entonces fue la viuda° de Arqueros. No cayeron sobre ella
las penas de ser una solterona° y espantó° las otras con su piano
desafinado° y su voz ardiente. No había que rogarle° para que fuera
hasta el piano y se acompañara cualquier canción. Tenía en su
repertorio toda clase de valses°, polkas, corridos°, arias y pasos
dobles°. Les puso letra a unos preludios de Chopin y los cantaba
evocando romances que nunca se le conocieron. Al terminar su
concierto dejaba que todos le aplaudieran y tras levantarse del
banquito° para hacer una profunda caravana°, extendía los brazos,
mostraba su anillo y luego, señalándose a sí misma con sus manos
envejecidas° y hermosas, decía contundente°: «Y enterrada° en
Puebla».

    Cuentan las malas lenguas° que el señor Arqueros no existió
nunca. Que Emilio Suárez dijo la única mentira de su vida,
convencido por quién sabe cuál arte de la tía Cristina. Y que el
dinero que llamaba su herencia°, lo había sacado de un
contrabando cargado en las maletas del ajuar° nupcial.

    Quién sabe. Lo cierto es que Emilio Suárez y Cristina Martínez
fueron amigos hasta el último de sus días. Cosa que nadie les
perdonó jamás, porque la amistad entre hombres y mujeres es un
bien imperdonable.

---

85 turned her upside
    down /
solicitous
laughing
blushing
curse / damned
90 swore / consecrated
    wafer
sin consideración

short

95 whims / excitable

100 did not let her go
distribuirlos / put
    on weight
high heels
veil
pulled off

105

widow
spinster / scared
    away, frightened
    off
110 out of tune / beg
    her
waltzes / ballads
música de marcha

115 piano bench /
curtsy

aged /impressively /
buried, retired

gossips

120

inheritance

trousseau

125

Reacción y análisis

1. ¿Qué importancia tiene la primera frase de este cuento?

2. ¿Cómo era que la sociedad juzgaba a las mujeres? ¿Qué expectativas tenía con respecto al matrimonio?

3. «Ellos pueden tener el anillo antes que la novia, hasta pueden elegir una novia que le haga juego al anillo...» ¿Qué diferencias entre los papeles sexuales se indican aquí? ¿Qué actitud tiene la tía Cristina hacia estas diferencias?

4. ¿Qué diferencias hay entre la vida de la tía Cristina, de la de su madre y de la de sus hermanas?

5. ¿Qué simbolismo se puede encontrar en la frase de Cristina «Yo voy a ver por mí»?

6. ¿Cree Ud. que haya existido el esposo de Cristina? Si tuvo que fingir ella que se había casado, ¿por qué lo hizo?

7. ¿Qué libertad encuentra Cristina como viuda que no tenía cuando era soltera?

8. Explique la última frase del cuento, «Cosa que nadie les perdonó jamás, porque la amistad entre hombres y mujeres es un bien imperdonable».

Análisis literario

1. Examine y describa cómo es la vida de una solterona, una casada y una viuda en la sociedad de la tía Cristina. ¿Qué indican estas descripciones sobre la situación de la mujer?

2. Describa a los hombres mencionados en la selección. ¿Actúan ellos según las expectativas de la sociedad?

LECTURA
Un día el marido de la tía Magdalena...

Un día el marido de la tía Magdalena le abrió la puerta a un propio° que llevaba una carta dirigida a ella. Nunca habían tenido secretos y era tal la simbiosis de aquel matrimonio que ahí las cartas las abría uno aunque fueran dirigidas al otro. Nadie consideraba eso violación de la intimidad, menos aún falta de educación. Así que al recibir aquel sobre tan blanco, tan planchado°, con el nombre de su mujer escrito por una letra contundente, lo abrió. El mensaje decía:

Magdalena:
Como siempre que hablamos del tema terminas llorando y te confundes en la locura de que nos quieres a los dos con la misma

1

mensajero

5

starched

10

intensidad, he decidido no volver a verte. No creo imposible
deshacerme° de mi deseo por ti, alguna vez hay que despertar de los   get rid of
sueños. Estoy seguro de que tú no tendrás grandes problemas
olvidándome. Acabar con este desorden° nos hará bien a los dos.   confusión
Vuelve al deber° que elegiste y no llames ni pretendas convencerme   15   obligación
de nada. Alejandro.

P.D. Tienes razón°, fue hermoso.   You are right

El marido de la tía Magdalena guardó° la carta, le puso pegamento°   1   put away / glue
al sobre y lo dejó en la charola° del correo junto con el recibo del   tray
teléfono y las cuentas° del banco. Estaba furioso. La rabia° le puso   bills / furia
las orejas coloradas° y los ojos húmedos°. Entró a su despacho° para   rojas / damp /
que nadie lo viera, por más que no había nadie en la casa. Su mujer,   5   study
las nanas y los niños, se habían ido al desfile° del 5 de mayo° para   parade /
celebrar el recuerdo del día en que los «zacapoaxtlas le restaron   una fiesta mexicana
prestigio a Napoleón».   que celebra el
triunfo de las
Sentado en la silla frente a su escritorio, el hombre respiraba con   10   tropas mexicanas
violencia por la boca. Tenía las manos sobre la frente y los brazos   sobre las de
alrededor de la cara. Si algo en la vida él quería y respetaba por   Napoleón III
encima de todo, eran el cuerpo y la sabiduría° de su mujer. ¿Cómo   wisdom
podía alguien atreverse° a escribirle de aquel modo? Magdalena era   dare
una reina, un tesoro, una diosa. Magdalena era un pan, un árbol,   15
una espada°. Era generosa, íntegra, valiente, perfecta. Y si ella   sword
alguna vez le había dicho a alguien te quiero, ese alguien debió
postrarse° a sus pies. ¿Cómo era posible que la hiciera llorar?   prostrate himself

Bebió un whisky y luego dos. Pegó° contra el suelo con un palo   He hit
de golf hasta desbaratarlo°. Se metió° veinte minutos bajo la   20   destruirlo / He put
regadera° y al salir puso en el tocadiscos al Beethoven más   himself
desesperado y cuando su mujer y los niños entraron a la casa, dos   shower
horas después, estaba disimuladamente° tranquilo.   deceptively

Se habían asoleado°, todos tenían las cabezas un poco   sunburnt
desordenadas y las mejillas° hirviendo°. La tía Magdalena se quitó   25   cheeks / boiling
el sombrero y fue a sentarse junto a su marido.

—¿Te sirvo otro whisky? —dijo tras besarlo como a un hermano.

—Ya no, porque vamos a comer en casa de los Cobián y no me
quiero emborrachar.

—¿Vamos a comer en casa de los Cobián? Nunca me dijiste.   30

—Te digo ahorita.

—«Te digo ahorita». Siempre me haces lo mismo.

—Y nunca te enojas, eres una esposa perfecta.

—Nunca me enojo, pero no soy una esposa perfecta.

—Sí eres una esposa perfecta. Y sí tráeme otro whisky.   35

La tía caminó hasta la botella y los hielos°, sirvió el whisky, lo movió, quiso uno para ella. Cuando lo tuvo listo°, volvió junto a su marido con un vaso en cada mano. De verdad era linda Magdalena. Era de esas mujeres bonitas que no necesitan nada para serlo más que levantarse en las mañanas y acostarse en las noches. De remate°, la tía Magdalena se acostaba a otras horas llena de pasión y culpa°, lo que en los últimos tiempos le había dado una firmeza de caminado y un temblor en los labios con los que su tipo de ángel ganó justo la pizca° de maldad necesaria para parecer divina. Fue a sentarse a los pies de su marido y le contó los ires y devenires° del desfile. Le dio la lista completa de quienes estaban en los palcos° de la casa del círculo español. Después le dibujó en un papelito un nuevo diseño para vajilla° de talavera° que podría hacerse en la fábrica°. Hablaron largo rato de los problemas que estaban dando los acaparadores° de frijol° en el mercado *La Victoria*. Durante todo ese tiempo, la tía Magdalena se sintió observada por su marido de una manera nueva. Mientras hablaba, muchas veces la interrumpió para acariciarle° la frente o las mejillas, como si quisiera detenerle cada gesto de júbilo°.

—Me estás mirando raro° —le dijo ella una vez.

—Te estoy mirando —contestó él.

—Raro —volvió a decir la tía.

—Raro —asintió él y continuó la conversación. ¿Cómo había alguien en el mundo capaz de permitirse perder a esa mujer? Debía estar loco. Empezó a enfurecerse de nuevo contra quien mandó esa carta y de paso contra él, que no la había escondido siquiera hasta el día siguiente. Así su mujer la encontraría durante la mañana, cuando ni él ni los niños estorbaran° su tristeza. Entonces se levantó del sillón alegando que ya era tarde y mientras la tía Magdalena iba a pintarse los labios, él caminó al recibidor° y quitó la carta de la charola del correo. La mesa sobre la que estaba era una antigüedad que había pertenecido a la bisabuela° de la tía Magdalena. Tenía un cajón° en medio al que la polilla° se colaba° con frecuencia. Ahí metió la carta y respiró, feliz de postergarle° el problema a su mujer. Gracias a eso pasaron una comida apacible y risueña.

El lunes, antes de irse a la fábrica, puso la carta encima de todas las demás.

La tía Magdalena había amanecido radiante.

—Debe ser porque nos vamos —pensó el marido.

Y en efecto, a la tía Magdalena le gustaban los días hábiles°. Quién sabe a qué horas ni cómo se encontraba con el torpe° aquel, pero de seguro era en los días hábiles. Cuando se despidieron°, él

---

° ice
° ready

40

° To top it off
° guilt

° trace
45 ° comings and goings
° box seats

° china / tipo de
    cerámica / factory
50 ° profiteers / bean

° caress
° felicidad
55 ° strange

60

° hindered

65 ° sala para recibir las
    visitas
° great-grandmother
° drawer / moths /
    snuck in
70 ° postpone

75

° working days
° blockhead, dimwit
° said goodbye

dijo como de costumbre: «Estoy en la fábrica por si algo necesitas» y la besó en la cabeza. Entonces ella dio el último trago° a su café y mordió la rebanada° de pan con mantequilla del que siempre dejaba un pedacito, atendiendo a quién sabe qué disciplina dietética. Luego se levantó y fue en busca del correo.

Entonces dio con° la carta. Se la llevó al baño de junto a su recámara que todavía era un caos de toallas húmedas y piyamas recién arrancadas. Sentada en el suelo, la abrió. No le bastaron° las toallas para secarse la cantidad de lágrimas que derramó°. Se tuvo lástima durante tanto rato y con tal brío° que si la cocinera no la saca del precipicio para preguntarle qué hacer de comida hubiera podido convertirse en charco°. Contestó que hicieran sopa de hongos°, carne fría, ensalada, papas fritas y pastel de queso, sin dudar ni desdecirse° y a una velocidad tal que la cocinera no le creyó. Siempre pasaban horas confeccionando el menú y ella había contagiado a la muchacha de sus manías°:

—La sopa es café y la carne también —dijo la cocinera segura de que habría un cambio.

—No importa —le contestó la tía Magdalena, aún poseída por un dolor de velorio°.

～Su marido regresó temprano del trabajo, como cuando estaban recién casados y a ella le daba catarro. Llegó buscándola, seguro de que la pena° la tendría postrada fingiendo algún mal. La encontró sentada en el jardín, esperando su turno para brincar° la reata° en un concurso° al que sus dos hijas y una prima le concedían rango° de olímpico. Estaba contando los brincos de su hija que iba en el ciento tres. Las otras dos niñas tenían la reata una de cada punta y la movían mientras contaban, perfectamente acopladas°.

—Juego de mujeres —dijo el marido, que nunca le había encontrado chiste a brincar la reata.

La tía Magdalena se levantó a besarlo. Él puso el brazo sobre sus hombros y la oyó seguir contando los brincos de la niña:

—Ciento doce, ciento trece, ciento catorce, ciento quince, ciento dieciséis... ¡Pisaste°! —gritó riéndose. —Me toca°.

Se separó de su marido y voló al centro de la cuerda°. Le brillaban los ojos, tenía los labios embravecidos° y las mejillas más rojas que nunca. Empezó a brincar en silencio, con la boca apretada y los brazos en vilo°, oyendo sólo la voz de las niñas que contaban en coro. Cuando llegó al cien, su voz empezó a salir como un murmullo en el que se apoyaba° para seguir brincando. El marido se unió al coro cuando vio a la tía Magdalena llegar al ciento diecisiete sin haber pisado la cuerda. Acunada por aquel canto la tía

Glosas marginales:

- 80 — sip
- slice
- 85 — encontró
- they were not enough
- spilled
- determinación
- 90 — puddle
- mushrooms
- cambiar de idea
- hábitos
- 95
- funeral wake
- 100 — dolor
- jump / rope
- contest / status, standing
- 105 — in unison
- 110
- You stepped on it / It's my turn
- reata
- wild
- 115 — en el aire
- leaned
- 120

brincó cada vez más rápido. Pasó por el doscientos como una
exhalación y siguió brinca y brinca hasta llegar al setecientos cinco.

—¡Gané! —gritó entonces. —¡Gané! —y se dejó caer al suelo
alzándose un segundo después con el brío de una llama°. —¡Gané!   flame
¡Gané! —gritó corriendo hasta donde estaba su marido.   125

—Afortunada en el juego, desafortunada en el amor —dijo él.

—Afortunada en todo —contestó ella jadeante°. —¿O me vas a   breathless
salir tú también con que ya no me quieres?

—¿Yo también? —dijo el marido.

—Esposo, eres un violador de correspondencia y usaste un   130
pésimo pegamento para disimularlo° —dijo la tía Magdalena.   hide it

—En cambio tú disimulas bien. ¿No estás muy triste?

—Algo —dijo la tía Magdalena.

—¿Si yo me fuera podrías brincar la reata? —preguntó él.

—Creo que no —dijo la tía Magdalena.   135

—Entonces me quedo —contestó el marido, recuperando su
alma°. Y se quedó.   soul

Reacción y análisis

1. Al comenzar el cuento, ¿cómo es la relación entre los dos esposos?
   ¿Qué se puede deducir sobre su intercambio?

2. ¿Qué perspectiva tiene el hombre de su esposa? ¿Es realista? ¿Por qué
   sí o por qué no?

3. ¿Qué importancia o simbolismo tiene la discusión sobre «la
   perfección» de Magdalena?

4. ¿Qué contraste hay entre el matrimonio y el amorío de Magdalena?

5. ¿Qué efecto tiene sobre Magdalena esta relación clandestina?

6. Los dos esposos se esfuerzan por disimular y controlar sus
   emociones. ¿Qué indica esto sobre el carácter y la relación entre los
   dos?

7. Examine la reacción del marido al descubrir el amorío de su esposa.
   ¿Cómo se desarrolla esta reacción a través del cuento? ¿Se podría
   definir como típica de nuestra sociedad y la mexicana?

8. Examine la reacción de Magdalena al descubrir el descubrimiento de
   su esposo. ¿Es típica esta reacción de nuestra sociedad y la mexicana?

9. ¿Qué función tiene la carta al principio del cuento? En el fin, ¿cómo
   ha cambiado esta función?

10. ¿Hay amor entre los dos esposos? ¿Cómo se puede describir este amor?

11. Se describe la relación entre los dos como una de «simbiosis». ¿Qué quiere decir esto en el contexto de su matrimonio? ¿Cómo depende cada uno del otro? ¿Cómo se parecen? ¿Cómo son diferentes?

12. ¿Por qué es que Magdalena brincó la reata al final? ¿Cómo es que el juego le ayudó a recuperarse?

13. ¿Cuál es el tono al final del cuento? ¿Qué pregunta le hace el esposo a Magdalena? ¿Cómo la contesta ella?

14. ¿Cree usted que el esposo haya perdonado a la esposa? ¿Qué papel tiene el perdón en un matrimonio? ¿Podrán seguir como antes después de este episodio?

Después de leer

A. Correspondencia y creación

1. La tía Jose le escribe a su madre, la cual vive en otro país, sobre la enfermedad y la cura de su nieta. Su esposo también le escribe una carta a su suegra. Escriba una de estas cartas.

2. La tía Cristina escribe tres entradas en su diario: una el día antes de ir a la joyería, otra el día de su boda y otra el día que regresa de viuda a su pueblo. Escriba una de estas entradas.

3. Magdalena le escribe a Alejandro. ¿Qué ha decidido ella hacer? ¿Ha cambiado ella de opinión?

B. Análisis literario

1. «¿Por qué a pesar de todo lo logrado, las mujeres hacen sentir que no han conquistado la igualdad?», dice Mastretta en la «Selección autobiográfica». Según el fin de cada cuento, ¿han conquistado esta igualdad las tres tías?

2. En la «Selección autobiográfica», Mastretta indica que las mujeres «aún no sabemos bien a bien quiénes somos». Examine las acciones de las tres tías. ¿Actúan ellas como si se entendieran ellas mismas?

3. Cada cuento presenta un momento decisivo de una mujer. ¿Reaccionan ellas en este momento según las expectativas de la sociedad?

4. Mastretta describe el papel masculino en su sociedad. Examine a los hombres en cada cuento. ¿Siguen ellos su papel o rompen con éste?

5. La búsqueda de la felicidad. Al examinar las acciones y la resolución de cada momento decisivo, ¿encuentran felicidad los personajes? Según el mensaje de Mastretta, ¿qué es necesario hacer para tener felicidad en la vida?

6. La represión, el escape y la libertad. ¿Cómo es que los personajes escapan de la represión? ¿Qué imágenes o símbolos hay de la represión y la libertad?

7. ¿Qué significado puede tener la expresión «Mujeres de ojos grandes»? ¿Cómo se puede aplicar a cada uno de los cuentos de Mastretta?

Capítulo 6

Pablo Neruda

Ricardo Eliezer Neftalí Reyes y Basoalto nació en Parral, Chile, en 1904. Sin embargo, fue con el seudónimo de Pablo Neruda que este hijo de padres humildes adquirió su fama de poeta, diplomático, revolucionario y voz del pueblo. Un niño solitario y tímido, Neruda pasaba horas leyendo y escribiendo poesía. Sin embargo, su padre odiaba estos pasatiempos y una vez hasta quemó los cuadernos de su hijo. Para que su padre no se enterara de sus actividades literarias, Ricardo adoptó el seudónimo de Neruda, un nombre que había encontrado en una revista y que después descubrió era el de un famoso escritor checo.

A la edad de veinte años, publicó su primera colección de poemas, *Veinte poemas de amor y una canción desesperada.* Su carrera diplomática empezó tres años más tarde después de que fue nombrado cónsul en Asia y luego en 1934 en España. Al ser testigo a la brutalidad insensata de la Guerra Civil en España, en particular el asesinato de su amigo y colega, el poeta Federico García Lorca, Neruda escribió poesía llena de sátira y protesta. Su libro de poesía, *España en el corazón,* fue publicado durante esa época a pesar del riesgo a muchas vidas por su contenido.

Las experiencias de Neruda con la Guerra Civil lo hicieron adoptar la ideología del comunismo. En 1943, fue elegido al Senado en Chile. Entre 1925 y 1945, publicó *Residencia en la tierra* en tres partes; se caracterizan muchos de los poemas en esta colección por el surrealismo y un sentido de alienación. En 1949 se desterró a México a Neruda por ser miembro del Partido Comunista; fue en México donde publicó sus libros *Canto general I* y *Canto general II.*

Al volver a Chile en 1953, publicó *Odas elementales.* Su carrera literaria y política floreció en los años posteriores. En 1970 fue el candidato del Partido Comunista para ser presidente de Chile, y mientras era el embajador de Chile en Francia, fue premiado con el Premio Nóbel para la Literatura en 1971.

El gobierno de la Unidad Popular de Chile, bajo el Presidente Salvador Allende, cayó en 1973 por un golpe de estado militar. Unos días después del golpe, Neruda murió. Aunque se declaró que un ataque cardíaco le causó la muerte, se circulaban muchos rumores de que había sido detenido y asesinado por sus creencias políticas. Poco después de su muerte, los papeles y libros de Neruda fueron quemados supuestamente por «criminales», una repetición irónica de lo que le había pasado en su niñez. Aunque la junta militar se negó a darle un funeral del estado, cientas de personas desafiaron al gobierno y participaron en la procesión funeral.

La poesía de Neruda nos deja sentir su amor por la humanidad y por la vida a la vez que refleja su política y la defensa del hombre común.

VOCABULARIO

VERBOS

golpear	*to hit, to strike*
	«...la lluvia que a menudo **golpeaba**...»
llenarse	*to fill up*
	«...de pronto **te llenas**...»
rechazar	*to reject*
	«...que la **rechace** dándole / forma de muro...»
repartir	*to distribute*
	«...atesoras la luz y la **repartes**...»

SUSTANTIVOS

el cielo	*sky; heaven*
	«El viento de la noche gira en **el cielo** y canta.»
el corazón	*heart*
	«Mi **corazón** la busca...»
el golpe	*blow, hit*
	«De un solo **golpe** nacen las palomas.»

el viento	*wind*
	«El **viento** de la noche gira en el cielo y canta.»

ADJETIVOS

amargo	*bitter*
	«...te creyeron **amarga**...»
corto	*short*
	«Es tan **corto** el amor...»
sucio	*dirty*
	«...de agua **sucia**...»

OTRAS PALABRAS ÚTILES

de pronto	*suddenly*
	«...**de pronto** te llenas de agua sucia,...»
de nuevo	*again*
	«**De nuevo** te levanto...»
sobre	*on top of*
	«...**sobre** mis hombros.»

PALABRAS PROBLEMÁTICAS

amar	*to love (romantically)*
	«No es verdad, vida, / eres / bella / como la que yo **amo**...»
querer	*to love; to want*
	«Ella me quiso, a veces yo también la **quería**.»
encantarle	*to delight*
	A Neruda **le encanta** la vida.
creer	*to think, to believe*
	«y muchos **creen** que ese color de infierno guardarás para siempre...»
crear	*to create*
	El poeta **crea** un ambiente de optimismo en el poema.
pensar	*to think*
	«**Pensar** que no la tengo.»
corto	*short, brief*
	«Es tan **corto** el amor, y es tan largo el olvido.»
largo	*long*
	«Es tan corto el amor, y es tan **largo** el olvido.»
pequeño	*small*
	Vio una estrella **pequeña** en el cielo.
grande	*large*
	El cielo le parecía **grande**.

Ejercicios de vocabulario

A. Los opuestos. Indique la palabra de la segunda columna que es la opuesta de una de la primera columna. Escriba el número en el blanco.

1. rechazar   ___odiar
2. llenarse   ___limpio
3. cielo   ___vaciarse
4. corto   ___dulce
5. sucio   ___aceptar
6. amargo   ___infierno
7. amar   ___largo

B. La respuesta correcta. Escoja la palabra correcta de las dos alternativas.

1. La guerra duró muchos años; fue muy (*grande*/*larga*).
2. El le propuso matrimonio pero ella lo (*rechazó*/*repartió*).
3. Es increíble que el artista pueda (*creer*/*crear*) una obra tan original.
4. ¿Qué (*quieres*/*amas*) hacer después de las clases hoy?

C. Preguntas personales. Conteste las preguntas siguientes y después hágaselas a otra persona en la clase.

1. ¿Qué *piensas* hacer después de graduarte de la universidad? ¿*Crees* que trabajarás o estudiarás más? ¿Quieres vivir en una ciudad *grande* o *pequeña?*
2. ¿Qué *te encanta* hacer durante las vacaciones? ¿Cuándo fue la última vez que tuviste unas vacaciones *largas?*
3. ¿*Crees* en el *cielo* y el *infierno?* ¿En una vida después de la muerte?
4. ¿Alguna vez has recibido *golpes?* ¿En un partido o una pelea?

Selección autobiográfica

Memorias — Confieso que he vivido

Ésta es una selección de la autobiografía, *Memorias—Confieso que he vivido,* de Pablo Neruda.

La poesía... Tiene que caminar en la oscuridad° y encontrarse con   1   darkness
el corazón del hombre, con los ojos de la mujer, con los
desconocidos de las calles, de los que a cierta hora crepuscular°,   twilight
o en plena noche estrellada, necesitan aunque sea no más que un

solo verso... Esa visita a lo imprevisto° vale todo lo andado, todo lo leído, todo lo aprendido... Hay que perderse entre los que no conocemos para que de pronto recojan lo nuestro de la calle, de la arena°, de las hojas° caídas mil años en el mismo bosque°... y tomen tiernamente ese objeto que hicimos nosotros... Sólo entonces seremos verdaderamente poetas... En ese objeto vivirá la poesía...

En los tiempos en que comencé a escribir, el poeta era de dos características. Unos eran poetas grandes señores que se hacían respetar por su dinero, que les ayudaba en su legítima o ilegítima importancia. La otra familia de poetas era la de los militantes errabundos° de la poesía, gigantes de cantina°, locos fascinadores, atormentados sonámbulos°. Queda también, para no olvidarme, la situación de aquellos escritores amarrados°, como el galeote° a su cadena°, al banquillo de la administración pública. Sus sueños fueron casi siempre ahogados° por montañas de papel timbrado° y terribles temores a la autoridad y al ridículo.

Yo me lancé a la vida más desnudo que Adán, pero dispuesto a mantener la integridad de mi poesía. Esta actitud irreductible° no sólo valió para mí, sino para que dejaran de reírse los bobalicones°. Pero después dichos bobalicones, si tuvieron corazón y conciencia, se rindieron° como buenos seres humanos ante lo esencial que mis versos despertaban. Y si eran malignos° fueron tomándome miedo.

Y así la Poesía, con mayúscula°, fue respetada. No sólo la poesía, sino los poetas fueron respetados. Toda la poesía y todos los poetas.

Otros miden° los renglones° de mis versos probando que yo los divido en pequeños fragmentos o los alargo demasiado. No tiene ninguna importancia. ¿Quién instituye los versos más cortos o más largos, más delgados o más anchos, más amarillos o más rojos? El poeta que los escribe es quien lo determina. Lo determina con su respiración y con su sangre, con su sabiduría y su ignorancia, porque todo ello entra en el pan de la poesía.

El poeta que no sea realista va muerto. Pero el poeta que sea sólo realista va muerto también. El poeta que sea sólo irracional será entendido sólo por su persona y por su amada°, y esto es bastante triste. El poeta que sea sólo un racionalista, será entendido hasta por los asnos°, y esto es también sumamente triste. Para tales ecuaciones no hay cifras° en el tablero°, no hay ingredientes decretados por Dios ni por el diablo, sino que estos dos personajes importantísimos mantienen una lucha dentro de la poesía, y en esta batalla vence° uno y vence otro, pero la poesía no puede quedar derrotada°.

Línea	Glosa
5	unexpected
	sand / leaves / forest
15	wandering / bar
	sleepwalkers
	tied down / galley slave / chain
20	drowned / stamped
	unyielding
25	nitwits
	surrendered
	malicious, evil
	capital letter
30	measure / lines
35	
40	lover
	asses
	numbers / board
45	
	conquers
	defeated

La inclinación profunda del hombre es la poesía y de ella salió la
liturgia, los salmos, y también el contenido de las religiones. El poeta
se atrevió con los fenómenos de la naturaleza y en las primeras edades   50
se tituló sacerdote para preservar su vocación. De ahí que en la época
moderna, el poeta, para defender su poesía, toma la investidura que le
dan la calle y las masas. El poeta civil de hoy sigue siendo el del más
antiguo sacerdocio. Antes pactó con las tinieblas° y ahora debe   shadows
interpretar la luz.   55

LECTURA

En sus *Memorias,* Pablo Neruda dice que siempre le gustó el libro
Veinte poemas de amor y una canción desesperada porque «a pesar de su
aguda melancolía, está presente en él el goce de la vida». En estos
poemas, Neruda se separa de la tradición modernista cuya obsesión
reside en lo estético y lo formal en vez de la simplicidad de expresión.
«Poema XX» es parte de esta colección.

Poema XX

Puedo escribir los versos más tristes esta noche.   1

Escribir, por ejemplo: «La noche está estrellada°,   starry
y tiritan°, azules, los astros, a lo lejos».   shiver

El viento° de la noche gira° en el cielo° y canta.   wind / spins / heaven

Puedo escribir los versos más tristes esta noche.   5
Yo la quise, y a veces ella también me quiso.

En las noches como ésta la tuve entre mis brazos.
La besé° tantas veces bajo el cielo infinito.   kissed

Ella me quiso, a veces yo también la quería.
¡Cómo no haber amado sus grandes ojos fijos!   10

Puedo escribir los versos más tristes esta noche.
Pensar que no la tengo. Sentir que la he perdido.

Oír la noche inmensa, más inmensa sin ella.
Y el verso cae al alma° como al pasto° el rocío°.   soul / pastures / dew

¡Qué importa que mi amor no pudiera guardarla°!   15   keep her
La noche está estrellada y ella no está conmigo.

Eso es todo. A lo lejos alguien canta. A lo lejos.
Mi alma no se contenta con haberla perdido.

Como para acercarla° mi mirada la busca.   bring her nearer
Mi corazón la busca, y ella no está conmigo.   20

La misma noche que hace blanquear° los mismos árboles.   whiten
Nosotros, los de entonces, ya no somos los mismos.

Ya no la quiero, es cierto, pero cuánto la quise.
Mi voz buscaba al viento para tocar su oído°.   hearing, ear

De otro. Será de otro. Como antes de mis besos.   25
Su voz, su cuerpo claro. Sus ojos infinitos.

Ya no la quiero, es cierto, pero tal vez la quiero.
Es tan corto° el amor, y es tan largo el olvido°.   short, brief /
                                                          oblivion

Porque en noches como ésta la tuve entre mis brazos,
mi alma no se contenta con haberla perdido.   30

Aunque éste sea el último dolor que ella me causa,
y éstos sean los últimos versos que yo le escribo.

Reacción y análisis

1. ¿Cómo fue la relación amorosa entre el poeta y su amada? Explique los versos «Yo la quise...», «Ya no la quiero...cuánto la quise» y «Ya no la quiero... tal vez la quiero» para describir esta relación.

2. ¿La quiere el poeta todavía? ¿Quiere ella al poeta todavía?

3. ¿Cómo es la noche cuando el poeta piensa en su amada? ¿Por qué la noche le hace al poeta recordarla?

4. En la inmensidad del cielo se oyen sonidos aislados. Explique los versos «El viento de la noche gira en el cielo y canta» y «A lo lejos alguien canta. A lo lejos» y «Mi voz buscaba al viento para tocar su oído». ¿Qué efecto tiene la personificación del viento?

5. ¿Qué relación tienen la voz, el cuerpo y los ojos de la amada con la noche?

6. ¿Cuál es el tema del poema?

7. ¿Qué comparación hay entre el estado de la naturaleza y el del hombre?

8. ¿Qué función tiene la repetición de varias frases como «Puedo escribir los versos más tristes esta noche»?

9. ¿Por qué escribe el poeta estos versos? ¿Qué sentimientos se transmiten a través de versos como «Y el verso cae al alma como al pasto el rocío» y «Es tan corto el amor, y es tan largo el olvido»?

10. Explique las dos últimas estrofas. ¿Ha resuelto el poema el conflicto emocional?

11. En la «Selección autobiográfica», Neruda dice: «El poeta que no sea realista va muerto. Pero el poeta que sea sólo realista va muerto también. El poeta que sea sólo irracional será entendido sólo por su persona y por su amada, y esto es bastante triste. El poeta que sea sólo un racionalista, será entendido hasta por los asnos...» ¿Logra Neruda el balance deseado entre lo racional y lo irracional en «Poema XX»?

LECTURA

Las *Odas elementales* de Pablo Neruda contienen más celebración por la humanidad que protesta. Hay odas escritas a flores, animales y cosas además de sentimientos y personas. «Oda a la vida» viene de esta colección.

Oda a la vida

La noche entera	1	
con un hacha°		axe
me ha golpeado el dolor,		
pero el sueño		
pasó lavando como un agua oscura	5	
piedras ensangrentadas°.		bloody
Hoy de nuevo estoy vivo.		
De nuevo		
te levanto,		
vida,	10	
sobre mis hombros°.		shoulders
Oh vida,		
copa clara,		
de pronto		
te llenas	15	
de agua sucia,		
de vino muerto,		
de agonía, de pérdidas,		
de sobrecogedoras° telarañas°,		surprising / spider-webs
y muchos creen	20	
que ese color de infierno°		hell
guardarás para siempre.		
No es cierto.		
Pasa una noche lenta,		
pasa un solo minuto	25	
y todo cambia.		

Se llena
de transparencia
la copa de la vida.
El trabajo espacioso°   30   slow, deliberate
nos espera.

De un solo golpe nacen las palomas°.   doves
Se establece la luz sobre la tierra.

Vida, los pobres
poetas   35
te creyeron amarga°,   bitter
no salieron contigo
de la cama
con el viento del mundo.
Recibieron los golpes   40
sin buscarte,
se barrenaron°   drilled
un agujero° negro   hole
y fueron sumergiéndose
en el luto°   45   mourning
de un pozo° solitario.   well

No es verdad, vida,
eres
bella
como la que yo amo   50
y entre los senos° tienes   breasts
olor a menta°.   mint

Vida,
eres
una máquina plena°,   55   complete, full
felicidad, sonido
de tormenta, ternura°   tenderness
de aceite delicado.

Vida,
eres como una viña°:   60   vineyard
atesoras° la luz y la repartes°   hoard, store /
transformada en racimo°.   distribute
                                                                    bunch

El que de ti reniega°   denies
que espere
un minuto, una noche   65

un año corto o largo,
que salga
de su soledad mentirosa°,   deceitful
que indague° y luche, junte   inquire, find out
sus manos a otras manos,   70
que no adopte ni halague°   flatter, please
a la desdicha°,   misery, unhappiness
que la rechace° dándole   reject
forma de muro,
como a la piedra los picapedreros°,   75   stonecutters
que corte la desdicha
y se haga con ella
pantalones.
La vida nos espera
a todos los que amamos   80
el salvaje°   wild
olor a mar y menta
que tiene entre los senos.

Reacción y análisis

1. ¿Qué efecto tiene el sueño sobre el dolor? Explique las imágenes que describen este efecto.

2. ¿A quién o a qué se dirige el poema? ¿Qué efecto tiene la personificación de la vida? ¿Cómo se relaciona al mensaje del poema?

3. ¿Contra qué emociones y actitudes tiene que luchar el poeta? ¿Cómo contesta a los cínicos? ¿Qué esperanza les ofrece el cambio?

4. Neruda compara la vida a una copa, una máquina, una viña y una amante. ¿Qué placer y belleza se encuentra en cada comparación? Escoja una de estas comparaciones y explique cómo se desarrolla.

5. «El poeta debe interpretar la luz», dice Neruda en la «Selección autobiográfica». También en este poema, Neruda menciona que «la luz se establece sobre la tierra». ¿A qué se refiere el poeta cuando menciona la luz?

6. Explique estos últimos versos:
   «La vida nos espera
   a todos los que amamos
   el salvaje
   olor a mar y menta
   que tiene entre los senos.»
   ¿Qué sugieren estas imágenes?

7. El poema es a la vez una celebración de la vida y una exhortación a los lectores. En un mundo de tanto dolor e injusticia, ¿cómo se puede celebrar la vida? ¿En qué o en quién tiene fe el poeta? ¿Qué consejo le ofrece a la persona que reniega de la vida? Según Neruda, ¿cómo se debe combatir la soledad?

Después de leer

A. Correspondencia y creación

1. Ud. es uno de los amantes de «Poema XX». Escriba dos entradas en un diario°; en una, describa el momento en que la relación iba bien y en otra, describa cómo es en el momento actual.   diary

2. Escoja un objeto ridículo y escriba una oda. ¿Qué es lo más importante sobre este objeto? ¿Qué reacción quiere Ud. de su lector? Use imágenes de los cinco sentidos para ilustrar el aspecto más importante de ese objeto.

B. Análisis literario

Los poemas «Poema XX» y «Oda a la vida» de Pablo Neruda presentan filosofías diferentes de la vida y hacia el amor. ¿Qué mensaje sobre la vida tienen para el lector?

Conexiones

A. Contrastes y exploraciones

Las selecciones de Pérez Firmat, Castellanos, Mastretta y Neruda comparten muchos temas. Las siguientes preguntas presentan la oportunidad para escribir ensayos de comparación y contraste de estos temas.

1. Examine los temas de la felicidad y la belleza de la vida en las obras de Castellanos, Mastretta y Neruda. ¿Dónde buscan y encuentran la felicidad? ¿Qué filosofía de la vida expresan? ¿Cómo reaccionan sus personajes cuando se enfrentan con la desilusión y la debilidad humana?

2. Examine la soledad de la narradora en «Kinsey Report Nº 2» y la actitud de Neruda hacia la soledad en «Oda a la vida». Use ejemplos específicos para apoyar sus ideas.

3. Compare el papel masculino presentado en «Kinsey Report Nº 2» y «Un día el marido de la tía Magdalena...» de Mastretta. ¿Ha cambiado este papel? Explique.

4. El noviazgo y el matrimonio se presentan en «Kinsey Report Nº 6» de Castellanos y «No era bonita la tía Cristina...» de Mastretta. Examine cómo este tema se presenta en las dos selecciones. ¿Qué reflejan estas dos perspectivas sobre la sociedad en que viven estas mujeres?

5. La salvación y la celebración de la vida se presentan en «Tía Jose Rivadeneira...» de Mastretta y «Oda a la vida» de Neruda. Examine cómo se presenta este tema en cada obra. ¿Qué mensaje tienen Mastretta y Neruda para sus lectores?

6. En la «Selección autobiográfica», Rosario Castellanos dice que «Ser mujer en México es un problema». ¿Cómo se presenta este tema en los poemas de Castellanos y las viñetas de Mastretta?

7. El «Poema XX» de Neruda y «Un día el marido de la tía Magdalena...» de Mastretta presentan una visión del amor de la perspectiva del hombre. ¿Cómo es este amor? Compare la visión presentada en las dos obras.

8. La relación con una madre se describe en el poema de Pérez Firmat «Mi madre cuando nos visita» y «Tía Jose Rivadeneira...» de Mastretta. Describa el amor presentado en las dos obras y la relación que la madre tiene con sus hijos.

B. Visiones cinematográficas

Hay muchas películas y documentales que presentan el tema de la soledad y la unión. Aquí aparecen algunos de éstos. Compare y analice la presentación de ciertos temas como el amor, la unidad, los papeles masculinos y femeninos y los cambios en la sociedad a través de los años.

1. *Pablo Neruda: Closer to Blood Than to Ink* (2000), Films for the Humanities, presenta la vida de Neruda y su obra. Demuestra su relación al Partido Comunista y su amor por el mundo natural.

2. *All About My Mother* (1999), por el director español Pedro Almodóvar, es un tributo a las mujeres, y a los hombres que quieren ser mujeres. Es la historia de la madre y sus amistades mientras que busca a su amante después del asesinato de su hijo.

3. *Mujeres al borde de un ataque de nervios* (1998), por el director español Pedro Almodóvar, presenta la historia de una actriz que se vuelve loca cuando su amante la deja por otra mujer. Es una comedia que expone los papeles masculinos y femeninos.

4. *Letters from the Park* (1988), por el director cubano Gutiérrez Alea, presenta el amor de dos jóvenes y cómo emplean a un poeta para que les escriba sus cartas de amor. Basada en un cuento de Gabriel García Márquez, esta historia expone el dilema moral y emocional que resulta cuando el poeta se enamora de la mujer.

5. *Fresa y chocolate* (1994), por el director cubano Gutiérrez Alea, narra la amistad entre dos hombres durante el régimen comunista en Cuba. Es un comentario social sobre la falta de derechos humanos. También presenta los temas de la homosexualidad, la censura y la pérdida de la individualidad en un ambiente tiránico.

6. *Camila* (1984), dirigida por la argentina María Luisa Bomberg, es la historia trágica del amor entre Camila y el padre Gutiérrez en un ambiente tiránico en el siglo diecinueve en la Argentina. Examina el papel de la mujer, la Iglesia y el individuo en tiempos opresivos.

7. *Portrait of Teresa* (1979), por el cubano Pastor Vega, presenta el machismo y el sexismo en la sociedad después de la revolución. Es la historia de la relación entre Teresa, un ama de casa, y su marido y lo que ocurre cuando ella participa en grupos políticos y culturales.

8. *Como agua para chocolate* (1992), basada en la novela de la mexicana Laura Esquivel y dirigida por Alfonso Arau, presenta la comida como un instrumento del amor. Es la historia de Tita y la crisis entre su amor, su relación con su madre y las tradiciones familiares. Con el estilo de realismo mágico, la película presenta cómo Tita comunica sus emociones a través de la comida.

9. *El mar y el tiempo* (1989), dirigida por el español Fernando Fernán Gómez, presenta una reunión familiar en España despúes de la muerte de Franco. Los temas del amor entre familia, la nostalgia, los conflictos entre los hombres y las mujeres y los contrastes entre generaciones aparecen aquí.

10. *A Place in the World* (1994), dirigida por el argentino Adolfo Aristarain, presenta a través de la perspectiva de un adolescente los conflictos y las consecuencias del progreso. Explora los temas del vínculo familiar y el idealismo de la gente ante la confrontación del dinero y el progreso.

11. *Mujeres de América Latina—México: La rebelión de la llorona* (1992), un documental producido por Films for the Humanities, explora la situación de la mujer en México.

12. *The Changing Role of Hispanic Women* (1995), un documental producido por Films for the Humanities, expone los cambios del papel tradicional de la mujer latina. La escritora chilena Isabel Allende, la actriz Jennifer Lopez y varios hombres latinos presentan sus perspectivas y sus experiencias.

13. *Pablo Neruda: Poeta de Chile* (1993), un documental producido por Insight Media, es la biografía del autor. Examina los eventos que tuvieron influencia sobre su vida y su arte para formar su ideal de la justicia social.

C. Investigaciones

Los siguientes temas presentan áreas de investigación que tienen relación a los temas en las selecciones literarias. Relacione su investigación a una de las selecciones estudiadas.

1. Desde la publicación de los primeros «Kinsey Reports» han salido muchos otros estudios de la sexualidad. Investigue el «Kinsey Report» original o uno de los estudios más recientes.

2. En los últimos veinte años, los papeles masculinos y femeninos han cambiado en la sociedad mexicana. Investigue los cambios y compárelos a los cambios en la sociedad norteamericana.

3. El Premio Nóbel. Pablo Neruda ganó el Premio Nóbel por su literatura, la cual refleja su amor por la humanidad. Investigue la vida de Neruda y la conexión entre su vida y su arte.

4. Muchas escritoras latinoamericanas han analizado los papeles masculinos y femeninos en la sociedad. Investigue la obra de una de estas escritoras y compárela con la obra de Mastretta.

UNIDAD 3

⌁⌁ ⌁⌁ ⌁⌁ ⌁⌁ ⌁⌁ ⌁⌁

Los derechos humanos y la justicia social

Francisco de Goya, (Spanish, 1746–1828). "The Third of May, 1808". Oil on canvas, approx. 8'8" × 11'3". © Museo National del Prado, Madrid, Spain. All Rights Reserved.

¿Qué derechos merece° cada ser humano? En países democráticos, los individuos tienen el derecho de vivir libremente en busca de felicidad. Sin embargo, hay otros países cuyos gobiernos, guiados por el poder y la ambición, les niegan todo tipo de derecho a sus ciudadanos°. Allí, la gente vive con miedo, tortura y desgracia. Su vida se convierte en una serie de riesgos y confrontaciones donde cada acción los puede llevar a la muerte. Cada día, ellos tienen que decidir entre arriesgar° su vida para defender sus derechos o no arriesgarse para mantenerse vivos. Los efectos mentales y físicos de esta lucha diaria son tan fuertes que les niegan toda posibilidad de ser felices.

    En esta Unidad, se presentan situaciones y eventos en México, Chile, El Salvador, Cuba y el resto de Latinoamérica donde el mundo ha sufrido por la falta de derechos humanos.

    ¿Merecen estos individuos desgraciados nuestra atención? ¿Es nuestra obligación asegurar los derechos humanos de todos o sólo los nuestros? ¿Debemos luchar contra todo tipo de injusticia? ¿Qué se pierde o se gana al participar en la lucha por los derechos humanos?

deserves

citizens

risk

93

Poética

⫤ ⫤ ⫤ ⫤ ⫤

Di° la verdad.	1	tell
Di, al menos, tu verdad.		
Y después		
deja que cualquier cosa ocurra:		
que te rompan la página querida,	5	
que te tumben° a pedradas° la puerta,		knock down / by stoning
que la gente		
se amontone° delante de tu cuerpo		gather
como si fueras°		as if you were
un prodigio o un muerto.	10	

Heberto Padilla

Para empezar

1. La pintura «El tres de mayo» captura el momento del fusilamiento de un partidario de los españoles que luchaban por la independencia de España y en contra de la invasión francesa bajo Napoleón. Describa la escena. ¿Quién es la figura central? ¿Cómo se contrasta ésta con los demás? ¿Qué hacen las figuras al lado de él? ¿Qué caras podemos ver? ¿Qué sentimientos transmite esta pintura de Goya?

2. ¿Qué mandato nos dirige Padilla en los primeros dos versos de su poema, «Poética»? ¿Cuáles son las consecuencias posibles de decir «la verdad»? ¿Por qué se debe dejar que «cualquier cosa ocurra»? ¿Por qué no se debe considerar las consecuencias?

3. Los últimos cuatro versos nos pintan una escena como la de «El tres de mayo». Descríbala. ¿Cómo es que la gente va a juzgar al poeta?

4. El título del poema, «Poética», quiere decir los principios o los valores de un poeta. Según este poema, ¿cuál es el deber de un poeta? ¿Qué papel tiene en la sociedad?

Antes de leer

A. Encuestas

Divídanse en grupos de dos, tres o cuatro estudiantes. Háganse las preguntas que figuran a continuación. Después de cinco o diez minutos, cada estudiante informará a la clase sobre lo que aprendió de su grupo sobre el sufrimiento y sus efectos.

1. ¿Sabe Ud. de alguien que haya tenido que salir de su país por razones políticas? ¿Cuáles fueron las circunstancias? ¿Qué cuenta la persona de esa experiencia? ¿Qué efecto tuvo la experiencia sobre esa persona? ¿Cómo es la vida de esa persona ahora?

2. ¿Conoce Ud. a alguien que haya peleado en una guerra? ¿Habla esa persona fácilmente de su experiencia en la guerra? Si habla, ¿qué es lo que dice? ¿Cómo le afectó la guerra? ¿Cómo ha reaccionado usted?

3. ¿Sabe Ud. de algún evento histórico donde se hayan violado los derechos humanos? ¿Qué es lo que ocurrió? ¿Cómo reaccionó la gente afectada? ¿Cómo reaccionó el resto del mundo? ¿Qué dicen ahora los libros de historia sobre este evento?

4. ¿Ha visto Ud. alguna película que haya tratado de alguna injusticia política o humana? ¿Qué aspecto de la injusticia presentó?

5. ¿Conoce Ud. a alguien o a algún grupo que haya sido víctima de alguna injusticia? ¿Quién o qué causó esta injusticia? ¿Qué efectos ha tenido esta injusticia sobre la persona o el grupo? ¿Cómo se resolvió la injusticia?

6. ¿Qué sabe usted de las organizaciones que luchan por los derechos humanos? ¿Ha participado usted en una de estas organizaciones como Amnistía Internacional?

7. ¿Qué cualidades, circunstancias o recursos le ayudan a uno a recuperarse de experiencias traumáticas?

8. ¿Bajo qué circunstancias es aceptable o necesaria la guerra? ¿Ninguna? ¿En casos de defensa? ¿Cuando sea amenazada la seguridad nacional? Dé unos ejemplos.

9. Aunque la tortura ha sido condenada universalmente, sigue siendo un instrumento de la guerra. ¿Por qué?

10. Todas las selecciones de la Unidad 3 tratan de sociedades rotas por luchas o guerras internas. ¿Qué diferencia hay entre las guerras entre países y las civiles? Piense en unos ejemplos. ¿Cuáles han sido las razones por estas guerras, por ejemplo, la guerra civil de El Salvador o la de España? ¿Cuáles son las raíces de estos conflictos internos? ¿Cuándo y cómo se justifica el uso de la violencia? ¿Cuándo y cómo se justifica la intervención de otros grupos, como, por ejemplo, la de las Naciones Unidas para mantener la paz?

11. ¿Qué es una dictadura o una junta militar? ¿Cómo es el gobierno bajo estos sistemas? ¿Cómo mantiene su poder o control? ¿Qué libertades o derechos se permiten?

B. Usted y su conciencia

Divídanse en grupos de dos, tres o cuatro estudiantes para discutir estas situaciones de conciencia. Después de cinco o diez minutos, cada estudiante informará a la clase sobre su decisión. Después de la presentación oral, cada estudiante puede escribir un monólogo de un párrafo donde explique su decisión.

1. Al estar de turista en un país autoritario, Ud. presencia el maltrato de una persona por un policía. ¿Qué debe hacer Ud.?

2. Mientras visita a su vecina Amalia, Ud. ve que el hijo de ella tiene muchas heridas. Más tarde, al preguntarle al niño lo que pasó, éste le dice que su madre abusó de él. ¿Qué debe hacer Ud.?

3. Sus compañeros de clase y Ud. toman un examen que determinará el ingreso a cursos universitarios para graduados. En un momento, Ud. ve que su mejor amigo hace trampa en el examen. ¿Qué debe hacer Ud.?

4. Su jefe ha acusado a su compañero de trabajo de haberse robado dinero. Ud. sabe que es el jefe el que se lo robó. ¿Qué debe hacer usted?

5. Después de sufrir bajo un gobierno déspota, Ud. tiene la oportunidad de salir del país. Sin embargo, tiene que dejar allá a su familia y a sus amigos. ¿Qué debe hacer?

Capítulo 7

⌐⌐ ⌐⌐ ⌐⌐ ⌐⌐ ⌐⌐

Rosario Castellanos y Pablo Neruda

Las selecciones biográficas y autobiográficas de estos autores se encuentran en la Unidad 2.

VOCABULARIO

⌐⌐ ⌐⌐ ⌐⌐ ⌐⌐ ⌐⌐

VERBOS

aguardar — *to wait*
«Por eso el dos de octubre **aguardó** hasta la noche...»

amanecer — *to dawn, to begin to get light*
«La plaza **amaneció** barrida...»

huir — *to flee*
«¿Los que **huyen** sin zapatos?»

pudrirse — *to rot*
«¿Los que **se pudren** en el hospital?»

quedarse — *to remain; to be left*
«...y poco a poco **me quedé** muerta...»

sacar — *to take out*
«...y lo **sacaron** a medio vestir...»

tirar — *to throw*
«...lo **tiraron** al camión...»

traicionar — *to betray*
«Si la llamo mía **traiciono** a todos.»

SUSTANTIVOS

el anuncio — *announcement*
«...ningún **anuncio** intercalado...»

la noticia — *news item*
«...los periódicos dieron como **noticia** principal...»

la oscuridad — *darkness*
«La **oscuridad** engendra la violencia...»

la soledad	*loneliness; solitude*
	«...no hay más que **soledad** en torno a mí...»
el tirano	*tyrant*
	«...telegramas y telegramas que el **tirano** en Santiago no contestó...»

ADJETIVOS

barrido	*swept*
	«La plaza amaneció **barrida**.»
mudo	*mute*
	«¿Los que se quedan **mudos,** para siempre, de espanto?»

OTRAS PALABRAS ÚTILES

sin (con un infinitivo, pronombre o sustantivo)	*without...* «...ya no existiré **sin él**...»
sin que (con un tiempo del subjuntivo)	*without...* «**Sin que hubiera** huelga...»
hasta (con un infinitivo, pronombre o sustantivo)	*until* «Por eso el dos de octubre aguardó **hasta la noche**...»
hasta que (con un tiempo del subjuntivo o del indicativo)	*until* «...**hasta que** la justicia **se siente** entre nosotros.»
para (con un pronombre, sustantivo o infinitivo)	*in order to* «...y la violencia pide oscuridad **para cuajar** en crimen.»
para que (con un tiempo del subjuntivo)	*in order that, so that* «...**para que** nadie **viera** la mano que empuñaba el arma...»

PALABRAS PROBLEMÁTICAS

el recuerdo	*memory (of an event)* El **recuerdo** de los eventos en Tlatelolco la pone triste.
recordar	*to remember* «**Recuerdo,** recordamos», dice la narradora en el poema.
la memoria	*memory (the faculty of remembering)* «...y prefiero una que otra cicatriz a tener la **memoria** como un cofre vacío.»

el memorial	*memorial, memorandum, brief, petition*
	El poema es un **memorial** de los eventos en Tlatelolco.
matar	*to kill*
	Las tropas del gobierno **mataron** a muchas personas.
la matanza	*killing, slaughter*
	Hay que protestar por la **matanza** de tantas personas inocentes.
morir	*to die*
	«¿Quiénes los que agonizan, los que **mueren**?»
la muerte	*death*
	La **muerte** de los estudiantes afectó a todo el país.
el/la muerto/a	*dead person*
	Encontraron a muchos **muertos** en la plaza.
muerto	*dead*
	«El estudiante estaba **muerto**.»

Ejercicios de vocabulario

A. Antónimos. Escoja, entre las palabras de la primera columna, el antónimo de cada una de las palabras de la segunda columna. Indique el número correspondiente en los espacios en blanco.

1. la muerte   ___la unión
2. recordar   ___vivo
3. amanecer   ___la vida
4. la oscuridad   ___anochecer
5. muerto   ___la luz
6. la soledad   ___olvidar

B. Asociaciones. ¿Qué palabra de la primera columna asocia Ud. con cada una de las palabras de la segunda columna? Indique el número correspondiente en los espacios en blanco.

1. barrido   ___esperar
2. el tirano   ___callado
3. mudo   ___engañar
4. pudrirse   ___el piso
5. tirar   ___el periódico

6. la soledad   ___la fruta

7. traicionar   ___asesinar

8. sacar   ___permanecer

9. matar   ___el vacío

10. aguardar   ___la dictadura

11. quedarse   ___la pelota

12. la noticia   ___la basura

C. **Los recuerdos.** Complete los recuerdos y las declaraciones de unos testigos y participantes de una manifestación.

1. El coronel: No vamos a dejar de luchar contra los terroristas *hasta que...*

2. El periodista: *Nos quedamos* en la plaza *hasta....*

3. Los estudiantes: Protestamos *para que....*

4. El reportero: Tendré el artículo *para...*

5. El marido: Me llevaron a la cárcel *sin que...*

6. La poetisa: Escribo mis versos *sin...*

7. Los padres: Fuimos a la plaza *para...*

D. **Preguntas personales.** Conteste las preguntas siguientes y después, hágaselas a otra persona de la clase.

1. ¿Has leído o escuchado un *memorial* alguna vez? ¿Qué *recuerdas* de él?

2. ¿Qué actitud hacia *la muerte* tiene la sociedad norteamericana? ¿La aceptamos o huimos de ella?

3. ¿Cómo te enteras de las *noticias*? ¿Por la televisión? ¿La radio? ¿El internet?

4. ¿Qué recuerdos agradables tienes de tu niñez?

L E C T U R A ⋙ Rosario Castellanos

«Memorial de Tlatelolco» viene de la colección «En la tierra de en medio» en *Poesía no eres tú*. Se escribió este poema como prólogo poético al libro *Massacre in Mexico* de Elena Poniatowska. Este libro es un testimonio del asesinato de más de 400 estudiantes por tropas del gobierno en la Plaza de Tlatelolco, el 2 de octubre de 1968, durante una manifestación estudiantil. Al principio, el gobierno negó que la matanza hubiera ocurrido y no salió ninguna noticia en los medios de comunicación. Tlatelolco es un barrio de la Ciudad de México donde está la Plaza de las Tres Culturas.

Memorial de Tlatelolco

La oscuridad° engendra° la violencia	1 darkness / begets
y la violencia pide oscuridad	
para cuajar° en crimen.	jell, materialize
Por eso el dos de octubre aguardó° hasta la noche	waited
para que nadie viera la mano que empuñaba°	5 grasped
el arma, sino sólo su efecto de relámpago.°	lightning
Y a esa luz, breve y lívida, ¿quién? ¿Quién es el que mata?	
¿Quiénes los que agonizan, los que mueren?	
¿Los que huyen° sin zapatos?	flee
¿Los que van a caer al pozo° de una cárcel?°	10 hole, pit / prison
¿Los que se pudren° en el hospital?	rot
¿Los que se quedan mudos,° para siempre, de espanto°?	mute / fear
¿Quién? ¿Quiénes? Nadie. Al día siguiente, nadie.	
La plaza amaneció° barrida°; los periódicos	dawned / swept
dieron como noticia° principal	15 news item
el estado del tiempo.	
Y en la televisión, en la radio, en el cine	
no hubo ningún cambio de programa,	
ningún anuncio intercalado° ni un	inserted
minuto de silencio en el banquete.	20
(Pues prosiguió° el banquete.)	proceeded
No busques lo que no hay: huellas°, cadáveres,	traces
que todo se le ha dado como ofrenda° a una diosa°:	offering / goddess
a la Devoradora de Excrementos.	
No hurgues° en los archivos pues nada consta° en actas°.	25 search / is evident / documents
Ay, la violencia pide oscuridad	
porque la oscuridad engendra el sueño	
y podemos dormir soñando que soñamos.	
Mas he aquí° que toco una llaga°: es mi memoria.	here / wound
Duele, luego es verdad. Sangra° con sangre.	30 it bleeds
Y si la llamo mía traiciono° a todos.	I betray
Recuerdo, recordamos.	
Ésta es nuestra manera de ayudar que amanezca	
sobre tantas conciencias mancilladas°,	stained
sobre un texto iracundo°, sobre una reja° abierta,	35 angry / grate
sobre el rostro° amparado° tras la máscara.	face / protected
Recuerdo, recordemos	
hasta que la justicia se siente° entre nosotros.	is established

Reacción y análisis

1. En el primer verso, Castellanos dice que «la oscuridad engendra la violencia» mientras que en el verso 26 dice que «la violencia pide oscuridad». ¿Cómo se relacionan la violencia y la oscuridad? ¿Qué puede simbolizar la oscuridad?

2. ¿Qué contraste irónico hay entre la luz de «relámpago» y la oscuridad de los primeros versos? ¿Qué o quién aguardó hasta la noche? ¿Por qué no se identifica?

3. Aunque no se puede nombrar a las víctimas, ¿cómo es que la poetisa puede conmemorarlas? ¿Para qué sirve la serie de imágenes vivas? ¿Por qué utiliza la repetición de «quién» y «quiénes»?

4. ¿Cómo reaccionaron los medios de comunicación a las muertes? ¿Qué simboliza «barrida»?

5. La matanza ocurrió cerca de la Plaza de las Tres Culturas. Una de estas culturas es la de los aztecas, los cuales ofrecían sacrificios, a veces humanos, a los dioses. ¿Qué puede simbolizar, entonces, «la Devoradora de Excrementos»?

6. ¿A quién le habla Castellanos cuando dice, «No busques..., No hurgues...»? ¿Qué significan los versos «porque la oscuridad engendra el sueño / y podemos dormir soñando que soñamos»? ¿Quién es el sujeto de «podemos» y qué peligro hay en soñar?

7. ¿Cuál es la única evidencia que queda de la matanza? ¿Por qué traiciona la poetisa a todas las víctimas si dice que la llaga o la memoria es sólo suya? ¿En qué consiste «la sangre»?

8. ¿A qué se refiere «amanezca» en el verso «Ésta es nuestra manera de ayudar que amanezca»? ¿Qué representa o simboliza el amanecer?

9. ¿A quiénes o a qué se refieren las frases que empiezan con «sobre»? ¿Cuál es el efecto de la repetición de la estructura?

10. ¿Qué efecto tiene el cambio de sujeto de «yo» a «nosotros» en el verso «Recuerdo, recordamos»? ¿Por qué más tarde cambia este verso a «Recuerdo, recordemos»? ¿A qué nos llama la poetisa con el mandato «recordemos»?

11. ¿Hasta qué punto se identifica la poetisa con las víctimas? ¿Qué deber tienen los que han sobrevivido? ¿Es esta identificación una expresión de amor?

12. ¿Cómo es que el poema sirve de evidencia o testimonio de la matanza? ¿Cómo puede reemplazar el poema a la noticia oficial que nunca apareció? ¿Cómo se relaciona el título del poema con este propósito?

LECTURA 〰 **Pablo Neruda**

Muchos poemas de *Canto general I y II* critican el imperialismo y
exponen el sufrimiento del pueblo. «Margarita Naranjo» es el
poema VIII de la sección «La tierra se llama Juan», donde obreros
de diversas actividades cuentan su historia trágica directamente al
lector. En el poema siguiente, la trama ocurre en la empresa
salitrera° María Elena, en Antofagasta, Chile.   nitrate works

Margarita Naranjo

Estoy muerta. Soy de María Elena. 1	
Toda mi vida la viví en la pampa.	
Dimos la sangre para la Compañía	
norteamericana, mis padres antes, mis hermanos.	
Sin que hubiera huelga°, sin nada nos rodearon°. 5	strike / surrounded
Era de noche, vino todo el Ejército°.	Army
Iban de casa en casa despertando a la gente,	
llevándola al campo de concentración.	
Yo esperaba que nosotros no fuéramos.	
Mi marido ha trabajado tanto para la Compañía, 10	
y para el Presidente, fue el más esforzado°	put forth the most
consiguiendo los votos aquí, es tan querido,	effort
nadie tiene nada que decir de él, él lucha	
por sus ideales, es puro y honrado	
como pocos. Entonces vinieron a nuestra puerta, 15	
mandados° por el Coronel Urízar,	sent
y lo sacaron° a medio vestir y a empellones°	they took him /
lo tiraron° al camión que partió en la noche,	forcefully / threw
hacia Pisagua, hacia la oscuridad. Entonces	
me pareció que no podía ya respirar más, me parecía 20	
que la tierra faltaba debajo de los pies,	
es tanta la traición, tanta la injusticia,	
que me subió a la garganta° algo como un sollozo°	throat / sob
que no me dejó vivir. Me trajeron comida	
las compañeras, y les dije: «No comeré hasta que vuelva». 25	
Al tercer día hablaron al señor Urízar,	
que se rio con grandes carcajadas°, enviaron	roars of laughter
telegramas y telegramas que el tirano en Santiago	
no contestó. Me fui durmiendo y muriendo,	
sin comer, apreté los dientes° para no recibir 30	ground my teeth
ni siquiera la sopa o el agua. No volvió, no volvió,	
y poco a poco me quedé muerta, y me enterraron°,	buried
aquí, en el cementerio de la oficina salitrera,	

había en esa tarde un viento de arena,   35
lloraban los viejos y las mujeres y cantaban
las canciones que tantas veces canté con ellos.
Si hubiera podido, habría mirado a ver si estaba
Antonio, mi marido, pero no estaba, no estaba,   40
no lo dejaron venir ni a mi muerte: ahora
aquí estoy muerta, en el cementerio de la pampa   loneliness / around
no hay más que soledad° en torno° a mí, que
ya no existo,
que ya no existiré sin él, nunca más, sin él.

Reacción y análisis

1. Resuma Ud. brevemente lo que les ocurrió a Margarita Naranjo y a su esposo. Identifique los elementos realistas e imaginarios de esta historia. ¿En qué sentido se parece el poema al testimonio de un individuo verdadero?

2. ¿Cuál es el tema del poema?

3. ¿Qué efecto tiene la narrativa de primera persona sobre el lector? ¿Qué efecto tiene el hecho de que esté muerta?

4. La narradora declara que «...es tanta la traición, tanta la injusticia, / que me subió a la garganta algo como un sollozo / que no me dejó vivir». ¿En qué consisten la injusticia y la traición? ¿Cómo protestan ella y la gente?

5. Compare los primeros y los últimos versos del poema. A pesar de que la narradora dice que está muerta, ¿cómo resucita ella a través del poema? ¿Por qué cree Ud. que Neruda lo escribió?

6. Neruda era un crítico de las dictaduras y la explotación de los obreros. ¿Cómo expresa él estas críticas en el poema?

7. En la «Selección autobiográfica» en la Unidad 2, Neruda dice que «la poesía tiene que caminar en la oscuridad y encontrarse con el corazón del hombre, con los ojos de la mujer, con los desconocidos de las calles, de los que a cierta hora crepuscular, o en plena noche estrellada, necesitan aunque sea no más que un solo verso...». ¿Cómo es que Neruda logra estos objetivos con este poema?

Después de leer

A. Creación

1. En sus poemas, Rosario Castellanos y Pablo Neruda expresan amor por la humanidad. Una consecuencia de este amor es la protesta poética de los dos contra la injusticia. Piense sobre alguna

injusticia que le haya ocurrido a Ud. o a otra persona y escriba unos versos basados en esa experiencia.

2. «Margarita Naranjo» presenta los sentimientos de la narradora. Ahora, usted es el esposo de Margarita. Usando la narrativa en primera persona, escriba un párrafo sobre la misma situación.

B. Análisis

La injusticia y el maltrato por parte del gobierno se presentan en los poemas «Memorial de Tlatelolco» y «Margarita Naranjo». Compare la injusticia y el maltrato en los dos poemas. ¿Cómo sirven de protesta social los poemas en sí? ¿Qué imágenes usan los dos poetas? ¿Cómo presentan la reacción de la gente ante estos actos injustos? ¿Proponen alguna solución para defenderse contra tal injusticia?

Capítulo 8

⊒⊩ ⊒⊩ ⊒⊩ ⊒⊩ ⊒⊩

Mario Bencastro

Novelista, cuentista, dramaturgo y artista, Mario Bencastro nació en 1949 en Ahuachapán, El Salvador. En 1978, vino a los Estados Unidos y desde ese tiempo, ha vivido en los dos países. Empezó su carrera artística como pintor de arte abstracto, pero cuando estalló la guerra civil en su patria, abandonó la pintura y se dedicó a la literatura. Esta guerra y el tema de los derechos humanos aparecen en muchas de sus obras, incluso su primera novela, *Disparo en la catedral,* cuyo título recuerda el asesinato del arzobispo Oscar Romero.

«El fotógrafo de la muerte» es un cuento que viene de otro de sus libros, *Árbol de la vida: Historias de la guerra civil,* publicado en 1993, el cual trata de la realidad trágica de la vida diaria del pueblo salvadoreño durante la guerra civil. Aquí Bencastro revela la injusticia y el abuso del poder de las autoridades al mismo tiempo que subraya el valor y la tenacidad del pueblo.

Bencastro también se ha dedicado a la dirección y la producción dramáticas. Se han adaptado al teatro dos de sus historias, «El fotógrafo de la muerte» e «Historia de payaso». En 1988 escribió y dirigió «La encrucijada», un drama que critica el abuso del poder. Este drama fue seleccionado para el Festival Bicentenario de Teatro de la Universidad de Georgetown.

Más recientemente, Bencastro ha publicado su segunda novela, *Odisea del Norte*, donde va más allá del sufrimiento de la guerra civil y presenta los problemas que surgen con la emigración de salvadoreños a los Estados Unidos. Asímismo, el autor se ha presentado en muchas conferencias literarias por todo el mundo.

Se han reconocido internacionalmente las obras artísticas y literarias de Bencastro. *Disparo en la catedral* fue finalista en el Premio Literario Internacional de Novedades Diana y también participante en el Séptimo Premio Internacional Novela Rómulo Gallegos. *Odisea del Norte* también fue finalista en el Premio del Libro para Editores Independientes de 1999. Muchas de sus obras han sido incluidas en antologías y exhibiciones de arte en los Estados Unidos, Italia y Latinoamérica.

El cuento siguiente, «El fotógrafo de la muerte», es testigo a la esperanza, voluntad y valor de la gente salvadoreña en su búsqueda de la verdad y la justicia para sí mismos y para las víctimas inocentes de la guerra.

VOCABULARIO

∄ ∄ ∄ ∄ ∄

VERBOS

acercarse a	*to approach*
	«Sumamente exaltada, la señora **se acercó al** escritorio señalando una fotografía.»
aumentar	*to increase*
	«....sobre todo últimamente en que el terrorismo urbano **ha aumentado.**»
desaparecer	*to disappear*
	«Mi hijo **desapareció** hace como una semana...»
desenterrar (ie)	*to disinter, to unearth*
	«...pero finalmente aceptaron **desenterrar** el cuerpo por diez.»
desmayarse	*to faint*
	«¡Ay, Dios mío, por qué has permitido que lo maten como a un perro! —pareciendo que iba a **desmayarse.**»
disponerse a	*to be willing to; to get ready to*
	«...sacaba una libreta y un lápiz y **se disponía a** tomar nota.»
incorporarse	*to stand up*
	«Ella **se incorporó** y fue hacia el empleado.»

recorrer	*to pass through; to travel*
	«Diariamente **recorro** sesenta kilómetros a la redonda de la ciudad...»
regatear	*to bargain*
	«—Tuve que **regatear** con los sepultureros —dijo... Querían veinte pesos, pero finalmente aceptaron desenterrar el cuerpo por diez.»
revisar	*to review*
	«Lo primero que tiene que hacer es **revisar** estas fotografías...»

SUSTANTIVOS

la búsqueda	*search*
	«La muchacha continuó la **búsqueda** del hermano...»
el cuerpo	*body*
	«¿Es necesario mover los **cuerpos** para fotografiarlos?»
el hueso	*bone*
	«Me guío por las cruces, por la manada de perros callejeros desenterrando **huesos**...»
los restos	*remains*
	«—¿Qué hacen con **los restos**? —inquirió el periodista.»
el sepulturero	*gravedigger*
	«En el cementerio mientras llegaban los **sepultureros**...»
la tumba	*tomb*
	«...mientras llegaban los sepultureros, los cuatro esperaban de pie entre las **tumbas**.»

PALABRAS PROBLEMÁTICAS

el derecho	*right, privilege*
	«...una serie de artículos sobre la situación de los **derechos** humanos en el país...»
a la derecha	*to the right*
	Para encontrar la tumba, tuvieron que doblar **a la derecha**.
el dato	*fact*
	«...necesitamos **datos** para una serie de artículos...»
el hecho (de) que	*the fact that...*

El hecho de que el hombre desapareció hace ocho días no significaba necesariamente que estaba muerto.

la fecha   *date*

¿En qué **fecha** desapareció su hermano? —le preguntó el empleado.

la falta de   *the lack of*

«...se les entierra en el mismo lugar donde son descubiertos, por **la falta de** espacio en los cementerios.»

la culpa   *fault, guilt, blame*

Nadie sabía quién tenía **la culpa** de la muerte de tantos inocentes.

suceder   *to happen*

«**Suceden** cosas de cosas...»

triunfar   *to succeed*

Mi hermano habría **triunfado** en la vida, si no lo hubieran matado.

Ejercicios de vocabulario

A. **Detective por un día.** Acaba de ocurrir un crimen en su pueblo y hay varias víctimas. Cuando los investigadores piden ayuda, usted se ofrece a trabajar de detective por un día. Use estas palabras para formar preguntas para poder investigar el crimen.

1. Cuánto / desaparecer

   _____

2. Dónde / encontrar / cuerpo

   _____

3. Por qué / suceder

   _____

4. Quién / culpa

   _____

5. Qué / los restos

   _____

B. **¿Cuál es la palabra correcta?** Escoja una de las palabras siguientes para completar las frases. Haga los cambios necesarios.

regatear	desmayarse	cuerpo	revisar	derecho
culpa	aumentar	dato	tumba	fecha

1. Las muchachas jóvenes se preocupan mucho por el aspecto de su
_____.

2. El policía necesita recoger _____ para poder escribir el reporte del accidente.

3. Si usted no quiere pagar el precio indicado, es buena idea _____ con el vendedor.

4. Al oír unas noticias horribles, la mujer _____.

5. Para celebrar el Día de los Muertos, los mexicanos visitan la _____ de sus parientes en el cementerio.

6. La profesora contestó que era el diez de noviembre cuando alguien le preguntó cuál era la _____.

7. Cuando el niño rompió la cerámica, gritó que era la _____ de su hermanito.

8. La estudiante no quiere errores en su composición. Por eso, ella la va a _____ otra vez.

9. La familia no está contenta porque el precio de la comida _____ mucho recientemente.

10. En un país democrático, los ciudadanos tienen muchos _____.

C. Los antónimos. Escoja entre las palabras de la primera columna el antónimo de cada una de las palabras de la segunda columna. Indique el número correspondiente en los espacios en blanco.

1. disponerse a ___desaparecer
2. enterrar ___triunfar
3. acercarse a ___negarse a
4. aumentar ___desenterrar
5. aparecer ___alejarse de
6. a la derecha ___disminuir
7. incorporarse ___sentarse
8. fracasar ___a la izquierda

D. Preguntas personales. Conteste las preguntas siguientes y después hágaselas a otra persona de la clase.

1. ¿Te gusta *regatear*? ¿Crees que el cliente tiene *el derecho* de *regatear*?

2. *¿Has recorrido* todo el país? ¿Qué estados has visitado?

3. Para *triunfar* en la vida, ¿qué es necesario hacer? ¿Qué tendría que *suceder* para que *triunfaras*?

4. ¿Qué se debe hacer si uno cree que va a *desmayarse*? *¿Incorporarse?*
¿Acostarse? ¿Sentarse? ¿Te *has desmayado* alguna vez?

Selección autobiográfica

Mario Bencastro escribió estos comentarios para esta antología.

Me inicié en el arte por medio de la pintura, con la cual desarrollé   1
amplia actividad al punto que mis obras fueron expuestas en
galerías y museos nacionales e internacionales. Pero en 1978, al
inicio de la guerra civil en El Salvador, sentí la necesidad de reflejar
en mi obra el conflicto social que devastaba a mi país, y en vez de   5
buscar un nuevo estilo de pintura, cambié de expresión artística y
empecé a escribir. Diez años después terminé mi primera novela
Disparo en la catedral, y luego la colección de cuentos *Árbol de la
vida: Historias de la guerra civil.* Puedo decir entonces que mi obra
literaria nació de un conflicto social, el cual se convirtió en una   10
constante, no necesariamente como un «compromiso» sino como
elemento natural, espejo° de esa realidad.   mirror

   También me preocupa el aspecto estético, pues como artista me
propongo crear una obra de arte. Y he aquí uno de los dilemas más
difíciles que enfrenta el escritor, es decir, escribir una obra que   15
establezca un balance entre ética social y estética literaria; en que
el aspecto social no la convierta en panfleto político y el arte en
objeto decorativo insensible al drama humano. El proceso de
documentación de *Disparo en la catedral* produjo una vasta
acumulación de hechos que fue imposible incluir y que, de haberlo   20
hecho, hubieran convertido a la obra en mera imitación de la
historia. Y la literatura no es precisamente eso, porque documentar
los hechos exactos es función de la historia. La literatura toma ciertos
pasajes históricos y les aplica un tratamiento literario, artístico, no
simplemente para relatar los hechos sino para arrojar° sobre ellos   25   throw
cierta luz y resaltar° los valores humanos, rescatarlos° del olvido,   stand out / rescue
revivirlos para que no queden archivados° como frías estadísticas, y   them / filed
sirvan de puntos de reflexión, para que no olvidemos las atrocidades
del pasado y mantengamos viva la memoria de nuestros héroes.
La literatura tampoco propone regresar al pasado y estancarse°   30   stagnate
en él, ni abrir viejas heridas, sino asegurar que éstas cicatricen°   heal
adecuadamente mediante el estudio, reflexión y comprensión de los
hechos, y arribemos° entonces a la firme determinación de que la   lleguemos
historia no debe repetirse. Porque el costo humano es demasiado
grande. En el caso de El Salvador, doce años de guerra civil,   35
violencia, destrucción, y más de setenta y cinco mil muertos.

El relato «El fotógrafo de la muerte», parte de la colección *Árbol de la vida: Historias de la guerra civil,* está dedicado a las víctimas de los abusos de los derechos humanos, a los defensores de los derechos universales del hombre, y a aquéllos que se convirtieron en víctimas   40
de las violaciones que denunciaban, como sucedió con las personas cuyos nombres aparecen al final del relato, todos ellos en un tiempo dirigentes de organizaciones vigilantes de los derechos humanos. Bastante gráfico, triste y desgarrador°, es un testimonio latente de la   heartrending
violencia que arrasó a El Salvador durante la guerra civil.   45

El pintor Pablo Picasso afirmó cierta vez que «el arte es una mentira que nos hace ver la realidad». Tales palabras describen exactamente la dualidad del arte. La literatura es un juego de palabras que el escritor usa para crear un texto que contiene el drama humano. De ahí que la realidad literaria es irreal, porque es una representación   50
producto de los sentimientos y conflictos personales del escritor, de su sensibilidad conmovida ante el caos de la época que le tocó vivir. Eso es igualmente el arte: el alma del artista conmocionada por el drama de la historia. Es posible que esa obra de arte esté lejos de los hechos reales; sin embargo, ha sido creada con tanta sensibilidad e   55
intuición que es capaz de conmovernos y hacernos reflexionar sobre la realidad. La historia y las estadísticas apelan a nuestra razón; la literatura, el arte, apelan a nuestras emociones.

LECTURA
El fotógrafo de la muerte

1

En la Comisión de Derechos Humanos, oficina pequeña con varios   1
estantes° repletos de libros, catálogos con fotografías y paredes   bookshelves
pobladas de notas, calendarios y mensajes, un empleado se encontraba
sentado detrás de un escritorio ocupado en revisar° unos documentos.   review
Al advertir que dos hombres entraban apresuradamente° en la oficina,   5   hurriedly
abandonó la lectura y se puso de pie para recibirlos. Uno de ellos se
adelantó a saludarlo extendiendo una mano hacia él.

—Buenos días, estamos supuestos a reunirnos aquí con...

—¿Son ustedes los periodistas? —preguntó el empleado.

—Yo soy el periodista y él es el fotógrafo —dijo uno de ellos.   10

Los tres se saludaron con cálidos apretones de mano°.   handshakes

—Pues, como le expliqué ayer que hablé con usted —dijo el
periodista—, necesitamos datos° para una serie de artículos sobre la   facts
situación de los derechos humanos en el país...

—Pasen adelante, tomen asiento por favor —rogó el empleado.   15

—Gracias, muy amable —dijo el fotógrafo secándose la frente
sudorosa° con un pañuelo—. Dispense° que venimos un poco   sweaty / perdone
tarde, es que el bus en que veníamos se atrasó°, desviaron el tráfico   was delayed
debido a una marcha de protesta...

—No se preocupen, entiendo, hoy en día no se puede estar a   20
tiempo en nada, si no es una cosa es otra.

—Así es, todo es tan inseguro —afirmó el periodista.

—En cuanto a la información que necesitan para los artículos,
estoy dispuesto a cooperar en todo lo que quieran —dijo el
empleado—, con la única condición de que no mencionen mi   25
nombre, que simplemente me llamen Teófilo.

—De acuerdo, como usted guste —afirmó el fotógrafo.

—Es por razones de seguridad, nada más —dijo Teófilo—.
Ustedes comprenden.

—Entendemos perfectamente. No hay ningún problema —dijo   30
el periodista al tiempo que sacaba una libreta y un lápiz y se
disponía a tomar nota.

—¿Me permite que tome unas fotografías? —preguntó el
fotógrafo.

—Sí, puede tomarle al local, pero no a mí —aclaró Teófilo.   35

—Entiendo, no se preocupe.

El hombre recorrió° la oficina y tomó varias fotos mientras el   went through
periodista hablaba con Teófilo.

—Dígame, ¿en qué consiste su trabajo en la Comisión?

—Pues soy el fotógrafo —contestó Teófilo—. Diariamente   40
recorro sesenta kilómetros a la redonda de la ciudad, en busca de las
víctimas de la noche anterior lo cual, le confieso, no requiere mayor
esfuerzo porque los muertos abundan... sobre todo últimamente en
que el terrorismo urbano ha aumentado°. Raramente bajan de   has increased
siete... Una vez hallé cuarenta y seis.   45

—¿Cómo los identifica? Es decir, ¿cómo sabe en qué lugar se
encuentran los cadáveres?

—La gente los señala con cruces de cartón o con ramas°. Me   tree branches
guío por las cruces, por la manada° de perros callejeros   pack
desenterrando° huesos°, o por las aves de rapiña° volando sobre los   50   disinterring / bones /
cuerpos en descomposición.   birds of prey

—¿Es necesario mover los cuerpos para fotografiarlos? —preguntó
el fotógrafo.

—Primero se les toma fotografías en la posición exacta en que
son encontrados —contestó Teófilo—, luego por partes, sobre todo   55
cuando han sido torturados... Hay unos que no se pueden
fotografiar de cuerpo° entero porque están decapitados... A veces   body
sólo se encuentran manos, brazos o piernas...

—¿Qué hacen con los restos°? —inquirió el periodista.   remains
—Los transportamos al cementerio más cercano. En ciertas   60
ocasiones se les entierra° en el mismo lugar donde son descubiertos,   bury
por la falta de espacio en los cementerios.

Una señora, visiblemente perturbada, entró en la oficina. Teófilo
y el periodista se pusieron de pie.

—¡Ando buscando a mi hijo! ¡Quién me pudiera ayudar a   65
encontrarlo!

Teófilo fue hacia ella.

—Pase adelante señora, ¿en qué puedo servirle?

—Mi hijo desapareció° hace como una semana —dijo   disappeared
desesperada—. He ido a todos los hospitales y a la Cruz Roja, pero   70
nadie me da razón de él. ¡Por favor, ayúdeme!

—Cálmese señora —rogó Teófilo—. Haremos todo lo posible
por encontrarlo. Lo primero que tiene que hacer es revisar estas
fotografías... Son las más recientes —le entregó un catálogo e
indicó una silla—. Siéntese por favor, y revíselas detenidamente.   75

Teófilo regresó a sentarse detrás del escritorio. El fotógrafo
acompañó a la señora hacia la esquina en que estaba la silla
indicada por el empleado. Ella tomó asiento y empezó a revisar el
catálogo bajo la atenta mirada del fotógrafo que parecía querer
ayudarle en su búsqueda°.   80   search

—¿Cree usted que existe parecido alguno entre las víctimas?
—prosiguió el periodista—. Es decir, en la forma que mueren.

—Curiosamente, los muertos se parecen —dijo Teófilo—. Sus
caras muestran idénticos gestos° postreros°, que bien pueden ser de   gestures / finales
dolor o de desafío°... Como si el mismo que murió ayer resucitara   85   defiance
hoy con la luz del día y nuevamente volviera a ser ejecutado en la
oscuridad... La violencia parece nutrirse de dos bandos: Los que
tratan de exterminar la rebeldía, y los que están decididos a no
morir, por mucho que los maten...

Sumamente exaltada, la señora se acercó al escritorio señalando   90
una fotografía.

—¡Éste es, señor, éste es mi hijo! ¡Mire cómo lo han dejado!

Compasivamente, acostumbrado a aquella escena dolorosa, el
joven se incorporó°, fue hacia la señora.   stood up

—Cálmese señora —dijo mientras observaba la fotografía   95
detenidamente por unos segundos—. Este cuerpo está en el
Cementerio General... Por favor, señora, cálmese. Nosotros la
acompañaremos si desea ir a reclamarlo.

—Sí, por favor, se lo voy a agradecer con toda mi alma —dijo
ella entre sollozos°—. Y voy a comprar como pueda un ataúd° para   100   sobs / coffin
mi hijo, porque hay que enterrarlo como Dios manda.

2

En el cementerio, mientras llegaban los sepultureros° los cuatro   gravediggers
esperaban de pie entre las tumbas. La señora se quejaba y Teófilo la
consolaba. El periodista se ocupaba en anotar detalles en su
pequeña libreta. El fotógrafo examinaba los alrededores y tomaba   105
fotografías. En eso pasó por ahí un hombre que se acercó a ellos y,
como si fuera presa de una terrible desesperación, dijo:

—Me dijeron que en este cementerio habían descubierto el
cuerpo de una mujer...

El fotógrafo observó al hombre con curiosidad.   110

—Es que... mi mujer desapareció hace unos días —dijo, como
trastornado°—. Ella es joven y bonita... Acabábamos de regresar de   upset
nuestra luna de miel... La he buscado por todas partes... No sé si
está viva o muerta... ¿La han visto por aquí?

—No, no la hemos visto —dijo el fotógrafo con tono amable—.   115
Pero debería preguntar en la oficina del cementerio, tal vez ahí le
puedan ayudar...

—Qué tiempos más extraños —dijo el hombre—. Suceden
cosas de cosas°... Yo voy por los cementerios buscando a mi mujer   Muchas cosas
pero... con cierto miedo de encontrarla... Sí, voy a preguntar en la   120   ocurren
oficina como usted aconseja°.   advise

El hombre se alejó haciendo gestos extraños.

—Tuve que regatear° con los sepultureros —dijo Teófilo al   bargain
periodista—. Querían veinte pesos, pero finalmente aceptaron
desenterrar el cuerpo por diez.   125

—Todo el mundo hace negocio con lo que puede —dijo el
periodista.

Los sepultureros finalmente bajaron a una fosa°. Se escuchó la   tumba
voz de uno de ellos:

—¿Cómo andaba vestido el muchacho? ¿Se acuerda de qué   130
color era el pantalón, o la camisa?

La señora dio unos pasos indecisos en dirección de la fosa y, con
voz trémula, contestó:

—Pantalones azules... Y la camisa blanca... Ah, la camisa era
nuevecita. Yo se la regalé hace dos semanas, cuando cumplió   135
dieciocho años.

—¿De qué tela° era el pantalón? —preguntó otro sepulturero.   fabric

—No recuerdo muy bien —dijo ella—, tal vez de dacrón...

—¿Tenía rellenos° en los dientes?   fillings

—No, ninguno. Sus dientes eran pequeños. Finos, bien blancos   140
y rectos... como los del papá... Ah, eso sí, tenía una corona de oro°   gold crown
en un diente de enfrente.

—Mire esto —dijo un sepulturero—. Un pedazo de tela blanca... parece parte de una camisa...

La señora se acercó a la fosa.   145

—Y mire este hueso de quijada° —dijo el otro sepulturero—.   jaw
Tiene una dentadura fina con un diente con corona de oro...

La señora se apartó de la fosa cubriéndose la cara, horrorizada, levantando los brazos al cielo, y gritando:

—¡Ay, Dios mío, por qué has permitido que lo maten como a   150
un perro! —pareciendo que iba a desmayarse.

Teófilo la tomó de un brazo, y dijo:

—Cálmese señora.

—¡Pobrecito! Pobrecito mi hijo —gritó desesperada—. Mejor
ya no lo toquen. Déjenlo tranquilo así como está.   155

La señora se retiró llorando como una criatura, seguida de Teófilo, el periodista y el fotógrafo.

Los sepultureros salieron de la fosa. Uno de ellos traía consigo
una botella de aguardiente°. Empinó° la botella para tomar un   licor / He tipped
largo trago° y la pasó al otro para que bebiera.   160   swallow

El hombre desesperado que buscaba a su esposa se acercó a ellos,
y preguntó:

—¿No han visto por casualidad a una mujer por aquí?

—A la única mujer que yo he visto aquí es la muerte —dijo un
sepulturero con indiferencia.   165

—Una mujer seca y horrible —afirmó el otro sepulturero.

—Pues, no me cansaré de buscar a mi mujer hasta que la
encuentre —dijo el hombre—. Iré por ese lado —y se alejó.

—¿A quién se le ocurre buscar a una persona viva en el
cementerio? —dijo un sepulturero.   170

—Ése está loco de remate° —dijo el otro.   muy loco

—Seguramente. No hay día de Dios que no se le vea rondando
el cementerio.

Un sepulturero se llevó las manos a la nariz, y dijo:

—¡Qué barbaridad! Por más que me lavo las manos con jabón,   175   olor / rum
siempre me queda un fuerte tufo° a carne podrida. Échame guaro°
en las manos, tal vez así se me quita.

—¡Bah, para qué desperdiciarlo°! —dijo el otro—. ¡El olor a   waste it
muerto no lo borra° ni el guaro más fuerte! —tomó un largo sorbo°   erases it / swallow
y le pasó la botella al otro sepulturero.   180

3

En la oficina de la Comisión de Derechos Humanos, el empleado
ordenaba unos documentos sobre el escritorio. En una esquina, una

muchacha revisaba una colección de fotografías. Ella se incorporó y
fue hacia el empleado.

—Es imposible —dijo con desilusión—. He revisado todos los   185
catálogos y no veo una sola fotografía con cara parecida a la de mi
hermano.

—Es que, realmente, es muy difícil reconocerlos —dijo el
empleado mirando a la muchacha—. Las fotografías, en general, no
permiten distinguir los rostros.   190

—No se sabe si son hombres o mujeres. Están desfigurados...
Parecen monstruos...

—Por otro lado, no se sabe a ciencia cierta° si su hermano ha   for sure
muerto. Es posible que aún esté vivo.

—Posiblemente, pero lo dudo —dijo ella—. Ya tiene seis meses   195
de desaparecido...

—Sí, tiene razón, es bastante tiempo. ¿Y qué hacía su hermano?

—Trabajaba de día en un almacén, y de noche estudiaba en la
universidad. Ya estaba en el último año para graduarse de ingeniería
civil... Se sacrificaba mucho para estudiar.   200

—Es la única manera de salir adelante cuando se es pobre.

—Mi hermano era muy inteligente... Todos teníamos fe en que
llegaría a ser un gran hombre.

—Quién sabe, acaso aparezca...

—Desapareció sin saber que su esposa estaba embarazada°...   205   pregnant
Pronto dará a luz°.   will give birth

—Ese niño es la esperanza del futuro.

En ese momento entró en la oficina el periodista, con varios
periódicos bajo el brazo.

—Buenas tardes.   210

—Buenas tardes —dijo el empleado—. ¿En qué puedo servirle?

—¿Podría hablar con Teófilo, por favor? Soy periodista, estamos
trabajando en una serie de artículos —ofreció un periódico al
empleado—. Quiero mostrarle el primero que ha sido publicado, y
adquirir información para el siguiente artículo de la serie.   215

—¿Teófilo? —preguntó el empleado.

—Sí, Teófilo, el fotógrafo de la Comisión —insistió el periodista.

—Teófilo desapareció hace como cinco días —dijo el
empleado—. Ha muerto.

—¿Teófilo, muerto? ¡No puede ser! —dijo el periodista   220
sorprendido.

—Sí. Justo ayer encontramos su cadáver.

El empleado fue a sacar una fotografía de una gaveta° y la   drawer
entregó al periodista. Éste, al observarla, no pudo contener una
lágrima, buscó asiento en una silla y, por un momento, estuvo en   225

silencio, con la cabeza inclinada sobre el pecho° y la mirada   chest
suspendida en el oscuro piso de la oficina.

—La Comisión sufre en carne propia los mismos abusos que
trata de denunciar —dijo el empleado.

—¡No puede ser que esta horrenda imagen represente la   230
realidad! ¡No puede ser! —dijo el periodista incorporándose,
apretando la fotografía contra su pecho, luego señalándola—. Si
solamente hace unos días vi esa cara llena de vida, dinámica,
sonriente. ¡No puede ser!

El empleado se acercó al periodista con la intención de   235
calmarlo, y le dijo:

—¿En qué puedo servirle amigo? Soy el nuevo fotógrafo. Estoy
a sus órdenes.

El periodista le miró enigmáticamente, y dijo:

—Es curioso, amigo, pero sus palabras tienen el mismo tono de   240
voz, cálido y tranquilo, de Teófilo, ¿sabe? —dirigiéndose a la
muchacha y señalando al empleado—. Las facciones de su cara
demuestran tenacidad, y la mirada, como la de Teófilo, es clara e
imperturbable... Características acaso necesarias para desempeñar°   carry out
el cargo de fotografiar la muerte, y estar dispuesto a correr el grave   245
riesgo de ser atrapado por ella...

El periodista abandonó la oficina. El empleado sacó unos
papeles de un fichero°, tomó asiento detrás del escritorio y se   file
dedicó a leerlos. La muchacha continuó la búsqueda del hermano
entre el grueso catálogo de fotografías.   250

A la memoria de
María Magdalena Enríquez,
José Valladares Pérez,
Marianella García Villas,
Herbert Anaya,
Segundo Montes.
(1980–1990)

Reacción y análisis

1. ¿Qué contraste irónico se presenta entre la existencia de la Comisión
   de Derechos Humanos y la situación del país?

2. ¿Qué papel tiene la muerte en este cuento? ¿Qué actitudes hacia la
   muerte se expresan en el cuento?

3. Examine el trabajo del fotógrafo de la Comisión y el trabajo del
   periodista y su fotógrafo. ¿Qué contrastes se encuentran entre la
   motivación de los dos grupos?

4. ¿En qué consiste la «seguridad» de un ciudadano en ese país? ¿Qué importancia tiene la afirmación del periodista cuando dice: «todo es tan inseguro»?

5. ¿Qué tipo de persona es Teófilo? ¿Cómo describe él su trabajo? ¿Cómo trata él a los parientes de las víctimas? ¿Qué contraste existe entre su trato hacia los cadáveres y su trato hacia los parientes?

6. ¿Qué efecto tienen las historias de la madre y el esposo sobre el lector?

7. ¿Qué representan la fotografía y el trabajo de un fotógrafo en general?

8. Examine el trabajo de los sepultureros. ¿Qué importancia tiene su necesidad de tomar tragos y lavarse las manos? ¿Cómo se contrastan sus actitudes y su trabajo con los del fotógrafo? ¿Por qué personifican los sepultureros a la muerte?

9. ¿Qué idea desea transmitir el autor con la cita que figura a continuación? «...los muertos se parecen... Sus caras muestran idénticos gestos postreros que bien pueden ser de dolor o de desafío... Como si el mismo que murió ayer resucitara hoy con la luz del día y nuevamente volviera a ser ejecutado en la oscuridad...»

10. ¿Qué efecto tiene la muerte de Teófilo en los demás? ¿Qué importancia tiene la exclamación repetida del periodista: «No puede ser»?

11. ¿Por qué se incluyen los nombres y la fecha en el fin del cuento? ¿Qué efecto tienen en el lector?

12. ¿Por qué tiene que utilizar el fotógrafo de la Comisión el seudónimo «Teófilo»? Este nombre significa «el que ama a Dios». ¿Cómo se relaciona su papel en el cuento con este nombre?

13. ¿En qué se parecen Teófilo y el fotógrafo que lo reemplaza? ¿Qué significado tienen las semejanzas entre ellos?

14. ¿Qué visión de la opresión política y los derechos humanos nos presenta Bencastro? ¿Es esto solamente típico de El Salvador?

15. Mario Bencastro declara en la «Selección autobiográfica» que «uno de los dilemas más difíciles (del escritor) es escribir una obra que establezca un balance entre ética social y estética literaria». Para Ud., ¿qué significan «ética social» y «estética literaria»? ¿Cómo se logra el «balance» en «El fotógrafo de la muerte»?

16. En la «Selección autobiográfica» Bencastro mantiene que «la literatura toma ciertos pasajes históricos y les aplica un tratamiento literario, artístico, no simplemente para relatar los hechos sino para arrojar sobre ellos cierta luz y resaltar los valores humanos...». ¿Qué valores humanos se destacan en «El fotógrafo de la muerte»? ¿Qué personajes ejemplifican estos valores?

Después de leer

A. Ayuda para los sobrevivientes
En un ambiente opresivo, los que sobreviven sufren de varias maneras. Imagine que usted es consejero en una agencia social en el pueblo salvadoreño donde ocurre esta historia. ¿Cómo aconsejaría a:

a. un sepulturero?

b. Teófilo?

c. el periodista?

d. el pariente de un desaparecido?

B. Momentos decisivos
¿Cómo reaccionaría Ud. al saber de la opresión política en un país? ¿Sentiría alguna responsabilidad personal? ¿Insistiría en que los Estados Unidos le diera ayuda militar al país? ¿Protestaría Ud. de alguna forma? ¿Sería igual su reacción si tuviera Ud. familia en ese país?

C. Creación y correspondencia
1. Hay un desaparecido en su familia. Ud. escribe una carta al gobierno salvadoreño.

2. Hay un desaparecido en su familia. Ud. escribe una carta a la organización Amnistía Internacional.

3. Ud. es el periodista de «El fotógrafo de la muerte». Escriba un artículo para el periódico nacional de El Salvador. Tenga en cuenta que hay censura en el país.

4. Ud. es el periodista de «El fotógrafo de la muerte». Escriba un artículo para el periódico *New York Times*. Ahora puede incluir todos los datos y hechos.

5. Después de visitar la Comisión de Derechos Humanos en El Salvador, Ud. prepara un discurso sobre esta situación ante las Naciones Unidas.

D. Análisis literario
Escriba un ensayo de exposición donde analice lo siguiente:

1. Analice el personaje de Teófilo. Examine la relación entre este personaje y el tema del cuento. ¿Cómo lo utiliza Bencastro para presentar su mensaje al lector?

2. Examine el comportamiento de los sepultureros y de Teófilo ante la muerte. ¿Qué comentario tiene Bencastro sobre la muerte y la supervivencia de las personas?

3. La desesperación y la esperanza coexisten en «El fotógrafo de la muerte». ¿Qué aspectos presenta Bencastro para expresar estos temas? ¿Cuál de estos sentimientos es más fuerte?

4. La opresión política y la muerte se presentan en el cuento «El fotógrafo de la muerte» de Bencastro y la pintura «El 3 de mayo» de Goya. Compare la opresión y la muerte en las dos obras. ¿Qué imágenes usan los dos artistas? ¿Cómo presentan la reacción de la gente ante estos actos injustos? ¿Cómo quieren Bencastro y Goya que el mundo reaccione? ¿Qué estrategias usan para causar esta reacción?

5. Examine el sufrimiento de los personajes de «El fotógrafo de la muerte». ¿Cómo es este sufrimiento? ¿Cuáles son las causas? ¿Propone Bencastro alguna cura para el sufrimiento?

Capítulo 9

⌇⌇ ⌇⌇ ⌇⌇ ⌇⌇ ⌇⌇

Marjorie Agosín

Poetisa, defensora de los derechos humanos y recipiente de múltiples premios literarios y humanitarios, Marjorie Agosín nació en los Estados Unidos en 1955 pero se crió en Chile, la patria adoptiva de sus abuelos y bisabuelos europeos. En su juventud, su familia inmigró a los Estados Unidos por razones políticas; sin embargo, Chile continúa siendo gran parte de su vida por sus escritos y sus visitas constantes.

Recibió su maestría y su doctorado de la Universidad de Indiana. Profesora en el Departamento de Español de Wellesley College desde 1982, Agosín ha estado de profesora o artista invitada en otras universidades o institutos como Barnard College, Chataqua Institute en Nueva York, el Centro David Rockefeller de Harvard University, la Universidad de North Carolina y muchos más. Escritora de más de veinte libros de poesía, ficción y crítica literaria, Agosín enfoca su herencia chilena y judía y su pasión por la defensa de los derechos humanos en todas sus obras. Entre sus obras poéticas figuran *Desert Rain/Lluvia en el desierto* (1999), *Absence of Shadows/Ausencia de sombras* (1998), *Las chicas desobedientes* (1997), *Dear Anne Frank* (1997), *Noche estrellada* (1996), ganadora del prestigioso Premio Letras de Oro, *Towards the Splendid City* (1994) por la cual ganó el *Latino Literature Prize for Poetry* en 1995 y muchas más. Entre sus memorias figuran *With a Little Bit of Salt: Jewish Women from Latin America* (2002), *The Alphabet in My Hands: A Writing Life* (1999), *Always from Somewhere*

Else (1998), *A Cross and a Star: Memoirs of a Jewish Girl in Chile* (1995) y otras. También ha escrito ficción como *Women in Disguise* (1996), *Furniture Dreams* (1995), *Sagrada memoria* (1995) y ha editado muchas colecciones literarias como la reciente *A Map of Hope: Women's Writing on Human Rights* (1999), la cual incluye escritoras de conciencia global y preocupadas por la justicia como Rosario Castellanos, Anne Frank y otras más. Muchas de sus obras también aparecen en antologías.

Su obra y su vida han sido reconocidas mundialmente. En 2000, recibió la Medalla de Honor Gabriela Mistral por los éxitos de su vida entera y en 1999 fue reconocida por la *Littauer Foundation for Jewish Studies*. En 1998, recibió el *United Nations Leadership Award in Human Rights*. Los poemas de *Ausencia de sombras* que aparecen aquí representan su talento artístico y su lucha por los derechos humanos en el mundo.

VOCABULARIO

ЭІЄ ЭІЄ ЭІЄ ЭІЄ ЭІЄ

VERBOS

acudir	*to answer a call, to help*
	«...y es sólo silencio quien **acude** a oírlas...»
amenazar	*to threaten*
	«...cántame para que nadie me **amenace**...»
arrastrar	*to drag*
	«...míralas como la lluvia **arrastra** sus...cabellos...»
asesinar	*to assassinate*
	«**Asesinaron** a los jóvenes de mi país...»
deleitarse	*to delight, to take pleasure*
	«...**se deleitaban** en las quemas...»
derribar	*to tear down*
	«...**derriba** al silencio.»
enloquecer	*to become crazed*
	«Pero **enloquecieron**...»

SUSTANTIVOS

el bulto	*bundle, shape*
	«...como ajenos **bultos** revolcándose...»
el deber	*duty*
	«...ceremoniosos ante **el deber**...»
el espanto	*terror*
	«¿...por las humaredas del **espanto**?»
la rabia	*fury, anger*
	«...gritando de **rabia**, preguntando...»

ADJETIVOS

ajeno	*alien*
	«...como **ajenos** bultos revolcándose...»
enjuto	*slender, skeletal*
	«Agrietadas, **enjutas,** orando, gritando de rabia...»
fino	*refined, nice*
	«...sí, gente **fina** como nosotros.»
iluso	*deluded*
	«...las palabras de las **ilusas**...»
tibio	*warm*
	«¿...en busca de ojos, de manos **tibias**...?»

OTRAS PALABRAS ÚTILES

El participio pasado puede usarse como adjetivo y también como sustantivo cuando hay un artículo.

aparecer/aparecido	*to appear, come into view / one who has appeared*
	«Quiero ser **la aparecida**...»
arrojar/arrojado	*to throw / one who has been thrown*
	«¿acaso son **los arrojados** al río...?»
desaparecer/ desaparecido	*to disappear / one who has disappeared*
	«Soy **la desaparecida**...»

PALABRAS PROBLEMÁTICAS

el país	*country (political division)*
	«Asesinaron a los jóvenes de mi **país**.»
el campo	*countryside*
	En **el campo,** la gente se siente más cerca de la naturaleza.
volver	*to return (to a place)*
	«...y entre los laberintos regresar, **volver**...»
volver a	*to do something again*
	La madre **vuelve a** llorar cuando piensa en su hija.
regresar	*to return (to a place)*
	«...y entre los laberintos **regresar,** volver...»
doler	*to hurt, to be painful*
	Le **dolía** la herida en el tobillo.
el dolor	*pain*
	«...**el dolor** de la indiferencia.»
la pena	*shame; embarrassment*
	Ay, qué **pena,** él vino a buscarme y yo no estaba en la casa.

lastimar	*to cause pain*
	No quiero decirle la verdad y **lastimar**lo.
lastimarse	*to hurt oneself*
	Me lastimé cuando me caí en la calle.
hacerse daño	*to hurt oneself*
	Me hice daño cuando me caí en la calle.

Ejercicios de vocabulario

A. Asociaciones. ¿Qué palabra de la primera columna asocia Ud. con cada una de las palabras de la segunda columna? Indique el número correspondiente en los espacios en blanco.

1. el terror   ___hacerse daño

2. la furia   ___la pena

3. volverse loco   ___la obligación

4. la nación   ___disfrutarse

5. matar   ___el espanto

6. flaco   ___regresar

7. lastimarse   ___el país

8. deleitarse   ___enjuto

9. el deber   ___enloquecer

10. volver   ___la rabia

11. acudir   ___asesinar

12. la vergüenza   ___ayudar

B. Las víctimas y los culpables. En cada poema se presenta a las víctimas y a los culpables de la represión. ¿Cómo se traducen las expresiones subrayadas? ¿Cómo se define a las personas por medio de estos participios pasados?

1. «...como nosotros bien *educados*...»

2. «*Versados* en las ciencias abstractas...»

3. «Soy *la desaparecida*...»

4. «¿acaso son *los arrojados*...»

5. «...las fotografías de *los olvidados* presentes.»

6. «Quiero ser *la aparecida*...»

C. Preguntas personales. Conteste las preguntas siguientes y después, hágaselas a otra persona en la clase.

1. ¿Cómo te sientes si *vuelves a* cometer el mismo error?

2. Jugando a los deportes, ¿te *has lastimado* alguna vez?

3. ¿Prefieres vivir en *el campo* o en la ciudad? ¿Por qué?
4. ¿Cuándo has sentido *rabia*? ¿Cuándo has sentido *espanto?*

Selección autobiográfica

Marjorie Agosín escribió estos comentarios para esta antología.

Empecé a escribir a los ocho años. La verdad es que por aquel   1
entonces aprendía a escribir en enormes letras azules. Una amiga
mayor de 16 años fue la que pacientemente escribió mi primer
escrito. Un cuento extenso de 20 páginas sobre una diminuta niña
llamada Rita y sus viajes. Aun conservo esta historia que fue mi   5
inicio° en el apasionado sendero° de las palabras. Escribí por el   comienzo / path
innato° deseo de contar historias, también para tranquilizar mi   natural
imaginación y a lo mejor permitirme mentir°. Rita y sus viajes era   lie
la narrativa de una niña valiente°, emprendedora° y muy   brave / enterprising
independiente. Tal vez soñé ser como ella y en el controversial   10
mundo de las letras elegí ser tal vez una escritora con pocos fines de
lucros° pero amadora de la literatura y de los misteriosos lectores   profits
que encontraban mis escritos.

  Escribo a toda hora, siempre estoy tramando° cuentos,   plotting
imaginando poemas. La literatura y yo somos casi la misma persona   15
aunque he elegido la poesía o la poesía me ha elegido a mí. Ella es
mi ama, mi dueña y mi devoción. Los poetas somos cercanos a la
profecía, al presagio° y a lo que nace del alma°. Extraviados°   omens / soul /
videntes° de fin de siglo.   perdidos / seers

  Escribo sobre la justicia, los derechos humanos, la libertad de   20
expresión y los desposeídos°. Nada me interesa más que eso. Para   dispossessed
ellos y por eso escribo.

  No tengo grandes consejos para los escritores jóvenes, tan sólo
que escriban encontrando y siendo siempre fieles° a su propia voz.   loyal

LECTURA

Lo más increíble

Lo más increíble   1
eran gente como nosotros
bien educados y finos.
Versados en las ciencias abstractas,
asistían al palco° de las sinfonías   5   box seat
al dentista
a las escuelitas privadas
algunos jugaban al golf...

Sí, gente como usted, como yo
padres de familia   10
abuelos
tíos y compadres.

Pero enloquecieron°   se volvieron locos
se deleitaban en las quemas°   burnings
de niños y libros,   15
jugaban a decorar cementerios
compraban muebles° de huesos mancos°   furniture / rotos
comían orejitas° y testículos°.   tender ears /
                                                                         testicles

Se figuraban ser invencibles
ceremoniosos° ante el deber°   20   meticulous / duties
y hablaban de la tortura
con palabras de médicos y carniceros°.   butchers

Asesinaron a los jóvenes de mi país
y del tuyo.
Ya nadie podría creer en Alicia tras los espejos°   25   Alice Through the
ya nadie podría pasearse por las avenidas   Looking Glass
sin el terror calándose entre° los huesos.   permeating

Y lo más increíble
era gente
como usted   30
como yo
sí, gente fina
como nosotros.

Reacción y análisis

1. ¿Cómo se caracteriza a la gente «como nosotros» en la primera
   estrofa? ¿Qué semejanzas había entre la vida de esta gente y la de la
   narradora?

2. ¿Cómo establece Agosín la identificación entre la gente y el lector?

3. Contraste las actividades diarias de la primera estrofa con las de la
   tercera. ¿Cómo es que se volvieron «locos»? ¿Cómo se manifiesta esa
   locura?

4. ¿Qué actitud tenían estas personas frente a la tortura y el crimen?
   ¿Cómo es que podían distanciarse de lo que hacían?

5. ¿Cuáles son las consecuencias de esa época? ¿Qué han perdido todos?

6. ¿Qué simboliza la mención del libro *Alicia tras los espejos*? ¿Qué
   intención tiene Agosín al mencionarlo aquí?

7. ¿Cómo se puede definir a la «gente fina» en la última estrofa? ¿Qué ironía hay en esta expresión? ¿Por qué es que la poetisa termina el poema con casi las mismas palabras que lo empezó?

8. ¿Qué temas representa el título de este poema?

La desaparecida

Soy la desaparecida,   1
en un país anochecido°,   grown dark
sellado° por los   sealed, silenced
iracundos° anaqueles°   wrathful / burial
de los desmemoriados°. ¿Aún no me ves? ¿Aún no me oyes   5   vaults / with no
en esos peregrinajes°   memory /
por las humaredas°   peregrinations,
del espanto°?   pilgrimages /
Mírame,   dense smoke /
noches, días, mañanas insondables°,   10   terror
cántame   unfathomable
para que nadie me
amenace°   threaten
llámame
para recuperar   15
el nombre,
los sonidos,
la espesura° de la piel°   thickness / skin
nombrándome.
No conspires con   20
el olvido,
derriba al silencio.
Quiero ser
la aparecida
y entre los laberintos   25
regresar, volver
nombrarme.
Nómbrame.

Reacción y análisis

1. ¿Quién habla en los primeros ochos versos? ¿Qué preguntas nos dirige a nosotros, los lectores? ¿Dónde está la narradora? ¿Cómo se caracteriza ese país? ¿Qué contradicción se encuentra en el primer verso, «Soy la desaparecida»?

2. En los próximos once versos, la narradora nos presenta sus demandas con tres mandatos afirmativos, «Mírame...cántame...llámame...» ¿Qué es lo que quiere recuperar? ¿Qué es lo que quiere evitar? ¿Qué efecto tiene el uso de mandatos familiares? ¿Qué relación quiere establecer con nosotros, los lectores?

3. En los últimos nueve versos, expresa claramente su deseo, «Quiero ser la aparecida...» ¿Cuál es el deber del lector? ¿Cómo puede devolverle a la narradora su identidad?

Memorial de las locas en la Plaza de Mayo

La Plaza de Mayo es una plaza central en Buenos Aires, Argentina, donde, hace años, cada jueves, las madres, abuelas y esposas de los desaparecidos marchan para exigir la verdad.

A la memoria de Marta Traba

No hay nada aquí,	1	
la plaza, en silencios,		
diminuta, azulada°,		azul
entre los cirios° que se despliegan°		candles / fan out
como ajenos° bultos°	5	alien / shapes
revolcándose°,		writhing, circling
encima de las piedras°.		stones
¿Hay alguien aquí?		
Comienzan las peregrinaciones° de las transparentes,		pilgrimages
las procesiones,	10	
las palabras de las ilusas°,		deluded
son, dicen,		
las locas de la Plaza de Mayo,		
en busca de ojos,		
de manos tibias°,	15	warm
en busca de un cuerpo,		
de tus labios para jamás poseerte		
para siempre llamarte		
amado.		
Agrietadas°, enjutas°,	20	cracked / skeletal
Orando°,		praying
gritando de rabia°,		furia
preguntando		
encima de los bultos		
más allá de los ecos,	25	

las locas,
en Buenos Aires, El Salvador,
en Treblinka
quieren saber
necesitan saber,   30
¿dónde están los hijos de los diecisiete?
¿los padres-esposos?
¿los novios de las más niñas?
¿acaso son los arrojados° al río maloliente° de los justos?   thrown / fetid
Se acercan,   35
míralas como vuelan las brujas° de la verdad   witches
míralas como la lluvia arrastra° sus lánguidos° y demenciales°   drags / listless /
   cabellos°,   demented / hair
mírales los pies, tan pequeños para arrastrar el dolor del abandono,
   el dolor de la indiferencia.   40

Las locas,
amarrando° la fotografía demolida°, arrugada°, borroneada°, vacía°   fastening / torn /
   de la memoria incierta   wrinkled / faded /
la fotografía cautiva   empty
¿por quién? ¿para quién?   45
mira el silencio en la plaza de las locas, mira como la tierra se
   esconde°,   hides
se enmudece°,   becomes silent
se revuelca como una muerta herida que sólo
quiere descansar,   50
y es sólo silencio quien acude° a oírlas,   comes to the rescue
es el silencio
de la plaza
quien oye
las fotografías   55
de los olvidados
presentes.

Reacción y análisis

1. ¿Qué escena nos pinta de la plaza? ¿Cómo es que los versos 2–6
   contradicen el primer verso, «No hay nada aquí»? ¿Qué y a quiénes
   vemos en esta plaza? ¿Qué movimiento hay aquí? ¿Cómo es que se
   personifica la plaza? ¿Por qué es que no podemos oír nada?

2. La segunda estrofa empieza con una pregunta parecida al primer
   verso, «¿Hay alguien aquí?» ¿Cómo es que los otros versos contestan
   esa pregunta? ¿Qué buscan estas mujeres? ¿Por qué se considera a las
   mujeres «locas», «ilusas» y «transparentes»?

3. En la tercera estrofa se extiende la «Plaza de Mayo» para incluir otros lugares donde las mujeres buscan la verdad sobre sus parientes desaparecidos. ¿Qué efecto causa el saber de la existencia de «locas» y desaparecidos en diferentes partes del mundo? ¿Qué preguntas siguen haciendo estas mujeres?

4. ¿Qué connotaciones hay en la descripción «brujas de la verdad»? ¿Por qué es que la narradora nos manda a «mirar» a las mujeres? ¿En qué aspectos debemos enfocarnos?

5. ¿Qué importancia tienen las fotos que llevan? ¿Por qué es que «la tierra se esconde, se enmudece, se revuelca como una muerta herida...»? ¿Por qué sólo hay silencio? ¿Quién no habla que debe hablar?

6. Al final, es sólo el silencio de la plaza personificada que puede oír y notar el silencio de «las fotografías de los olvidados presentes». ¿Qué nos dice ese silencio? ¿Cómo es que las ayuda?

Después de leer

A. Creación y correspondencia

1. El período de terror ha terminado y uno de los que «enloquecieron» en el poema «Lo más increíble» está acusado por sus acciones en un juicio. Escriba un diálogo entre el defensor de una víctima y el acusado.

2. Usted es la madre de un desaparecido. Escriba al presidente de su país exigiendo la verdad.

B. Análisis literario

1. En la Selección autobiográfica, Agosín dice «Escribo sobre la justicia, los derechos humanos, la libertad de expresión y los desposeídos. Nada me interesa más que eso. Para ello y por eso escribo.» Escoja uno de los poemas y examine cómo presenta la autora estos temas en el poema.

2. En los tres poemas de Agosín se presentan las voces y los puntos de vista de los culpables, las víctimas, los desaparecidos y sus parientes. ¿Qué quiere Agosín que nosotros, los lectores, comprendamos y sintamos? ¿Cuál es el propósito de estos poemas?

3. ¿Qué recursos poéticos se utilizan para expresar ciertas emociones y comprometer al lector? ¿Qué emociones se expresan? Al examinar los poemas, considere, por ejemplo, el uso del contraste, las preguntas retóricas, la repetición, la ironía, el sarcasmo, los mandatos, la personificación o los símiles.

Conexiones

A. Contrastes y exploraciones

Las selecciones de Padilla, Neruda, Castellanos, Bencastro y Agosín comparten muchos temas. Las siguientes preguntas presentan la oportunidad para escribir ensayos de comparación y contraste de estos temas.

1. El papel del escritor frente a la injusticia o a los abusos de los derechos humanos. ¿Cómo se puede crear una obra de arte con un mensaje social y político? Conteste esta pregunta examinando dos de las obras presentadas aquí.

2. Examine la reacción de la gente a los abusos de otros según su presentación en «Margarita Naranjo» de Neruda, «El fotógrafo de la muerte» de Bencastro y «Lo más increíble» de Agosín. Considere y analice reacciones diferentes como la indiferencia, la protesta o el silencio.

3. En los poemas «Margarita Naranjo» y «La desaparecida», las narradoras están muertas. Examine el efecto de la personificación de una muerta para capturar la voz y la experiencia de cada una.

4. En el cuento «El fotógrafo de la muerte» y el poema «Memorial de Tlatelolco», se presenta el papel de la publicidad al informar sobre los eventos. Analice la presentación de este papel en las dos obras.

5. «Memorial de Tlatelolco» y «Memorial de las locas en la Plaza de Mayo» son testimonios a las víctimas y tienen lugar en unas plazas centrales. Compare y contraste los temas y el papel de la plaza en los dos poemas.

6. Examine la relación entre los sentimientos y temas expresados en la pintura «El tres de mayo» de Goya y una de las obras presentadas aquí.

B. Visiones cinematográficas

Hay muchas películas y documentales que presentan la opresión política y la injusticia social. Aquí aparecen algunos de éstos. Compare y analice la presentación de ciertos temas como el sufrimiento, la falta de derechos humanos y el sobrevivir en tal ambiente opresivo en las obras literarias estudiadas y las películas siguientes:

1. *La historia oficial* (1985) es una película argentina, dirigida por Luis Puenzo, la cual presenta el tema de los desaparecidos según la perspectiva personal de Alicia y su hija Gaby. La búsqueda de la verdad, el papel del gobierno y de la Iglesia y las decisiones personales son otros temas relacionados.

2. *Dance of hope* (1989) es un documental que presenta la historia personal de un grupo de mujeres en Chile. Estas mujeres bailan la cueca solas porque les faltan sus esposos, sus hermanos, sus hijos. Presenta los eventos históricos del régimen de Pinochet y el concierto de Sting cantando «Ellas danzan solas».

3. *Romero* (1989). El director, John Dulgan, presenta la biografía del arzobispo Óscar Romero de El Salvador y su transformación a defensor de su pueblo contra la injusticia social en su país.

4. *Fresa y chocolate* (1994)*,* una película por el director cubano Tomás Gutiérrez Alea, narra la amistad entre dos hombres durante el régimen comunista en Cuba. Un comentario social sobre la falta de derechos humanos, también presenta los temas de la homosexualidad, la censura y la pérdida de la individualidad en un ambiente tiránico.

5. *Improper conduct* (1984) es un documental del director Néstor Almendros donde aparecen una serie de entrevistas con intelectuales cubanos y homosexuales, los cuales han sido perseguidos por el régimen de Castro. Uno de los entrevistados es Heberto Padilla, el autor del poema que comienza esta Unidad.

6. *Camila* (1984), dirigida por la argentina María Luisa Bomberg, es la historia trágica del amor entre Camila y el padre Gutiérrez en un ambiente tiránico en el siglo diecinueve en Argentina. Examina el papel de la mujer, la Iglesia y el individuo en tiempos opresivos.

7. *Knocks at my door (Golpes a mi puerta)* (1996) presenta la historia de dos monjas en El Salvador, cuyo crimen es amparar a un fugitivo. Presenta el dilema moral y personal de confesar falsamente o morir por la verdad.

8. *Missing* (1982) es la película de Costa Gavras que presenta la historia verdadera de Charles Horman, un desaparecido norteamericano, durante el golpe militar en Chile. Presenta el tema de los desaparecidos, las víctimas, los inocentes, la violencia de gobiernos militares y la participación norteamericana en el golpe.

C. Investigaciones

Los siguientes temas presentan áreas de investigación que tienen relación a los temas en las selecciones literarias. Relacione su investigación a una de las selecciones estudiadas.

1. El movimiento estudiantil de 1968 en México. ¿Qué ocurrió verdaderamente en Tlatelolco, México, en 1968? Investigue la situación de aquel tiempo, las causas de este incidente y la reacción del gobierno a los supervivientes.

2. Investigue la situación en Chile bajo el gobierno de Pinochet. ¿Qué evidencia se ha encontrado del abuso de los derechos humanos en esa época? ¿Qué papel desempeñó los Estados Unidos?

3. Hace años que los indígenas en Chiapas, México, protestan por la falta de derechos humanos. Investigue su causa y la reacción del gobierno mexicano.

4. El gobierno actual de Chile. ¿Cómo es el gobierno actual de Chile? ¿Existen los derechos humanos allí? ¿Qué ha hecho este gobierno con los partidarios de Pinochet? Pinochet estuvo arrestado por un año en Inglaterra y después en su patria por su participación en la violencia y la opresión política. Investigue los incidentes relacionados a su detención y a la denuncia mundial.

5. Pablo Neruda y Salvador Allende. Investigue la relación entre el poeta y el presidente de Chile. ¿Qué ideales compartían? ¿Qué efecto tuvo el golpe militar sobre los dos?

6. Los derechos humanos y la guerra civil en El Salvador. Investigue el conflicto de los años ochenta en El Salvador. ¿Quiénes luchaban y por qué? ¿Qué papel desempeñó los Estados Unidos durante ese tiempo? ¿Qué evidencia se ha encontrado del abuso de los derechos humanos en esa época? Ud. puede investigar un incidente específico o una historia personal de este conflicto.

7. Segundo Montes, cuyo nombre aparece en el fin de «El fotógrafo de la muerte» de Bencastro, es uno de los jesuitas que fueron asesinados en El Salvador el 15 de noviembre de 1989. Investigue los eventos de aquel día. ¿Qué ha hecho el presente gobierno para traer la justicia?

8. Las organizaciones «Madres de Plaza de Mayo» y «Abuelas de Plaza de Mayo» en Argentina continúan su lucha por la búsqueda de los desaparecidos y la verdad. Estudie la historia de estas organizaciones y sus actividades.

9. Azucena Villaflor de Vicenti, una de las madres de la «Asociación Madres de Plaza de Mayo» desapareció. Investigue su vida y su historia personal.

10. ¿Hacia la paz? Describa el fin de la guerra civil en El Salvador. ¿Pudo resolverse el conflicto? ¿Existe allí la paz ahora? ¿Qué iniciativas se han tomado para restablecer la paz? ¿Con qué obstáculos se enfrentan los que fomentan la paz?

11. En el mundo han ocurrido muchas manifestaciones sociales o políticas que han terminado en violencia. Investigue una de éstas, incluyendo el motivo y la reacción mundial.

UNIDAD 4

La imaginación y la realidad

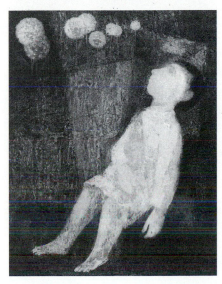

«¿Lo mira o lo sueña?», 1968, Ramón Llovet (Courtesy Galería Joan Gaspar)

¿Cuál es el papel de la imaginación en nuestras vidas? ¿Crear un mundo ideal adonde podamos huir? ¿Criticar el mundo conocido? ¿Interpretar, debatir y contestar las cuestiones de nuestra existencia? ¿Crear un mundo de belleza de que podamos gozar? ¿Explicar lo inexplicable? ¿Imaginar un mundo mejor? ¿Es esta imaginación lo esencial del ser humano?

En cada uno de los cuentos de esta Unidad, se mezclan lo extraordinario con lo ordinario. Estos mundos imaginarios critican los valores de las sociedades a través de recursos inesperados, chocantes y a veces cómicos a la vez que sugieren múltiples dimensiones de la realidad. ¿Cómo definimos la realidad?

Instrucciones para ingresar en una nueva sociedad

⊒⊩⊏ ⊒⊩⊏ ⊒⊩⊏ ⊒⊩⊏ ⊒⊩⊏

Lo primero, optimista.	1
Lo segundo: atildado°, comedido°, obediente.	trim / obliging
(Haber pasado todas las pruebas° deportivas.)	tests
y finalmente andar	
como lo hace cada miembro:	5
un paso° al frente, y	step
dos o tres atrás:	
pero siempre aplaudiendo.	

Heberto Padilla

Para empezar

1. En el poema de Padilla, ¿qué instrucciones se le dan al lector? Padilla lo escribió mientras que estaba en una cárcel en Cuba por haber criticado el régimen de Cuba. ¿A qué «nueva sociedad» se refiere? ¿Qué ironía se expresa en el título y en cada una de las «instrucciones»?

2. Para usted, ¿cómo sería la sociedad ideal? Para usted, ¿qué significa «utopia»? ¿Por qué es imposible realizar una utopia?

3. ¿Qué derechos y obligaciones tiene un ciudadano? ¿Por qué es que no se mencionan los derechos en este poema?

4. El título de la pintura es la pregunta, «¿Lo mira o lo sueña?». Para usted, ¿qué significa este título? ¿Hacia dónde mira la figura? ¿Quién será?

5. ¿Cuál es el papel de la imaginación en el poema de Padilla y la pintura de Llovet? ¿Qué preguntas hacen los dos artistas sobre la realidad?

Antes de leer

A. Encuestas

Divídanse en grupos de dos, tres o cuatro estudiantes. Háganse las preguntas que figuran a continuación.

1. ¿Qué cuentos de hadas° leías cuando eras niño/a? ¿Cuáles eran tus personajes favoritos? ¿Por qué? ¿Qué tienen en común los cuentos de hadas?   fairy tales

2. ¿Qué temores tenías cuando eras niño/a? ¿Cómo los enfrentabas? ¿Había un personaje de un cuento o de una película que te asustara? ¿Por qué le tenías miedo? ¿Cómo era su apariencia? ¿Qué hacía?

3. ¿Qué recuerdos tienes de tus abuelos u otro pariente viejo? ¿Qué relación tenías con estos parientes? ¿Cómo eran ellos? ¿Qué actividades compartían Uds.? ¿Te contaban chistes o historias fantásticas o verdaderas?

4. Para ti, ¿qué quiere decir la palabra «milagro»? ¿Crees en los milagros? ¿Puedes nombrar unos o decir bajo qué circunstancias creerías en ellos?

5. Si pudieras ser otro animal, ¿cuál serías? ¿Qué mundos podrías explorar? ¿Qué talentos o habilidades tendrías?

B. Actuaciones y reacciones: La visita inesperada

Divídanse en grupos de tres, cuatro o cinco estudiantes. Cada grupo debe actuar y reaccionar ante las siguientes situaciones.

1. En su último viaje al extranjero, Ud. ofreció su casa a una persona que conoció en un café. Ahora, Ud. recibe un telegrama de esta persona donde le informa que llega a su casa esta noche y va a quedarse con Ud. por un mes.

2. Ud. es recién casado/a. Su madre, que vive en otro estado, acaba de perder a su esposo. Por teléfono, ella les informa a Ud. y a su esposo/a que ha decidido vivir con Uds. permanentemente.

3. El Presidente de los Estados Unidos decide tener mejor contacto con el pueblo y anuncia que va a vivir con una típica familia norteamericana por una semana. Su familia es la que el Presidente ha escogido.

C. Un viaje al pasado: La imaginación y los recuerdos

Prepare una descripción viva de un lugar favorito de su niñez (por ejemplo, la casa de sus abuelos, un lugar donde jugaba, una playa o un sitio de vacaciones, etc.). ¿Cuántos años tenía usted? ¿Por qué le gustaba tanto? ¿Qué hacía usted allí? ¿Ha visitado usted ese sitio recientemente? ¿Cómo ha cambiado ese lugar? ¿Es su recuerdo un retrato verdadero del lugar o una imagen idealizada? Después comparta su descripción con otra persona de la clase. ¿Qué diferencias y semejanzas hay entre las dos descripciones?

Capítulo 10

Silvina Ocampo

Silvina Ocampo nació en 1903 en Buenos Aires, Argentina, la menor de seis hermanas de una familia acomodada. Como su hermana mayor Victoria, Silvina mostró un interés y talento por la vida artística y literaria. A la edad de siete años, empezó a pintar y continuó sus estudios de la pintura en Francia cuando su familia se mudó a París.

Al volver de Francia se dedicó más a la escritura y participó activamente con muchos otros intelectuales en la vida cultural de la Argentina. Su hermana Victoria fundó la revista influencial *Sur.* En 1933 Silvina conoció al escritor Adolfo Bioy Casares con quien se casó en 1940. Con Bioy Casares y Jorge Luis Borges colaboró en dos antologías, *Antología de la literatura fantástica* (1940) y *Antología poética argentina* (1941).

Durante una carrera larga y prolífica, Silvina Ocampo tuvo mucho éxito al escribir en varios géneros, incluso la poesía, los cuentos, las novelas, los cuentos infantiles y los dramas. Tradujo al español obras francesas, inglesas e italianas. Dos veces recibió el Premio Nacional de Literatura de la Argentina. Entre sus libros de poesía figuran *Enumeración de la patria y otros poemas* (1942), *Los nombres* (1953), *Lo amargo por dulce* (1962) y *Amarillo celeste* (1972). *La furia y otros cuentos* (1959), *Viaje olvidado* (1937) y *Autobiografía de Irene* (1948) son tres de sus libros de cuentos. Escribió la novela *Los que aman odian* (1946) con su esposo, Adolfo Bioy Casares. Silvina Ocampo murió en Buenos Aires en 1993. Se publicó su última colección de cuentos, *Las reglas del secreto,* en 1991.

En el mundo realista y fantástico de sus cuentos, incluso «La casa de azúcar», la ambigüedad, la fantasía y la realidad ordinaria desempeñan papeles esenciales y conectados.

VOCABULARIO

VERBOS

advertir (ie)	*to notice; to warn*
	«**Advertí** que su carácter había cambiado...»
alejarse de	*to move away from; to withdraw*
	«Mudo, horrorizado, **me alejé** de aquella casa...»
alquilar	*to rent*
	«...después, para **alquilar**la, el propietario le había hecho algunos arreglos.»
atender (ie)	*to answer (the phone); to attend to; to help (followed by "a")*
	«Felizmente Cristina no **atendió** aquella vez el teléfono, pero quizá lo **atendiera** en una oportunidad análoga».
enterarse de	*to find out about*
	«...pero **me enteré de** que en 1930 la había ocupado una familia...»
fijarse en	*to pay attention to*
	«Mendigos, viejos y lisiados van con bolsas para tirar o recoger basuras. —No **me fijo en** esas cosas.»
engañar	*to deceive*
	«Si Cristina **se enterara de** que yo la había engañado, nuestra felicidad concluiría...»
fingir	*to pretend*
	«Estoy embrujada —**fingí** no oír esa frase atormentadora.»
mentir (ie, i)	*to lie*
	«Usted está **mintiendo**. —No miento. No tengo nada que ver con Daniel.»

SUSTANTIVOS

el azar	*chance*
	«...las iniciales de su nombre grabadas por **azar** sobre el tronco de un cedro.»

el buzón	*mailbox*
	«Coloqué **un buzón** en la puerta de calle...»
el departamento	*apartment*
	«...llegamos a los suburbios más alejados en busca de un **departamento** que nadie hubiera habitado...»
el/la inquilino/a	*resident*
	«La persona que llamaba preguntó por la señora Violeta: indudablemente se trataba de la **inquilina** anterior.»
el/la intruso/a	*intruder*
	«La **intrusa** tenía una voz tan grave y los pies tan grandes que eché a reír.»
el puente	*bridge*
	«Todas las tardes pasaba por la plaza frente a la iglesia y los sábados por el horrible **puente de Constitución**.»

ADJETIVOS

cotidiano	*everyday, daily*
	«Es cierto que la realidad **cotidiana** es más extraña que la ficción para mí.»
imprevisto	*unforeseen, unexpected*
	«Lo **imprevisto** también existe siempre, por estrictos que parezcan los planes que uno se ha propuesto.»

PALABRAS PROBLEMÁTICAS

dejar	*to permit, to allow; to leave behind*
	«Las supersticiones no **dejaban** vivir a Cristina.»
	«...siempre **dejaba** sobre la cama el sombrero, error en que nadie incurría.»
dejar de (+ infinitivo)	*to stop (doing something)*
	El narrador no **dejó de** sospechar de Cristina.
salir de	*to leave (a place)*
	«Tardé un rato en **salir de** mi escondite y en fingir que acababa de llegar.»
tener que (+ infinitivo)	*to have to (do something)*
	«**Tuve que tomar** el tren en Retiro, para que me llevara a Olivos.»
tener que ver con	*to have to do with*
	«—No miento. No **tengo** nada **que ver con** Daniel.»

tratarse de	*to be a question or matter of*
	«La persona que llamaba preguntó por la señora Violeta: indudablemente **se trataba de** la inquilina anterior.»
tratar de (+ infinitivo)	*to try (to do something)*
	«Durante días, que me parecieron años, la vigilé, **tratando de** disimular mi ansiedad.»
sonar (ue)	*to ring*
	«Una mañana **sonó** el timbre de la puerta de calle.»
soñar (ue) con	*to dream about*
	«—Me gustan los medios de transporte. **Soñar con** viajes.»

Ejercicios de vocabulario

A. Sin relación. Indique la palabra que por su significado no se relaciona con las otras.

1. atender, fijarse en, advertir, averiguar, alejarse de
2. fingir, soñar con, alquilar, engañar, mentir
3. tratarse de, dejar, tener que ver con, relacionarse con
4. terciopelo, algodón, intrusa, seda
5. la montaña, el departamento, el edificio, la casa
6. la inquilina, el piso, el dueño, el habitante
7. abandonar, olvidar, enterarse de, dejar

B. Asociaciones. ¿Qué palabra de la primera columna asocia Ud. con cada una de las palabras de la segunda columna? Indique el número correspondiente en los espacios en blanco.

1. el buzón	___intentar
2. el departamento	___relacionarse con
3. la inquilina	___deber
4. la intrusa	___la campana
5. el puente	___cesar
6. imprevisto	___permitir
7. cotidiano	___inesperado
8. dejar	___imaginar
9. soñar con	___diario
10. dejar de	___el río

11. sonar   ____la entrometida

12. tener que   ____el residente

13. tener que ver con   ____el apartamento

14. tratar de   ____la carta

C. Finales originales. Complete con las palabras apropiadas.

1. El teléfono suena tanto que no me deja _____.

2. Su locura tiene que ver con _____.

3. Cuando salgo con mis amigos, dejo de _____.

4. De niño/a, soñaba con ser _____; ahora trato de _____.

4. Si me dejas voy a _____.

5. ¿El cuento «La casa de azúcar»? Se trata de _____.

D. Preguntas personales. Conteste las preguntas siguientes y después hágaselas a otra persona de la clase.

1. Enumera algunos casos en que el *azar* desempeñe un papel importante en la vida *cotidiana*. ¿Ha afectado tu vida recientemente el *azar*?

2. ¿Has tratado de *dejar de* hacer algo? ¿Fumar? ¿Comer algo en particular? ¿Has tenido éxito con estas resoluciones?

3. Cuando eras niño/a, ¿*soñabas con* ser alguien? ¿*Tratabas de* imitar algún héroe o heroína?

4. Cuando *suena* el teléfono, ¿siempre lo *atiendes* o *dejas* que el contestador automático conteste?

5. ¿Cuál es tu rutina *cotidiana* cuando sales de casa o de tu residencia todos los días? ¿Prefieres seguir esa rutina o te gusta alterarla de vez en cuando?

Selección autobiográfica

Correspondencia con Silvina Ocampo°

Querida Silvina:

    Leo en la nota que sobre ti hace Enrique Pezzoni en la *Enciclopedia de la Literatura Argentina,* que alguna vez dijiste que «siempre quise escribir. Durante una época, mandaba a mis amigos cartas en que inventaba sentimientos. Eran cartas de amor y de odio». Ojalá que esta carta que ahora prometes escribir sea como aquéllas.

1

5

Selecciones de correspondencia entre Danubio Torres Fierro y Silvina Ocampo

Tu vida ha estado dedicada, casi por entero, a la literatura. ¿Estás satisfecha, de alguna manera, con lo hecho?

¿Cómo fue / es la relación con Victoria? ¿Nunca temiste que su figura te sofocara?   10

¿Y cómo es convivir con un escritor?

¿Por qué te interesa partir de una realidad cotidiana°, nimia°,   **daily / insignificant**
casi siempre vulgar, y desde ahí revelar sus aspectos agazapados°, **arresting,**
insólitos°?   **overwhelming /**
                                                                                                        unusual
¿Cuál es tu actitud como escritora: pasas primero una mirada   15
sorprendente y atónita° por el mundo, y éste te devuelve a tu   **astonished**
propia intimidad? ¿O es al revés? Es posible que ya lo hayas hecho
antes, pero sería bueno que hablaras con detenimiento° sobre estas **deliberation**
palabras tuyas: «fui y soy la espectadora de mí misma».

¿Qué lugar ocupan en tu literatura la muerte, lo imprevisto°, lo   20   **unforeseen**
irracional, lo inconciliable, la locura° de vivir en un cotidiano   **madness**
absurdo?

Lo pregunto porque son, sin duda, temas recurrentes.

Un abrazo: Danubio

Buenos Aires, 28 de agosto de 1975...   25

...Por ejemplo, si ahora me preguntas por qué escribo, me
pregunto a mí misma con signos de admiración ¡por qué escribo!
luego se me ocurre contestar: para no morir. Mi respuesta es sin
duda en el momento que la enuncio: para no morir, pero si la
examino advierto° que no concuerda° con lo que siento en este   30   **notice / agrees**
minuto: y hace muchos años que escribo, por lo tanto esta
contestación no es válida. Tampoco sería verdad esta otra respuesta;
escribo porque necesito expresar lo que siento sin gruñidos°, lo que   **growls**
he vivido sin ironía, lo que imagino sin remilgos°, aunque lo que   **prudery, affectation**
siento, imagino y he vivido me parezca trivial, pues lo que para mí   35
es trivial puede no serlo para otra persona. También podría no ser
verdad esta otra respuesta que puede parecer ridícula: escribo como
siguiendo un mandato° que recibo de labios milagrosos (serán de la   **command**
inspiración) que me hacen modificar una rosa, un rostro, un
caballo, mis lágrimas, el musical destino de una persona que no   40
conozco demasiado y que voy conociendo a través de un relato° que   **story**
escribo y que se alegra frente a la vida simplemente porque la vida
es divina aunque esté colmada° de catástrofes. También tendría otra   **llena**
respuesta: escribo para vivir en otro mundo dentro de otros seres,
escribo como los que aman viajar y que viajan, personas que   45
envidio° porque aprovechan sus viajes, y yo que odio viajar los   **envy**
desaprovecho. Todo sitio nuevo que conozco me angustia porque
despierta mi nostalgia de la ubicuidad° (¿todos habremos sido Dios   **omnipresence,**
                                                                                                        ubiquity

alguna vez?), y naturalmente quiero quedar en ese sitio nuevo toda
mi vida, si el sitio tiene algún encanto. De todo esto podrías   50
deducir que escribo para poder quedar en el lugar donde viven los
personajes de mis relatos. Podría también contestar airadamente:
escribo porque me encanta lo que escribo, porque me gusta más
que cualquier página que escriben otros escritores, salvo algunas
maravillas que conozco que me hacen morir de envidia: esta   55
presuntuosa declaración me pone en ridículo tal vez pero, cuando
uno escribe, desaparecen esos ridículos y mezquinos° sentimientos.   petty
No hay que ponerse un antifaz° ni disfrazarse°. Podría también   mask / to go in
decir: escribo para ser libre, para hacer reír, para hacer llorar, para   disguise, to
que me quieran, para no ser tan muda° como lo soy oralmente, y   60   masquerade /
tonta, aunque lo soy un poco bastante cuando escribo.   mute

   Me preguntas cuándo empecé a escribir. No podría señalar la
fecha. Odio las fechas (¿será porque la vejez llega gracias a ellas?)
y pongo la palabra odio para darte un gusto. Los números me
vuelven supersticiosa. En los primeros tiempos de mi vida desde los   65
siete años me dediqué, o más bien me dedicaron, a la pintura y al
dibujo. A veces para expresar algo escribía sobre los dibujos unas
breves palabras. Recuerdo una vez que anoté: «Todo es amarillo
pero también rosado»; había sol, el dibujo era negro...

   Convivir con un escritor es espléndido: es el a b c de mi vida. Es   70
cierto que la realidad cotidiana es más extraña que la ficción para
mí y por eso parece nimia en mis relatos: yo la veo extraordinaria.
Paso una mirada sorprendida por el mundo y ella me revela su
intensidad y viceversa, según los casos. Para indagar° el mundo   search, investigate
empleo el diálogo con gente primaria que es la que más me   75
interesa. No vacilo en preferir el diálogo con un obrero o un
campesino al diálogo con una intelectual o un hombre refinado...

   La muerte ocupa en mis escritos lo que ocupa en la vida de los
hombres, es inútil que trate de evitarla°. Siempre espera en algún   avoid it
sitio de mis relatos. Para evitarla hice vivir a los protagonistas en el   80
tiempo al revés: empezar la vida desde la muerte y morir en el
nacimiento pues en el momento culminante°, cuando creo evitarla,   culminating
aparece con algún veneno° o con un arma, o con alguna treta°. Me   poison / trick;
preocupa como me preocupa Dios desde que existe mi memoria.   thrust

   Lo imprevisto también existe siempre por estrictos que parezcan   85
los planes que uno se ha propuesto. Lo irracional y lo inconciliable
me parecen también inevitables. «La locura de vivir en un cotidiano
absurdo» aparece en la novela que estoy escribiendo. El título, si
puede despertar alguna curiosidad, será: *Los epicenos*. Es lo mejor
que he escrito y según mis cálculos será terminada a principios del   90
año que viene. Mis compatriotas no aprecian mis libros excepto, tal

vez, los jóvenes, porque soy demasiado argentina y represento al
escribir todos nuestros defectos. Me salvo de las virtudes. Pero,
quién no tiene virtudes de las cuales se salva y defectos atractivos...

L E C T U R A
La casa de azúcar

Las supersticiones no dejaban vivir a Cristina. Una moneda° con la
efigie° borrada, una mancha de tinta°, la luna vista a través de dos
vidrios°, las iniciales de su nombre grabadas° por azar° sobre
el tronco de un cedro° la enloquecían° de temor. Cuando nos
conocimos llevaba puesto un vestido verde, que siguió usando hasta
que se rompió, pues me dijo que le traía suerte y que en cuanto se
ponía otro, azul, que le sentaba° mejor, no nos veíamos. Traté
de combatir estas manías absurdas. Le hice notar que tenía un
espejo roto en su cuarto y que por más que yo le insistiera en la
conveniencia de tirar los espejos rotos al agua, en una noche de luna,
para quitarse la mala suerte, lo guardaba; que jamás temió que la luz
de la casa bruscamente se apagara, y a pesar de que fuera un anuncio
seguro de muerte, encendía° con tranquilidad cualquier número de
velas°; que siempre dejaba sobre la cama el sombrero, error en que
nadie incurría°. Sus temores eran personales. Se infligía verdaderas
privaciones; por ejemplo: no podía comprar frutillas en el mes de
diciembre, ni oír determinadas músicas, ni adornar la casa con
peces° rojos, que tanto le gustaban. Había ciertas calles que no
podíamos cruzar, ciertas personas, ciertos cinematógrafos que no
podíamos frecuentar. Al principio de nuestra relación, estas
supersticiones me parecieron encantadoras, pero después empezaron
a fastidiarme° y a preocuparme seriamente. Cuando nos
comprometimos° tuvimos que buscar un departamento° nuevo,
pues según sus creencias, el destino de los ocupantes anteriores
influiría sobre su vida (en ningún momento mencionaba la mía,
como si el peligro la amenazara sólo a ella y nuestras vidas no
estuvieran unidas por el amor). Recorrimos° todos los barrios de la
ciudad; llegamos a los suburbios más alejados° en busca de un
departamento que nadie hubiera habitado: todos estaban alquilados°
o vendidos. Por fin encontré una casita en la calle Montes de Oca,
que parecía de azúcar. Su blancura brillaba con extraordinaria
luminosidad. Tenía teléfono y, en el frente, un diminuto jardín.
Pensé que esa casa era recién construida, pero me enteré de° que en
1930 la había ocupado una familia, y que después, para alquilarla, el
propietario le había hecho algunos arreglos. Tuve que hacer creer a
Cristina que nadie había vivido en la casa y que era el lugar ideal: la
casa de nuestros sueños. Cuando Cristina la vio, exclamó:

Línea	Glosa
1	coin
	effigy / ink
	panes of glass / engraved / chance / cedar / drove crazy
5	
	fit
10	
	lit
	candles
15	would fall into
	fish
20	
	bother me
	became engaged / apartamento
25	
	examined, surveyed
	distant
	rented
30	
	I found out
35	

—¡Qué diferente de los departamentos que hemos visto! Aquí se respira olor a limpio. Nadie podrá influir en nuestras vidas y ensuciarlas con pensamientos que envician° el aire.

    40   corrupt

        in-laws

En pocos días nos casamos y nos instalamos allí. Mis suegros° nos regalaron los muebles del dormitorio, y mis padres los del comedor. El resto de la casa lo amueblaríamos de a poco. Yo temía que, por los vecinos, Cristina se enterara de mi mentira, pero felizmente hacía sus compras° fuera del barrio y jamás conversaba con ellos. Éramos felices, tan felices que a veces me daba miedo.

    45   went shopping

Parecía que la tranquilidad nunca se rompería en aquella casa de azúcar, hasta que un llamado telefónico destruyó mi ilusión. Felizmente Cristina no atendió° aquella vez el teléfono, pero quizá lo atendiera en una oportunidad análoga. La persona que llamaba preguntó por la señora Violeta: indudablemente se trataba de la inquilina° anterior. Si Cristina se enteraba de que yo la había engañado, nuestra felicidad seguramente concluiría: no me hablaría más, pediría nuestro divorcio, y en el mejor de los casos tendríamos que dejar la casa para irnos a vivir, tal vez, a Villa Urquiza, tal vez a Quilmes, de pensionistas en alguna de las casas donde nos prometieron darnos un lugarcito para construir ¿con qué? (con basura, pues con mejores materiales no me alcanzaría el dinero) un cuarto y una cocina. Durante la noche yo tenía cuidado de descolgar el tubo°, para que ningún llamado inoportuno nos despertara. Coloqué un buzón° en la puerta de calle; fui el depositario de la llave, el distribuidor de cartas.

        answered

    50

        resident

    55

    60   take the receiver off the hook / mailbox

Una mañana temprano golpearon a la puerta y alguien dejó un paquete. Desde mi cuarto oí que mi mujer protestaba, luego oí el ruido del papel estrujado°. Bajé la escalera y encontré a Cristina con un vestido de terciopelo° entre los brazos.

    65   crumpled

        velvet

—Acaban de traerme este vestido —me dijo con entusiasmo.

Subió corriendo las escaleras y se puso el vestido, que era muy escotado°.

        low cut

—¿Cuándo te lo mandaste hacer?

    70

—Hace tiempo. ¿Me queda bien? Lo usaré cuando tengamos que ir al teatro, ¿no te parece?

—¿Con qué dinero lo pagaste?

—Mamá me regaló unos pesos.

Me pareció raro, pero no le dije nada, para no ofenderla.

    75

Nos queríamos con locura. Pero mi inquietud comenzó a molestarme, hasta para abrazar a Cristina por la noche. Advertí° que su carácter había cambiado: de alegre se convirtió en triste, de comunicativa en reservada, de tranquila en nerviosa. No tenía apetito. Ya no preparaba esos ricos postres°, un poco pesados, a base

        I noticed

    80   desserts

de cremas batidas° y de chocolate, que me agradaban°, ni adornaba
periódicamente la casa con volantes° de nylon, en las tapas° de la
letrina, en las repisas° del comedor, en los armarios°, en todas
partes, como era su costumbre. Ya no me esperaba con vainillas a la
hora del té, ni tenía ganas de ir al teatro o al cinematógrafo de   85
noche, ni siquiera cuando nos mandaban entradas de regalo. Una
tarde entró un perro en el jardín y se acostó frente a la puerta de
calle, aullando°. Cristina le dio carne y le dio de beber y, después de
un baño, que le cambió el color del pelo, declaró que le daría
hospitalidad y que lo bautizaría con el nombre de Amor, porque   90
llegaba a nuestra casa en un momento de verdadero amor. El perro
tenía el paladar° negro, lo que indica pureza de raza.

Otra tarde llegué de improviso a casa. Me detuve en la entrada
porque vi una bicicleta apostada° en el jardín. Entré silenciosamente
y me escurrí° detrás de una puerta y oí la voz de Cristina.   95

—¿Qué quiere? —repitió dos veces.

—Vengo a buscar a mi perro —decía la voz de una muchacha—.
Pasó tantas veces frente a esta casa que se ha encariñado° con ella.
Esta casa parece de azúcar. Desde que la pintaron, llama la atención
de todos los transeúntes°. Pero a mí me gustaba más antes, con ese   100
color rosado y romántico de las casas viejas. Esta casa era muy
misteriosa para mí. Todo me gustaba en ella: la fuente donde venían
a beber los pajaritos; las enredaderas° con flores, como cornetas°
amarillas; el naranjo. Desde que tengo ocho años esperaba conocerla
a usted, desde aquel día en que hablamos por teléfono, ¿recuerda?   105
Prometió que iba a regalarme un barrilete°.

—Los barriletes son juegos de varones.

—Los juguetes no tienen sexo. Los barriletes me gustaban
porque eran como enormes pájaros: me hacía la ilusión de volar
sobre sus alas. Para usted fue un juego prometerme ese barrilete; yo   110
no dormí en toda la noche. Nos encontramos en la panadería°,
usted estaba de espaldas y no vi su cara. Desde ese día no pensé
en otra cosa que en usted, en cómo sería su cara, su alma, sus
ademanes° de mentirosa. Nunca me regaló aquel barrilete. Los
árboles me hablaban de sus mentiras. Luego fuimos a vivir a   115
Morón, con mis padres. Ahora, desde hace una semana estoy de
nuevo aquí.

—Hace tres meses que vivo en esta casa, y antes jamás frecuenté
estos barrios. Usted estará confundida.

—Yo la había imaginado tal como es. ¡La imaginé tantas veces!   120
Para colmo° de la casualidad, mi marido estuvo de novio con usted.

—No estuve de novia sino con mi marido. ¿Cómo se llama este
perro?

Glosses (right margin):

whipped cream /
pleased / flounces /
covers, lids /
shelves / closets

howling

palate, roof of the
   mouth

placed

slipped, sneaked

has become fond of

passersby

climbing plants /
bugles

kite

bakery

gestures

on top of that

—Bruto.

—Lléveselo, por favor, antes que me encariñe con él.   125

—Violeta, escúcheme. Si llevo el perro a mi casa, se morirá. No lo puedo cuidar. Vivimos en un departamento muy chico. Mi marido y yo trabajamos y no hay nadie que lo saque a pasear.

—No me llamo Violeta. ¿Qué edad tiene?

—¿Bruto? Dos años. ¿Quiere quedarse con él? Yo vendría a   130 visitarlo de vez en cuando, porque lo quiero mucho.

—A mi marido no le gustaría recibir desconocidos en su casa, ni que aceptara un perro de regalo.

—No se lo diga, entonces. La esperaré todos los lunes a las siete de la tarde en la plaza Colombia. ¿Sabe dónde es? Frente a la iglesia   135 Santa Felicitas, o si no la esperaré donde usted quiera y a la hora que prefiera; por ejemplo, en el puente° de Constitución o en el   **bridge** parque Lezama. Me contentaré con ver los ojos de Bruto. ¿Me hará el favor de quedarse con él?

—Bueno. Me quedaré con él.   140

—Gracias, Violeta.

—No me llamo Violeta.

—¿Cambió de nombre? Para nosotros usted es Violeta. Siempre la misma misteriosa Violeta.

Oí el ruido seco de la puerta y el taconeo° de Cristina, subiendo   145   **tapping of heels** la escalera. Tardé un rato en salir de mi escondite y en fingir°que   **to pretend** acababa de llegar. A pesar de haber comprobado la inocencia del diálogo, no sé por qué, una sorda° desconfianza comenzó a   **silenciosa** devorarme. Me pareció que había presenciado una representación de teatro y que la realidad era otra. No confesé a Cristina que había   150 sorprendido la visita de esa muchacha. Esperé los acontecimientos, temiendo siempre que Cristina descubriera mi mentira, lamentando que estuviéramos instalados en ese barrio. Yo paseaba todas las tardes por la plaza que queda frente a la iglesia de Santa Felicitas, para comprobar si Cristina había acudido a la cita°.   155   **appointment** Cristina pareció no advertir mi inquietud. A veces llegué a creer que yo había soñado. Abrazando el perro, un día Cristina me preguntó:

—¿Te gustaría que me llamara Violeta?

—No me gusta el nombre de las flores.   160

—Pero Violeta es lindo. Es un color.

—Prefiero tu nombre.

Un sábado, al atardecer°, la encontré en el puente de   **dusk** Constitución, asomada° sobre el parapeto de fierro. Me acerqué y   **appearing** no se inmutó°.   165   **no se movió**

—¿Qué haces aquí?

—Estoy curioseando. Me gusta ver las vías° desde arriba.   tracks

—Es un lugar muy lúgubre° y no me gusta que andes sola.   mournful

—No me parece tan lúgubre. ¿Y por qué no puedo andar sola?

—¿Te gusta el humo negro de las locomotoras?   170

—Me gustan los medios de transporte. Soñar con viajes. Irme sin irme. «Ir y quedar y con quedar partirse».

Volvimos a casa. Enloquecido de celos (¿celos de qué? De todo), durante el trayecto apenas le hablé.

—Podríamos tal vez comprar alguna casita en San Isidro o en   175 Olivos, es tan desagradable este barrio —le dije, fingiendo que me era posible adquirir una casa en esos lugares.

—No creas. Tenemos muy cerca de aquí el parque Lezama.

—Es una desolación. Las estatuas están rotas, las fuentes sin agua, los árboles apestados°. Mendigos°, viejos y lisiados° van con   180   infected / beggars / bolsas, para tirar o recoger basuras.   injured

—No me fijo en° esas cosas.   I don't notice

—Antes no querías sentarte en un banco° donde alguien había   bench comido mandarinas o pan.

—He cambiado mucho.   185

—Por mucho que hayas cambiado, no puede gustarte un parque como ése. Ya sé que tiene un museo con leones de mármol que cuidan la entrada y que jugabas allí en tu infancia, pero eso no quiere decir nada.

—No te comprendo —me respondió Cristina. Y sentí que me   190 despreciaba°, con un desprecio que podía conducirla al odio.   scorned

Durante días, que me parecieron años, la vigilé, tratando de disimular mi ansiedad. Todas las tardes pasaba por la plaza frente a la iglesia y los sábados por el horrible puente negro de Constitución. Un día me aventuré a decir a Cristina: 195

—Si descubriéramos que esta casa fue habitada por otras personas, ¿qué harías, Cristina? ¿Te irías de aquí?

—Si una persona hubiera vivido en esta casa, esa persona tendría que ser como esas figuritas de azúcar que hay en los postres o en las tortas de cumpleaños: una persona dulce como el azúcar.   200 Esta casa me inspira confianza, ¿será el jardincito de la entrada que me infunde tranquilidad? ¡No sé! No me iría de aquí por todo el oro del mundo. Además no tendríamos adónde ir. Tú mismo me lo dijiste hace un tiempo.

No insistí, porque iba a pura pérdida. Para conformarme pensé   205 que el tiempo compondría las cosas.

Una mañana sonó el timbre° de la puerta de calle. Yo estaba   bell afeitándome y oí la voz de Cristina. Cuando concluí de afeitarme, mi mujer ya estaba hablando con la intrusa°. Por la abertura° de la   intruder / opening

puerta las espié. La intrusa tenía una voz tan grave y los pies tan 210
grandes que eché a reír.

—Si usted vuelve a ver a Daniel, lo pagará muy caro, Violeta.

—No sé quién es Daniel y no me llamo Violeta —respondió mi
mujer.

—Usted está mintiendo. 215

—No miento. No tengo nada que ver° con Daniel. — *I have nothing to do*

—Yo quiero que usted sepa las cosas como son.

—No quiero escucharla.

Cristina se tapó° las orejas con las manos. Entré en el cuarto y — *cubrió*
dije a la intrusa que se fuera. De cerca le miré los pies, las manos y 220
el cuello°. Entonces advertí que era un hombre disfrazado de° — *neck / disguised as*
mujer. No me dio tiempo de pensar en lo que debía hacer; como
un relámpago desapareció dejando la puerta entreabierta tras de sí.

No comentamos el episodio con Cristina; jamás comprenderé
por qué; era como si nuestros labios hubieran estado sellados para 225
todo lo que no fuese besos nerviosos, insatisfechos o palabras
inútiles.

En aquellos días, tan tristes para mí, a Cristina le dio por cantar.
Su voz era agradable, pero me exasperaba, porque formaba parte de
ese mundo secreto, que la alejaba de mí. ¡Por qué, si nunca había 230
cantado, ahora cantaba noche y día mientras se vestía o se bañaba o
cocinaba o cerraba las persianas°! — *venetian blinds*

Un día en que oí a Cristina exclamar con un aire enigmático:

—Sospecho° que estoy heredando la vida de alguien, las dichas° — *I suspect / good fortune / errores / triunfos / bewitched to find out*
y las penas, las equivocaciones° y los aciertos°. Estoy embrujada° 235
—fingí no oír esa frase atormentadora. Sin embargo, no sé por qué
empecé a averiguar° en el barrio quién era Violeta, dónde estaba,
todos los detalles de su vida.

A media cuadra° de nuestra casa había una tienda donde — *half a block*
vendían tarjetas postales°, papel, cuadernos, lápices, gomas de 240 — *postcards*
borrar° y juguetes. Para mis averiguaciones, la vendedora de esa — *erasers*
tienda me pareció la persona más indicada: era charlatana° y — *loquacious*
curiosa, sensible a las lisonjas°. Con el pretexto de comprar un — *flattery*
cuaderno y lápices, fui una tarde a conversar con ella. Le alabé° los — *praised*
ojos, las manos, el pelo. No me atreví a pronunciar la palabra 245
Violeta. Le expliqué que éramos vecinos. Le pregunté finalmente
quién había vivido en nuestra casa. Tímidamente le dije:

—¿No vivía una tal Violeta?

Me contestó cosas muy vagas, que me inquietaron más. Al día
siguiente traté de averiguar en el almacén° algunos otros detalles. 250 — *store*
Me dijeron que Violeta estaba en un sanatorio frenopático° y me — *for the insane*
dieron la dirección.

—Canto con una voz que no es mía —me dijo Cristina,
renovando su aire misterioso—. Antes me hubiera afligido, pero
ahora me deleita°. Soy otra persona, tal vez más feliz que yo.   255   pleases

Fingí de nuevo no haberla oído. Yo estaba leyendo el diario.

De tanto averiguar detalles de la vida de Violeta, confieso que
desatendía a Cristina.

Fui al sanatorio frenopático, que quedaba en Flores. Ahí
pregunté por Violeta y me dieron la dirección de Arsenia López, su   260
profesora de canto.

Tuve que tomar el tren en Retiro, para que me llevara a Olivos.
Durante el trayecto una tierrita me entró en un ojo, de modo que
en el momento de llegar a la casa de Arsenia López, se me caían
las lágrimas como si estuviese llorando. Desde la puerta de calle   265
oí voces de mujeres, que hacían gárgaras° con las escalas°,   gargling / scales
acompañadas de un piano, que parecía más bien un organillo.

Alta, delgada, aterradora°, apareció en el fondo de un corredor   dreadful, horrible
Arsenia López, con un lápiz en la mano. Le dije tímidamente que
venía a buscar noticias de Violeta.   270

—¿Usted es el marido?

—No, soy un pariente —le respondí secándome los ojos con un
pañuelo.

—Usted será uno de sus innumerables admiradores —me dijo,
entornando los ojos y tomándome la mano. Vendrá para saber lo   275
que todos quieren saber, ¿cómo fueron los últimos días de Violeta?
Siéntese. No hay que imaginar que una persona muerta,
forzosamente haya sido pura, fiel, buena.

—Quiere consolarme —le dije.

Ella, oprimiendo mi mano con su mano húmeda, contestó: 280

—Sí. Quiero consolarlo. Violeta era no sólo mi discípula, sino
mi íntima amiga. Si se disgustó conmigo, fue tal vez porque me
hizo demasiadas confidencias y porque ya no podía engañarme. Los
últimos días que la vi, se lamentó amargamente de su suerte. Murió
de envidia°. Repetía sin cesar: «Alguien me ha robado la vida, pero   285   envy
lo pagará muy caro. No tendré mi vestido de terciopelo, ella lo
tendrá; Bruto será de ella; los hombres no se disfrazarán de mujer
para entrar en mi casa sino en la de ella; perderé la voz, que
transmitiré a esa garganta indigna; no nos abrazaremos con Daniel
en el puente de Constitución, ilusionados con un amor imposible,   290
inclinados como antaño°, sobre la baranda de hierro, viendo los   formerly
trenes alejarse».

Arsenia López me miró en los ojos y me dijo:

—No se aflija. Encontrará muchas mujeres más leales. Ya
sabemos que era hermosa, pero ¿acaso la hermosura es lo único   295

bueno que hay en el mundo? Mudo, horrorizado, me alejé de aquella casa, sin revelar mi nombre a Arsenia López que, al despedirse° de mí, intentó abrazarme, para demostrar su simpatía.

Desde ese día Cristina se transformó, para mí, al menos, en Violeta. Traté de seguirla a todas horas, para descubrirla en los brazos de sus amantes. Me alejé tanto de ella que la vi como a una extraña. Una noche de invierno huyó. La busqué hasta el alba°.

Ya no sé quién fue víctima de quién, en esa casa de azúcar, que ahora está deshabitada.

saying goodbye to

300

dawn

Reacción y análisis

1. ¿Cuáles son las supersticiones de Cristina? ¿Qué efecto tienen sobre ella? ¿Cómo trató de combatir «esas manías absurdas» el narrador? ¿Cuáles son las supersticiones del narrador?

2. Contraste el deseo de Cristina de vivir en un departamento nuevo con la realidad de la casa. ¿Qué nos indica de la personalidad de Cristina y la de su esposo?

3. Dice el narrador: «Parecía que la tranquilidad nunca se rompería en aquella casa de azúcar, hasta que un llamado telefónico destruyó mi ilusión». ¿Cómo destruyó la ilusión ese llamado?

4. ¿De qué tiene miedo el narrador? ¿Qué precauciones toma? ¿Qué nos sugiere de su personalidad?

5. Examine la explicación de Cristina sobre el vestido y la reacción del narrador.

6. El llamado telefónico y la llegada del vestido interrumpen la tranquilidad. ¿Qué función tiene el perro, el tercer acontecimiento imprevisto? ¿Qué conflictos y ambigüedades se relacionan con el perro?

7. Después de la visita de la muchacha, el narrador dice: «...no sé por qué, una sorda desconfianza comenzó a devorarme. Me pareció que había presenciado una representación de teatro y que la realidad era otra». ¿Por qué siente él esta desconfianza? ¿Qué podría ser la «otra realidad»?

8. A Cristina le gusta el nombre «Violeta» mientras que al narrador no le gusta ese nombre. Analice los motivos y los sentimientos de los dos.

9. ¿Cómo se puede explicar la presencia de Cristina en el puente de Constitución? Para ella, ¿qué simbolizaban los medios de transporte?

10. Examine la actitud celosa del narrador. ¿Qué intención tiene al tratar de manipular a Cristina? Describa la relación que tienen los dos. ¿Ha cambiado a través del cuento?

11. Analice la opinión que tiene Cristina de la casa. ¿Cómo imagina ella a los antiguos habitantes? ¿Por qué?

12. Examine la reacción de Cristina y su esposo ante la visita de la intrusa.

13. ¿Qué evidencia hay de que Cristina está heredando la vida de alguien? Compare esta nueva identidad con la vieja.

14. Analice el papel de Arsenia López y su explicación de la muerte de Violeta. ¿Qué importancia tiene la frase que repetía Violeta sin cesar?

15. Examine el proceso de alejamiento del narrador hacia Cristina. Explique la última frase del cuento: «Ya no sé quién fue víctima de quién, en esa casa de azúcar, que ahora está deshabitada».

16. ¿Con qué ambigüedades o dudas nos quedamos al final del cuento?

17. Examine la yuxtaposición de la verdad y la mentira en el cuento. ¿Quiénes mienten o a quiénes engañan? ¿Qué verdades esconden estas mentiras?

18. ¿Cómo se comunican los personajes de «La casa de azúcar»? ¿En qué sentido están aislados?

19. Explique por qué es irónico el título «La casa de azúcar». ¿Por qué son irónicas las siguientes frases del cuento?

    a. Al ver la casa de azúcar por primera vez, Cristina exclama: «Aquí se respira olor a limpio. Nadie podrá influir en nuestras vidas y ensuciarlas con pensamientos que envician el aire».

    b. Al llegar el perro, «Cristina declaró que le daría hospitalidad y que lo bautizaría con el nombre de Amor, porque llegaba a nuestra casa en un momento de verdadero amor».

    c. Al contestar la pregunta si se iría de la casa, Cristina dice: «Esta casa me inspira confianza, ¿será el jardincito de la entrada que me infunde tranquilidad? ¡No sé! No me iría de aquí por todo el oro del mundo».

20. En la «Selección autobiográfica», Silvina Ocampo hace unas declaraciones que figuran a continuación. ¿Qué relación hay entre estas frases y «La casa de azúcar»?

    a. «Es cierto que la realidad cotidiana es más extraña que la ficción para mí y por eso parece nimia en mis relatos: yo la veo extraordinaria.»

    b. «La muerte ocupa en mis escritos lo que ocupa en la vida de los hombres, es inútil que trate de evitarla. Siempre espera en algún sitio de mis relatos.»

c. «Lo imprevisto también existe siempre por estrictos que parezcan los planes que uno se ha propuesto. Lo irracional y lo inconciliable me parecen también inevitables.»

Después de leer

A. Encuestas

Divídanse en grupos de dos, tres o cuatro estudiantes. Háganse las preguntas que figuran a continuación. Después de 5 o 10 minutos, cada estudiante informará a la clase sobre la realidad y la fantasía en la vida.

1. Describa un día reciente en su vida. ¿Cómo fue la «realidad cotidiana»? ¿Con qué soñó usted? ¿Qué temía? ¿Qué fantasías tenía? ¿Entró lo imprevisto de alguna manera? ¿Cómo afectó su vida?

2. ¿Ha visto alguna película en donde lo sobrenatural o lo extraordinario se apodere de los personajes o altere su realidad? ¿Le gustan las películas de fantasía, horror, suspenso o ciencia ficción? Explique por qué le gustó o no una de esas películas.

B. Momentos decisivos

1. ¿Cómo reaccionaría usted si le empezaran a ocurrir incidentes raros en su casa o su trabajo? ¿Con quiénes hablaría? ¿Cómo se los explicaría?

2. ¿Qué haría usted si alguien empezara a usar su nombre o su identidad en su pueblo? ¿Por qué lo haría tal persona? ¿Cómo justificaría usted su propia identidad? ¿Cómo reaccionaría usted al conocer al impostor?

3. Si usted estuviera casado/a y se encontrara desilusionado/a con el matrimonio, ¿qué haría? ¿Con quién hablaría? ¿Qué acciones tomaría?

C. Correspondencia y creación

1. Imagine que usted es un/a adolescente que ha huido de su casa y le escribe a un/a amigo/a explicándole por qué se fue y cómo es su vida ahora.

2. Imagine que usted es Violeta/Cristina y le escribe a su esposo después de cinco años. Le explica por qué huyó, cómo ha sido su vida y cuál es su identidad verdadera.

3. Usted es el esposo de Cristina. Le escribe una carta a ella en la que incluye sus sentimientos, la justificación por sus acciones y sus deseos presentes.

4. Escriba un cuento corto con el título «El día más ordinario y extraordinario de mi vida».

5. Escriba un final diferente para el cuento «La casa de azúcar».

D. Análisis literario

Escriba un ensayo de exposición donde analice lo siguiente:

1. El efecto de la imaginación sobre la realidad en «La casa de azúcar». ¿Qué efecto tiene lo imprevisto sobre la vida de los personajes?

2. Cristina/Violeta: ¿dos personas distintas o la misma persona con una personalidad doble?

3. El papel de la mujer en «La casa de azúcar»: ¿la libertad o la opresión? Examine los papeles masculinos y femeninos. ¿Qué reflejan? ¿Hay libertad u opresión?

4. En la «Selección autobiográfica», Ocampo dice que «soy demasiado argentina y represento al escribir todos nuestros defectos». Analice a los dos esposos y describa sus defectos. ¿Qué se puede deducir sobre el carácter? ¿Son estos defectos regionales o universales?

5. Las semejanzas entre «La casa de azúcar» y un cuento de misterio y detectives. ¿Qué elementos tiene un cuento de este tipo? ¿Se encuentran en «La casa de azúcar»? ¿Quién es el detective? ¿Qué evidencia encuentra éste? ¿Qué misterio quiere resolver el lector? ¿Se resuelve todo el suspenso en el final del cuento? ¿Es típico este final?

6. A través de la realidad y la fantasía, ¿tiene Ocampo algún mensaje para el lector? ¿Cómo es su mensaje?

Capítulo 11

ᗥᗥ ᗥᗥ ᗥᗥ ᗥᗥ ᗥᗥ

Gabriel García Márquez

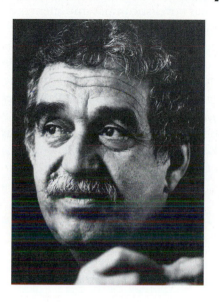

Aracataca, Colombia, el pueblo caribe donde nació Gabriel García Márquez en 1928, ha tenido gran influjo sobre su obra literaria. Sus abuelos maternos criaron a García Márquez, uno de dieciséis hijos de un telegrafista. Aracataca era una aldea° lodosa° rodeada de plantaciones de plátanos que eran propiedad de compañías norteamericanas. Por su localidad costera, muchos espectáculos ambulantes° hacían parada allí, uno de los acontecimientos° descritos en el cuento «Un señor muy viejo con unas alas enormes». Allí, también, muchos viejos pasaban horas narrando leyendas que mezclaban la fantasía, la superstición, la religión y la realidad. Su abuela imprevisible° era una de estas cuentistas que pasaban horas narrándole cuentos mágicos. Hasta los ocho años, García Márquez vivió con ella y su abuelo, su mejor amigo, en una casa grande.

    A los doce años, García Márquez fue a Bogotá a estudiar, primero con los jesuitas y después en la universidad. Ya que la lluvia y el frío de Bogotá lo deprimieron, él consideró sus años de estudio allá como un castigo del cual sólo sus libros podían salvarlo. Sin llegar a terminar su estudio de derecho, García Márquez trabajó de corresponsal extranjero en los años 1950 en Roma y París para el periódico colombiano *El espectador*. En 1955 la dictadura de Rojas Pinilla cerró el periódico y García Márquez se quedó sin trabajo por un año. *La hojarasca,* su primera novela, fue publicada ese mismo año.

pueblo / muddy

traveling shows
events

unpredictable

En 1961, con poco dinero en el bolsillo, García Márquez se exilió en México por su oposición al régimen derechista. Publicó muchos libros—entre éstos figuran *El coronel no tiene quien le escriba* (1961) y *Los funerales de Mamá Grande* (1962). *Cien años de soledad,* una crónica de la vida en el pueblo imaginario de Macondo, fue publicada en 1967. Por esta obra maestra, citada como «uno de los enigmas novelísticos más imponentes de nuestros tiempos», García Márquez recibió el Premio Nóbel en 1982. Se han vendido más de diez millones de ejemplares de esta obra, la cual ha sido traducida a treinta lenguas. Sus obras posteriores incluyen *El otoño del patriarca* en 1974, *Crónica de una muerte anunciada* en 1981, *El amor en los tiempos del cólera* en 1985, *El general en su laberinto* en 1989, *Del amor y otros demonios* en 1995 y *Noticia de un secuestro* en 1996.

La selección que aparece aquí, «Un señor muy viejo con unas alas enormes», es uno de los cuentos en *La increíble y triste historia de la cándida Eréndira y de su abuela desalmada,* publicada en 1972. Este cuento ilustra la mezcla de la realidad y fantasía al presentar el tema del amor y la crítica de la sociedad.

VOCABULARIO

VERBOS

asombrar *to amaze, to astonish*
«Lo que más le **asombró,** sin embargo, fue la lógica de sus alas.»

despreciar *to scorn, to despise, to reject*
«Pero él los **despreciaba,** como **despreció** sin probarlos los almuerzos papales...»

tumbar *to knock down, to knock over*
«...pero el pobre está tan viejo que lo ha **tumbado** la lluvia.»

SUSTANTIVOS

el ala (*f.*) *wing*
«...no podía levantarse, porque se lo impedían sus enormes **alas**.»

el alguacil *constable; bailiff; governor*
«Pelayo...renunció para siempre a su mal empleo de **alguacil**.»

la araña *spider*
«...el espectáculo triste de la mujer que se había convertido en **araña**...»

el cangrejo	*crab; crayfish*
	«Al tercer día habían matado tantos **cangrejos** dentro de la casa...»
el gallinero	*henhouse, chicken coop*
	«...y lo encerró con las gallinas en el **gallinero** alambrado.»
el lodazal	*muddy place, mudhole*
	«...que era un hombre viejo, que estaba tumbado boca abajo en el **lodazal**...»
la muchedumbre	*crowd, multitude*
	«El padre Gonzaga se enfrentó a la frivolidad de **la muchedumbre** con fórmulas de inspiración doméstica...»
la pesadilla	*nightmare*
	«Asustado por aquella **pesadilla,** Pelayo corrió en busca de Elisenda...»
la pluma	*feather*
	«...el revés de las alas sembrado de algas parasitarias y las **plumas** mayores maltratadas por vientos terrestres...»
el ruido	*noise*
	«El médico...le encontró tantos soplos en el corazón y tantos **ruidos** en los riñones, que no le pareció posible que estuviera vivo.»

ADJETIVOS

callado	*quiet; silent; reticent*
	«Ambos observaron el cuerpo caído con un **callado** estupor.»
cautivo	*captive, prisoner*
	«La noticia del ángel **cautivo** se divulgó con tanta rapidez...»
podrido	*rotten, bad, putrid*
	«...se habían convertido en un caldo de lodo y mariscos **podridos**.»

PALABRAS PROBLEMÁTICAS

el cura	*priest*
	«Pero el padre Gonzaga, antes de ser **cura,** había sido leñador...»
la cura	*cure*
	En su laboratorio, el científico investigaba **la cura** para la tuberculosis.

curarse	*to be cured*
	«Fue así como el padre Gonzaga **se curó** para siempre del insomnio...».
aguantar	*to tolerate, to withstand*
	Declarando que no lo podía **aguantar** más al ángel, Elisenda pidió ayuda a Dios.
apoyar	*to support, to stand by*
	El pueblo no **apoya** al cura en sus proyectos.
mantener	*to maintain, to sustain, to support financially*
	El alguacil tiene que trabajar para **mantener** a sus hijos.
soportar	*to stand, to endure, to hold up physically*
	«El ángel no fue menos displicente con él...pero **soportaba** las infamias más ingeniosas con una mansedumbre de perro...»
	La columna de la derecha **soporta** casi todo el edificio.
tolerar	*to tolerate*
	Pelayo y Elisenda pudieron **tolerar** al ángel porque éste les trajo mucho dinero.
insoportable	*intolerable, unbearable*
	«...el ángel tenía un **insoportable** olor de intemperie...»

Ejercicios de vocabulario

A. Un cuento. Complete el cuento con la palabra adecuada de la lista siguiente. Use la forma correcta de las palabras.

el alguacil	la pesadilla	la pluma	la araña
el ruido	podrido	el cangrejo	la muchedumbre
asombrar	el lodazal	el ala	tumbar

El día en el campo

Caminaba por el campo cuando de pronto me encontré con un pájaro enorme. El pájaro, con sus (1) _____ gigantescas y sus (2) _____ coloridas empezó a volar sobre mí. Muy asustada, corrí rápidamente pero me (3) _____ sobre un (4) _____ donde había muchas frutas (5) _____. Me levanté y traté de arreglar mi blusa llena de lodo. Caminaba otra vez y me (6) _____ de ver un (7) _____ casi sobrenatural y una tarántula grandísima, un tipo de (8) _____ peligrosa, delante de mí. Horrorizada, empecé a gritar. Al oír mis gritos, vino (9) _____ para investigar el origen del (10) _____.

Muy pronto, se reunió una (11) _____ y todos me gritaban y me hacían preguntas. Después de unos minutos, oí la voz de mi madre, diciéndome, «Elena, despiértate, has tenido una (12) _____.»

B. ¿Qué palabra? Escoja la palabra apropiada en las oraciones siguientes.

1. Dicen que este muchacho es muy (*callado / podrido*) porque nunca dice nada.
2. La vieja vive sola porque (*apoya / desprecia*) a todos los que tratan de ser sus amigos.
3. Los parientes de su esposa se van a morir de hambre si Felipe no los (*mantiene / soporta*).
4. Cuando viajo en avión, no me gusta sentarme en la sección de las (*alas / plumas*).
5. El prisionero no puede salir de la cárcel porque está (*podrido / cautivo*).
6. (*Aguantar / Apoyar*) es otra palabra para «tolerar».

C. Preguntas personales. Conteste las preguntas siguientes y después, hágaselas a otra persona de la clase.

1. ¿Qué es lo que tú *aguantas* de tu mejor amigo?
2. ¿Existirá *la cura* para el cáncer algún día?
3. ¿A qué candidato *apoyaste* para presidente?
4. ¿Prefieres lugares *callados* o con mucho ruido? Explica tu respuesta.
5. ¿Qué te ocurrió la última vez que te *asombraste*?

Selección autobiográfica

Conversación con Gabriel García Márquez°

Esta conversación con Armando Durán tuvo lugar en Barcelona, España, en junio de 1968.

A.D.: Pero, ¿no crees que a pesar de esto el periodismo y el cine han dejado alguna influencia en tu obra? 1

G.G.M.: ...Del periodismo, por otra parte, no aprendí el lenguaje económico y directo, como han dicho algunos críticos, sino ciertos recursos legítimos para que los lectores crean la historia. 5 A un escritor le está permitido todo, siempre que sea capaz de hacerlo creer. Eso, en general, se logra mejor con el auxilio° de ciertas técnicas periodísticas, mediante el apoyo° en elementos de la realidad inmediata...

ayuda
support

A.D.: Esto nos lleva sin remedio a un aspecto de gran importancia   10
dentro de la literatura de nuestro tiempo. ¿Tú no te consideras
un escritor comprometido?

G.G.M.: ...Esto me parece válido también para nosotros: los lectores
latinoamericanos, creo yo, no necesitan que se les siga contando
su propio drama de opresión e injusticia, porque ya lo conocen   15
de sobra° en su vida cotidiana°, lo sufren en carne propia, y lo   extra / diaria
que esperan de una novela es que les revele algo nuevo. Yo pienso
que nuestra contribución para que América Latina tenga una vida
mejor no será más eficaz escribiendo novelas bien intencionadas
que nadie lee, sino escribiendo buenas novelas. A los amigos que   20
se sientan obligados de buena fe a señalarnos normas para
escribir, quisiera hacerles ver que esas normas limitan la libertad
de creación y que todo lo que limita la libertad de creación es
reaccionario. Quisiera recordarles, en fin, que una hermosa
novela de amor no traiciona a nadie ni retrasa° la marcha del   25   delays
mundo, porque toda obra de arte contribuye al progreso de la
humanidad, y la humanidad actual no puede progresar sino en
un solo sentido. En síntesis, creo que el deber revolucionario del
escritor es escribir bien. Ése es mi compromiso°.   commitment

A.D.: De acuerdo con esto, ¿cuál sería, según tú, la novela ideal?   30

G.G.M.: Una novela absolutamente libre°, que no sólo inquiete por   free
su contenido político y social, sino por su poder de penetración
en la realidad; y mejor aún si es capaz de voltear° la realidad al   turn upside down
revés para mostrar cómo es del otro lado.

A.D.: ...Sinceramente, creo que el tratamiento de la realidad es uno   35
de los problemas fundamentales que debemos plantearnos al
hablar de formas narrativas.

G.G.M.: Lo único que sé sin ninguna duda es que la realidad
no termina en el precio de los tomates. La vida cotidiana,
especialmente en América Latina, se encarga de demostrarlo. El   40
norteamericano F. W. Up de Graff, que hizo un fabuloso viaje
por el mundo amazónico en 1894, vio, entre muchas otras cosas,
un arroyo° de agua hirviendo°, un lugar hasta donde la voz   stream / boiling
humana provocaba aguaceros° torrenciales, una anaconda de   downpours
20 metros completamente cubierta de mariposas°. Antonio   45   butterflies
Pigafetta, que acompañó a Magallanes en la primera vuelta al
mundo, vio plantas y animales y huellas° de seres humanos   traces, footprints
inconcebibles, de los cuales no se ha vuelto a tener noticia. En
Comodoro Rivadavia, que es un lugar desolado al sur de la
Argentina, el viento polar se llevó un circo entero por los aires y   50
al día siguiente las redes° de los pescadores no sacaron peces del   nets

mar, sino cadáveres de leones, jirafas y elefantes. Hace unos meses, un electricista llamó a mi casa a las ocho de la mañana y tan pronto como le abrieron dijo: «Hay que cambiar el cordón de la plancha°.» Inmediatamente comprendió que se había equivocado de puerta, pidió excusas y se fue. Horas después, mi mujer conectó la plancha y el cordón se incendió°. No hay para qué seguir. Basta con leer los periódicos, o abrir bien los ojos, para sentirse dispuesto a gritar con universitarios franceses: «El poder para la imaginación».

55   steam iron

caught fire

60

A.D.: ¿Tanto?

G.G.M.: Acuérdate que la gran mayoría de las cosas de este mundo, desde las cucharas hasta los trasplantes de corazón, estuvieron en la imaginación de los hombres antes de estar en la realidad. El socialismo estuvo en la imaginación de Carlos Marx antes de estar en la Unión Soviética. Estas verdades de Perogrullo conducen a la poesía, pues nos autorizan para creer que tal vez la tierra no es redonda, sino que empezó a serlo cuando muchos hombres, por comodidad de la época, se imaginaron que lo era. Yo creo que este sistema de exploración de la realidad, sin prejuicios racionalistas, le abre a nuestra novela una perspectiva espléndida. Y no se crea que es un método escapista: tarde o temprano, la realidad termina por darle la razón a la imaginación...

65

70

LECTURA
Un señor muy viejo con unas alas enormes

Al tercer día de lluvia habían matado tantos cangrejos° dentro de la casa, que Pelayo tuvo que atravesar su patio anegado° para tirarlos° en el mar, pues el niño recién nacido había pasado la noche con calenturas° y se pensaba que era a causa de la pestilencia. El mundo estaba triste desde el martes. El cielo y el mar eran una misma cosa de ceniza°, y las arenas de la playa, que en marzo fulguraban° como polvo de lumbre°, se habían convertido en un caldo de lodo° y mariscos podridos°. La luz era tan mansa al mediodía, que cuando Pelayo regresaba a la casa después de haber tirado los cangrejos, le costó trabajo ver qué era lo que se movía y se quejaba en el fondo del patio. Tuvo que acercarse mucho para descubrir que era un hombre viejo, que estaba tumbado boca abajo° en el lodazal°, y a pesar de sus grandes esfuerzos no podía levantarse, porque se lo impedían sus enormes alas°.

Asustado por aquella pesadilla°, Pelayo corrió en busca de Elisenda, su mujer, que estaba poniéndole compresas al niño enfermo, y la llevó hasta el fondo del patio. Ambos observaron el

1   crabs

flooded / throw

fiebres

5

ash / glowed

fire / mud

rotten shellfish

10

knocked face down / mudhole

wings

15   nightmare

cuerpo caído con un callado° estupor. Estaba vestido como un
trapero°. Le quedaban apenas unas hilachas° descoloridas en el
cráneo° pelado° y muy pocos dientes en la boca, y su lastimosa
condición de bisabuelo ensopado° lo había desprovisto de toda
grandeza. Sus alas de gallinazo grande, sucias y medio desplumadas°
estaban encalladas° para siempre en el lodazal. Tanto lo observaron,
y con tanta atención, que Pelayo y Elisenda se sobrepusieron
muy pronto del asombro y acabaron por encontrarlo familiar.
Entonces se atrevieron° a hablarle, y él les contestó en un dialecto
incomprensible pero con una buena voz de navegante. Fue así
como pasaron por alto° el inconveniente de las alas, y concluyeron
con muy buen juicio que era un náufrago solitario de alguna nave
extranjera abatida° por el temporal. Sin embargo, llamaron para
que lo viera a una vecina que sabía todas las cosas de la vida y la
muerte, y a ella le bastó° con una mirada para sacarlos del error.

　　—Es un ángel —les dijo—. Seguro que venía por el niño, pero
el pobre está tan viejo que lo ha tumbado la lluvia.

　　Al día siguiente todo el mundo sabía que en casa de Pelayo
tenían cautivo un ángel de carne y hueso. Contra el criterio de
la vecina sabia, para quien los ángeles de estos tiempos eran
sobrevivientes fugitivos de una conspiración celestial, no habían
tenido corazón para matarlo a palos°. Pelayo estuvo vigilándolo
toda la tarde desde la cocina, armado con su garrote° de alguacil°, y
antes de acostarse lo sacó a rastras° del lodazal y lo encerró con las
gallinas en el gallinero° alambrado°. A media noche, cuando
terminó la lluvia, Pelayo y Elisenda seguían matando cangrejos.
Poco después el niño despertó sin fiebre y con deseos de comer.
Entonces se sintieron magnánimos y decidieron poner al ángel
en una balsa° con agua dulce y provisiones para tres días, y
abandonarlo a su suerte en altamar°. Pero cuando salieron al patio
con las primeras luces, encontraron a todo el vecindario frente
al gallinero, retozando° con el ángel sin la menor devoción y
echándole cosas de comer por los huecos° de las alambradas, como
si no fuera una criatura sobrenatural sino un animal de circo.

　　El padre Gonzaga llegó antes de las siete alarmado por la
desproporción de la noticia. A esa hora ya habían acudido curiosos
menos frívolos que los del amanecer, y habían hecho toda clase de
conjeturas sobre el porvenir° del cautivo. Los más simples pensaban
que sería nombrado alcalde° del mundo. Otros, de espíritu más
áspero°, suponían que sería ascendido a general de cinco estrellas
para que ganara todas las guerras. Algunos visionarios esperaban
que fuera conservado como semental° para implantar en la tierra
una estirpe° de hombres alados y sabios que se hicieran cargo del

20	quiet
	rag dealer / ravelled
	threads / skull /
	bare / soaked
	moulted
	stuck
25	
	they dared
	overlooked
30	knocked down
	it was enough for
	her
35	
	by beating
40	stick / constable
	by dragging
	coop / fenced with
	wire
45	
	raft
	on the high seas
	frolicking
50	holes, spaces
55	futuro
	mayor
	harsh
	studhorse
60	race, stock

Universo. Pero el padre Gonzaga, antes de ser cura°, había sido

leñador° macizo°. Asomado° a las alambradas repasó en un instante

su catecismo, y todavía pidió que le abrieran la puerta para

examinar de cerca a aquel varón° de lástima que más bien parecía

una enorme gallina decrépita entre las gallinas absortas°. Estaba

echado en un rincón, secándose al sol las alas extendidas, entre las

cáscaras° de frutas y las sobras° de desayunos que le habían tirado°

los madrugadores°. Ajeno a las impertinencias del mundo, apenas

si levantó sus ojos de anticuario y murmuró algo en su dialecto

cuando el padre Gonzaga entró en el gallinero y le dio los buenos

días en latín. El párroco° tuvo la primera sospecha de su impostura

al comprobar que no entendía la lengua de Dios ni sabía saludar a

sus ministros. Luego observó que visto de cerca resultaba demasiado

humano: tenía un insoportable olor de intemperie°, el revés de

las alas sembrado° de algas parasitarias y las plumas° mayores

maltratadas por vientos terrestres, y nada de su naturaleza miserable

estaba de acuerdo con la egregia° dignidad de los ángeles. Entonces

abandonó el gallinero, y con un breve sermón previno a los curiosos

contra los riesgos° de la ingenuidad°. Les recordó que el demonio

tenía la mala costumbre de recurrir a artificios de carnaval para

confundir a los incautos. Argumentó que si las alas no eran el

elemento esencial para determinar las diferencias entre un gavilán°

y un aeroplano, mucho menos podían serlo para reconocer a los

ángeles. Sin embargo, prometió escribir una carta a su obispo°, para

que éste escribiera otra a su primado y para que éste escribiera otra

al Sumo Pontífice°, de modo que el veredicto final viniera de los

tribunales más altos. Su prudencia cayó en corazones estériles°.

La noticia del ángel cautivo se divulgó con tanta rapidez, que al

cabo de pocas horas había en el patio un alboroto° de mercado, y

tuvieron que llevar la tropa con bayonetas para espantar° el tumulto

que ya estaba a punto de tumbar la casa. Elisenda, con el espinazo

torcido° de tanto barrer basura de feria, tuvo entonces la buena idea

de tapiar° el patio y cobrar cinco centavos por la entrada para ver al

ángel.

    Vinieron curiosos hasta de la Martinica. Vino una feria

ambulante° con un acróbata volador°, que pasó zumbando° varias

veces por encima de la muchedumbre°, pero nadie le hizo caso

porque sus alas no eran de ángel sino de murciélago sideral°.

Vinieron en busca de salud los enfermos más desdichados del

Caribe: una pobre mujer que desde niña estaba contando los latidos

de su corazón y ya no le alcanzaban los números, un jamaiquino°

que no podía dormir porque lo atormentaba el ruido° de las

estrellas, un sonámbulo° que se levantaba de noche a deshacer

---

Glosses (right margin):

- priest
- woodcutter / sólido / Leaning out
- male
- 65 — amazed
- peels, rinds / leftovers / thrown / early risers
- 70
- el cura
- outdoors
- 75 — sowed with / feathers
- eminent
- risks / inocencia
- 80
- sparrow hawk
- bishop
- 85
- His Holiness the Pope / futile
- uproar
- 90 — frighten
- twisted spine
- wall in
- 95
- travelling / que vuela / buzzing / mucha gente / space bat
- 100
- un hombre de Jamaica / noise
- sleepwalker

dormido las cosas que había hecho despierto, y muchos otros de
menor gravedad. En medio de aquel desorden de naufragio que   105
hacía temblar° la tierra, Pelayo y Elisenda estaban felices de   tremble
cansancio, porque en menos de una semana atiborraron° de plata los   llenaron
dormitorios, y todavía la fila° de peregrinos° que esperaban turno   line / pilgrims
para entrar llegaba hasta el otro lado del horizonte. El ángel era el
único que no participaba de su propio acontecimiento°. El tiempo   110   event
se le iba en buscar acomodo en su nido° prestado°, aturdido° por el   nest / borrowed /
calor de infierno de las lámparas de aceite y las velas° de sacrificio   dazed / candles
que le arrimaban° a las alambradas. Al principio trataron de que   placed near
comiera cristales de alcanfor°, que de acuerdo con la sabiduría de la   camphor
vecina sabia, era el alimento específico de los ángeles. Pero él los   115
despreciaba°, como despreció sin probarlos los almuerzos papales   despised
que le llevaban los penitentes, y nunca se supo si fue por ángel o por
viejo que terminó comiendo nada más que papillas de berenjena°.   eggplant
Su única virtud sobrenatural parecía ser la paciencia. Sobre todo en
los primeros tiempos, cuando lo picoteaban° las gallinas en busca de   120   pecked
los parásitos estelares° que proliferaban en sus alas, y los baldados° le   stellar / crippled
arrancaban° plumas° para tocarse con ellas sus defectos, y hasta los   plucked / feathers
más piadosos° le tiraban piedras tratando de que se levantara para   religiosos
verlo de cuerpo entero. La única vez que consiguieron alterarlo° fue   upset him
cuando le abrasaron° el costado° con un hierro de marcar novillos°,   125   seared / side /
porque llevaba tantas horas de estar inmóvil que lo creyeron muerto.   branding iron for
Despertó sobresaltado°, despotricando° en lengua hermética° y con   steers /
los ojos en lágrimas, y dio un par de aletazos que provocaron un   startled /
remolino° de estiércol° de gallinero y polvo lunar, y un ventarrón de   raving /
pánico que no parecía de este mundo. Aunque muchos creyeron que   130   misteriosa
su reacción no había sido de rabia sino de dolor, desde entonces se   whirlwind /
cuidaron de no molestarlo°, porque la mayoría entendió que su   manure
pasividad no era la de un héroe en uso de buen retiro sino la de un
cataclismo en reposo.   bother him

El padre Gonzaga se enfrentó a la frivolidad de la muchedumbre   135
con fórmulas de inspiración doméstica, mientras le llegaba un
juicio terminante sobre la naturaleza del cautivo. Pero el correo de
Roma había perdido la noción de la urgencia. El tiempo se le iba en
averiguar° si el convicto tenía ombligo°, si su dialecto tenía algo   investigar / navel
que ver con el arameo°, si podía caber° muchas veces en la punta   140   Aramaic / fit
de un alfiler°, o si no sería simplemente un noruego° con alas.   pin / Norwegian
Aquellas cartas de parsimonia habrían ido y venido hasta el fin de
los siglos, si un acontecimiento providencial no hubiera puesto
término a las tribulaciones del párroco.

Sucedió° que por esos días, entre muchas otras atracciones de las   145   Ocurrió
ferias errantes del Caribe, llevaron al pueblo el espectáculo triste de

la mujer que se había convertido en araña° por desobedecer a sus padres. La entrada para verla no sólo costaba menos que la entrada para ver al ángel, sino que permitían hacerle toda clase de preguntas sobre su absurda condición, y examinarla al derecho y al revés, de modo que nadie pusiera en duda la verdad del horror. Era una tarántula espantosa° del tamaño° de un carnero° y con la cabeza de una doncella° triste. Pero lo más desgarrador° no era su figura de disparate°, sino la sincera aflicción con que contaba los pormenores° de su desgracia°: siendo casi una niña se había escapado de la casa de sus padres para ir a un baile, y cuando regresaba por el bosque después de haber bailado toda la noche sin permiso, un trueno° pavoroso° abrió el cielo en dos mitades, y por aquella grieta° salió el relámpago° de azufre° que la convirtió en araña. Su único alimento eran las bolitas de carne molida que las almas caritativas quisieran echarle en la boca. Semejante espectáculo, cargado de tanta verdad humana y de tan temible escarmiento°, tenía que derrotar sin proponérselo al de un ángel despectivo° que apenas se dignaba mirar a los mortales. Además los escasos milagros que se le atribuían al ángel revelaban un cierto desorden mental, como el del ciego° que no recobró la visión pero le salieron tres dientes nuevos, y el del paralítico que no pudo andar pero estuvo a punto de ganarse la lotería, y el del leproso a quien le nacieron girasoles° en las heridas°. Aquellos milagros de consolación que más bien parecían entretenimientos de burla°, habían quebrantado° ya la reputación del ángel cuando la mujer convertida en araña terminó de aniquilarla. Fue así cómo el padre Gonzaga se curó para siempre del insomnio, y el patio de Pelayo volvió a quedar tan solitario como en los tiempos en que llovió tres días y los cangrejos caminaban por los dormitorios.

Los dueños de la casa no tuvieron nada que lamentar. Con el dinero recaudado° construyeron una mansión de dos plantas°, con balcones y jardines, y con sardineles° muy altos para que no se metieran los cangrejos del invierno, y con barras de hierro en las ventanas para que no se metieran los ángeles. Pelayo estableció además un criadero de conejos° muy cerca del pueblo y renunció para siempre a su mal empleo de alguacil, y Elisenda se compró unas zapatillas satinadas de tacones° altos y muchos vestidos de seda tornasol° de los que usaban las señoras más codiciadas en los domingos de aquellos tiempos. El gallinero fue lo único que no mereció atención. Si alguna vez lo lavaron con creolina y quemaron las lágrimas de mirra° en su interior, no fue por hacerle honor al ángel, sino por conjurar la pestilencia de muladar° que ya andaba como un fantasma° por todas partes y estaba volviendo vieja la casa

---

Glosses (right margin):

- 150 — spider
- frightful / size / lamb / maiden / heartbreaking / absurd /
- 155 — particulars / misfortune
- clap of thunder / terrifying / crack / flash of lightning / brimstone
- 160
- punishment
- contemptuous
- 165 — blind man
- sunflowers / wounds
- 170 — ridicule
- shattered
- 175
- collected / floors
- brick walls
- 180 — rabbits
- heels
- iridescent
- 185
- drops of myrrh
- dungheap
- ghost

nueva. Al principio, cuando el niño aprendió a caminar, se   190
cuidaron de que no estuviera muy cerca del gallinero. Pero luego se
fueron olvidando del temor y acostumbrándose a la peste, y antes
de que el niño mudara los dientes se había metido a jugar dentro
del gallinero, cuyas alambradas podridas se caían a pedazos. El
ángel no fue menos displicente° con él que con el resto de los   195   disagreeable, fretful
mortales, pero soportaba las infamias más ingeniosas con una
mansedumbre° de perro sin ilusiones. Ambos contrajeron la   meekness
varicela° al mismo tiempo. El médico que atendió al niño no   chicken pox
resistió a la tentación de auscultar° al ángel, y le encontró tantos   listen with a
soplos° en el corazón y tantos ruidos en los riñones°, que no le   200   stethoscope /
pareció posible que estuviera vivo. Lo que más le asombró, sin   murmurs /
embargo, fue la lógica de sus alas. Resultaban tan naturales en   kidneys
aquel organismo completamente humano, que no podía entenderse
por qué no las tenían también los otros hombres.

    Cuando el niño fue a la escuela, hacía mucho tiempo que el   205
sol y la lluvia habían desbaratado° el gallinero. El ángel andaba   destruido
arrastrándose por acá y por allá como un moribundo sin dueño. Lo
sacaban a escobazos° de un dormitorio y un momento después lo   chased out with a
encontraban en la cocina. Parecía estar en tantos lugares al mismo   broom
tiempo, que llegaron a pensar que se desdoblaba, que se repetía a   210
sí mismo por toda la casa, y la exasperada Elisenda gritaba fuera
de quicio° que era una desgracia vivir en aquel infierno lleno de   out of joint
ángeles. Apenas si podía comer, sus ojos de anticuario se le habían
vuelto tan turbios que andaba tropezando° con los horcones°, y ya   stumbling / beams
no le quedaban sino las cánulas° peladas de las últimas plumas.   215   stems
Pelayo le echó encima una manta y le hizo la caridad de dejarlo
dormir en el cobertizo°, y sólo entonces advirtieron que pasaba   outhouse
la noche con calenturas delirando en trabalenguas° de noruego   tongue twisters
viejo. Fue ésa una de las pocas veces en que se alarmaron, porque
pensaban que se iba a morir, y ni siquiera la vecina sabia había   220
podido decirles qué se hacía con los ángeles muertos.

    Sin embargo, no sólo sobrevivió a su peor invierno, sino que
pareció mejor con los primeros soles. Se quedó inmóvil muchos
días en el rincón más apartado del patio, donde nadie lo viera,
y a principios de diciembre empezaron a nacerle en las alas unas   225
plumas grandes y duras, plumas de pajarraco° viejo, que más bien   pájaro grande
parecían un nuevo percance° de la decrepitud. Pero él debía conocer   mishap
la razón de esos cambios, porque se cuidaba muy bien de que nadie
los notara, y de que nadie oyera las canciones de navegantes que a
veces cantaba bajo las estrellas. Una mañana, Elisenda estaba   230
cortando rebanadas° de cebolla para el almuerzo, cuando un viento   slices
que parecía de alta mar se metió en la cocina. Entonces se asomó
por la ventana, y sorprendió al ángel en las primeras tentativas del

vuelo. Eran tan torpes, que abrió con las uñas un surco de arado° en las hortalizas° y estuvo a punto de desbaratar el cobertizo con aquellos aletazos indignos que resbalaban° en la luz y no encontraban asidero° en el aire. Pero logró ganar altura. Elisenda exhaló un suspiro° de descanso, por ella y por él, cuando lo vio pasar por encima de las últimas casas, sustentándose de cualquier modo con un azaroso° aleteo de buitre° senil. Siguió viéndolo hasta cuando acabó de cortar la cebolla, y siguió viéndolo hasta cuando ya no era posible que lo pudiera ver, porque entonces ya no era un estorbo° en su vida, sino un punto imaginario en el horizonte del mar.

235 | furrow of a plow
vegetable gardens
slid
support
sigh

240 | risky / vulture

hindrance

Reacción y análisis

1. «A un escritor le está permitido todo, siempre que sea capaz de hacerlo creer. Eso en general, se logra mejor con el auxilio de ciertas técnicas periodísticas, mediante el apoyo en elementos de la realidad inmediata...», dice García Márquez en la «Selección autobiográfica». Analice la descripción del ángel y la de la mujer araña. ¿Cuáles son los detalles que dan más realidad a estos personajes? Explique.

2. Al principio del cuento se dice que «el mundo estaba triste desde el martes» a causa de la lluvia. Busque y analice otros ejemplos del efecto del tiempo sobre la salud física y mental de los personajes en este cuento.

3. El pueblo acude a la vecina y al cura para poder entender la existencia del viejo. ¿Cómo es la reacción del pueblo ante la solución o interpretación de estas dos personas? ¿Qué quiere el pueblo del ángel?

4. Estudie las acciones del padre Gonzaga y de la Iglesia en relación al viejo. ¿Qué sugiere el autor al describir la burocracia religiosa?

5. Pelayo y Elisenda demuestran diversas reacciones ante el ángel a través del cuento. ¿Cómo se aprovechan del ángel? ¿En qué tienen interés? Describa el carácter de estas personas. ¿Son presentadas conforme a la realidad?

6. Busque ejemplos donde el ángel demuestra tener cualidades humanas y donde parece ser un organismo grotesco. ¿Quiere el autor sólo pintar un cuadro curioso o es que tiene algún mensaje sobre la humanidad para el lector?

7. Pelayo y Elisenda se sienten aislados del resto del pueblo por tener al cautivo con ellos. El viejo, también, está aislado de todos. Examine el aislamiento y la soledad de los tres.

8. Analice la última frase del cuento: «Siguió viéndolo hasta cuando acabó de cortar la cebolla, y siguió viéndolo hasta cuando ya no era

posible que lo pudiera ver, porque entonces ya no era un estorbo en su vida, sino un punto imaginario en el horizonte del mar.» ¿Cómo percibe Elisenda al ángel cuando él está con ella? ¿Qué indica esta frase sobre el efecto de la estancia del ángel en la vida de Elisenda y Pelayo? ¿Lo llegan a comprender alguna vez?

9. ¿Acepta el pueblo al viejo como algo completamente distinto de la realidad? ¿Qué tratan de hacer Pelayo y Elisenda para poder explicar su existencia? ¿Cambian los personajes a causa de la visita del viejo? ¿Aprenden algo? ¿Es su intransigencia una cualidad universal?

10. ¿Qué significa el título? ¿Cómo ilustra el tema de lo inexplicable al combinar la realidad y la imaginación?

11. «Al tercer día de lluvia habían matado tantos cangrejos dentro de la casa, que Pelayo tuvo que atravesar su patio anegado para tirarlos en el mar...» es un ejemplo de la exageración que García Márquez utiliza mucho en este cuento. Busque otros ejemplos en el cuento. ¿Con qué propósito utiliza el autor esta exageración?

12. El sentido cómico es un elemento importante en este cuento. Ilustre este sentido cómico con algunos ejemplos del cuento. ¿De qué manera revela este sentido cómico la actitud del autor hacia el pueblo y los personajes? ¿Es al mismo tiempo triste y cómico este cuento? Explique.

13. En la «Selección autobiográfica», García Márquez menciona que nuestra realidad contiene muchos elementos y acontecimientos que son fantásticos e inexplicables. Al leer estas palabras del autor y los ejemplos que él nos proporciona, ¿es más fácil aceptar el acontecimiento del ángel? Después de leer este cuento, ¿se puede entender mejor la realidad? Comente.

Después de leer

A. Situaciones

Divídanse en grupos de dos, tres o cuatro estudiantes según la situación. Cada estudiante debe adoptar uno de los papeles. Después de diez minutos, cada grupo actuará su situación delante de la clase.

1. La directora del programa «Los ricos y los famosos» entrevista a Elisenda y a Pelayo. Ella les hace muchas preguntas sobre el origen de su riqueza y los cambios en su vida después de hacerse ricos.

2. Hay un programa en la televisión que se dedica a entrevistar gente extraña y a investigar acontecimientos increíbles. Se presenta al ángel y a la mujer araña en este programa.

3. Despúes de la partida del ángel, Elisenda sigue viéndolo por todas partes; ella no puede pensar en nadie más que en el ángel. Siguiendo los consejos de su esposo y sus amigos, ella visita a un/a psicólogo/a para tratar de resolver su problema.

4. El padre Gonzaga y la vecina tienen una discusión sobre el origen y el trato del ángel.

B. Correspondencia y creación

1. De visita en el pueblo de Elisenda y Pelayo, Ud. tiene la oportunidad de ver al ángel y a la mujer araña. Escriba una tarjeta postal a sus amigos sobre lo que ha visto.

2. Elisenda tiene familia en un pueblo lejano. Ella les escribe una carta a sus parientes sobre lo ocurrido con el ángel.

3. Según el cuento, hay mucha correspondencia entre el padre Gonzaga y el Sumo Pontífice. Escriba una carta del padre Gonzaga y la respuesta del Sumo Pontífice.

C. Análisis literario

1. A través del cuento, García Márquez expone varios problemas universales. Explique cómo expone el autor uno de los aspectos siguientes:

   a. la superstición

   b. la pobreza

   c. la falta de comunicación

   d. los desastres naturales

   e. la cura de las enfermedades

   f. el prejuicio y la discriminación

   g. el papel de la religión

2. En el cuento, hay muchos ejemplos de la humanización y la deshumanización del ángel. Examine estos ejemplos y el propósito del autor para presentarlos.

3. Elisenda, Pelayo y el ángel sienten aislamiento. Examine este sentimiento de los tres. ¿Qué tienen en común? ¿Existe alguna solución para eliminar este aislamiento? ¿Qué perspectiva nos presenta García Márquez sobre este problema universal?

4. La exageración y el elemento cómico son recursos típicos del realismo mágico. Presente ejemplos de estos recursos y analice la motivación del autor en cada ejemplo.

5. García Márquez presenta el acontecimiento de una criatura sobrenatural para presentar una crítica de la sociedad. ¿Cómo es esa crítica? ¿Qué mensaje tiene García Márquez para su lector?

Capítulo 12

Rosario Ferré

La distinguida escritora de poesía, ensayos, crítica literaria y ficción, Rosario Ferré, nació en 1940, en Ponce, Puerto Rico. Después de graduarse de Manhattanville College en Nueva York, recibió su maestría en literatura hispánica de la Universidad de Puerto Rico y su doctorado de la Universidad de Maryland. Actualmente es profesora en la Universidad de Puerto Rico y escribe para el *San Juan Star*.

Ferré fundó y de 1972 a 1975 dirigió la revista literaria *Zona de carga y descarga,* donde publicó sus primeras obras. Su primer libro, *Papeles de Pandora,* una colección de seis poemas narrativos y catorce cuentos, recibió el Premio Ateneo de Puerto Rico en 1976. Ferré ha perfeccionado el arte imaginativo de contar con varias colecciones de cuentos. Tres de éstas, escritas como literatura infantil, son *El medio pollito* (1978), *Los cuentos de Juan Bobo* (1981) y *La mona que le pisaron la cola* (1981). Otra colección, *Fábulas de la garza desangrada* (1982), consiste en fábulas poéticas que tratan de cuestiones feministas. Además de ficción, Ferré también ha escrito crítica literaria; *Sitio a Eros* (1980) es una colección de catorce ensayos sobre la crítica feminista. A estas obras les siguieron *Maldito amor* (1986), *Sonatinas* (1989), *El árbol y sus sombras* (1989) y el ensayo «El coloquio de las perras», una parodia moderna de la novela de Cervantes. En 1992 recibió el prestigioso premio Liberatur Prix en la celebración de la Feria del Libro en Frankfurt, Alemania. Más recientemente, ha escrito en inglés y después ha traducido las obras al español, como *The House on the Lagoon* en 1995, la saga de una familia poderosa en el Puerto Rico del siglo XX y *Eccentric Neighborhoods* en 1998.

Aunque Ferré es de una poderosa familia puertorriqueña, es conocida por su crítica de la clase social y los estereotipos sexuales. Mezclando la realidad y la fantasía, el siguiente cuento, «La muñeca menor», de *Papeles de Pandora,* critica los papeles femeninos en una sociedad que ahoga y deshumaniza a las mujeres.

VOCABULARIO

VERBOS

coger	*to seize; to catch* «El día de la boda la menor se sorprendió al **coger** la muñeca por la cintura y encontrarla tibia...»
colocar	*to place; to arrange* «**Colocó** delicadamente el estetoscopio sobre su corazón y oyó un lejano rumor de agua.»
despojar	*to rob; to deprive of* «...la chágara...la había **despojado** de toda vanidad.»
morder (ue)	*to bite* «El médico que la examinó aseguró que no era nada, probablemente **había sido mordida** por una chágara viciosa.»
perturbar	*to bother* «Una sola cosa **perturbaba** la felicidad del médico.»
sospechar	*to suspect* «...la menor comenzó a **sospechar** que su marido no sólo tenía el perfil de silueta de papel sino también el alma.»
vengarse de	*to take revenge on* La tía **se vengó del** médico por medio de la hija menor.

SUSTANTIVOS

el alma	*soul* «...la menor comenzó a sospechar que su

marido no sólo tenía el perfil de silueta de
papel sino también **el alma**.»

el cañaveral   *sugar plantation*
«...la menor guardaba la misma piel
aporcelanada y dura que tenía cuando la iba
a visitar a la casa del **cañaveral**.»

la crianza   *upbringing*
«Al principio se había dedicado a **la crianza**
de las hijas de su hermana...»

el hilo   *thread*
«Podía verse ese día a los peones de la
hacienda haciendo constantes relevos al
pueblo...a comprar barro de porcelana,
encajes, agujas, carretes de **hilos** de todos los
colores.»

la hormiga   *ant*
«La menor le contestó que **las hormigas**
habían descubierto por fin que la muñeca
estaba rellena de miel...»

la luna de miel   *honeymoon*
Los novios salieron para su **luna de miel** sin
la muñeca.

la medida   *measure, measurement*
«La tía había ido agrandando el tamaño de las
muñecas de manera que correspondieran a la
estatura y a **las medidas** de cada una de las
niñas.»

la miel   *honey*
«La muñeca de boda no estaba jamás rellena
de guata, sino de **miel**.»

la mordida   *bite*
«En ese preciso momento sintió una **mordida**
terrible en la pantorrilla.»

el muslo   *thigh*
«La tía estuvo una semana con la pierna
rígida, cubierta de mostaza desde el tobillo
hasta **el muslo**.»

la pantorrilla   *calf of the leg*
«En ese preciso momento sintió una mordida
terrible en la **pantorrilla**.»

el tamaño   *size*
«La tía había ido agrandando **el tamaño** de
las muñecas de manera que correspondieran a

la estatura y a las medidas de cada una de las niñas.»

la venganza   *revenge*
¿En qué consistía **la venganza** de la tía por la crueldad del médico?

OTRAS PALABRAS ÚTILES

tener ganas de   *to feel like (doing something)*
«...y porque ya **tenía ganas de** saber cómo era por dentro la carne de delfín.»

en adelante   *henceforth, in the future*
«**En adelante** fue el joven médico quien visitó mensualmente a la tía vieja.»

PALABRAS PROBLEMÁTICAS

crecer   *to grow*
«Cuando las niñas fueron **creciendo** la tía se dedicó a hacerles muñecas para jugar.»

criar   *to raise, to bring up*
La tía se dedicó a **criar** a sus sobrinas.

levantar   *to raise, to lift up*
«El joven **levantó** el volante de la falda almidonada...»

levantarse   *to get up, to raise oneself up*
«...la tía se sentó en el sillón frente al cañaveral y no **se** volvió a **levantar** jamás.»

aplicar   *to apply, to put on*
«Indicó que le **aplicaran** un sinapismo para que el calor la obligara a salir.»

aplicación   *application; effort, diligence*
La **aplicación** de la mostaza no le curó la llaga a la tía.

solicitar   *to solicit; to apply for*
El médico **solicitó** la ayuda de su hijo menor.

la solicitud   *application*
El/la estudiante llenó tres **solicitudes** para varios puestos.

mayor   *greater, older; greatest, oldest*
«El día que la **mayor** de las niñas cumplió diez años, la tía se sentó en el sillón frente al cañaveral...»

menor   *smaller, younger; youngest; minor*
«Era evidente su interés por la **menor**...»

principal   *principal, major*

La actividad **principal** de la tía era fabricar muñecas.

mejor   *better, best*

Sólo utilizaba la **mejor** porcelana para las manos.

peor   *worse; worst*

Lo **peor** era que el médico podría haber curado la llaga en sus comienzos.

Ejercicios de vocabulario

A. Antónimos. Escoja, entre las palabras de la primera columna, el antónimo de cada una de las palabras de la segunda columna. Indique el número correspondiente en los espacios en blanco.

1. colocar   ___menor
2. mayor   ___obvio
3. perturbar   ___quitar
4. el alma   ___perdonar
5. sutil   ___el cuerpo
6. vengarse   ___agradar

B. Asociaciones. ¿Qué palabras de la primera columna asocia Ud. con cada una de las palabras de la segunda columna? Indique el número correspondiente en los espacios en blanco.

1. despojar   ___molestar
2. el hilo   ___tener dudas
3. sospechar   ___el insecto
4. la pantorrilla   ___robar
5. la medida   ___niños
6. perturbar   ___coser
7. crianza   ___la pierna
8. la hormiga   ___el tamaño

C. Preguntas personales. Conteste las preguntas siguientes y después hágaselas a otra persona de la clase.

1. ¿Quién o quiénes te *criaron* a ti? ¿Qué papel tuvieron tus hermanos mayores en tu *crianza*? ¿Qué se debe hacer para *criar* bien a un /a niño /a? ¿Tuviste un papel en la *crianza* de tus hermanos menores?

2. ¿En qué clases *levantas* más la mano? ¿Por qué? ¿Haces preguntas o expresas tu *punto* de vista? ¿A qué hora prefieres *levantarte?* ¿Cuándo tienes que *levantarte* por la mañana?

3. ¿Cuántas *solicitudes* tuviste que llenar antes de asistir a la universidad? ¿Qué universidad tenía la peor *solicitud*? ¿Qué era lo *principal* que te preguntaban?

4. Cuando tomas sol, ¿te *aplicas* una loción bronceadora? ¿Te olvidas de volver a hacer las *aplicaciones* o las haces a menudo? Si se te quema la piel, ¿qué te *aplicas*?

5. ¿Conoces a alguien que haga *puntos* muy finos, que pueda coser muy bien? ¿Sabes coser?

Selección autobiográfica

Conversando con Rosario Ferré

Esta selección es de una entrevista entre Teresa Méndez-Faith y Rosario Ferré en el libro *Contextos.*

T.M.F: ¿Cuándo escribiste «La muñeca menor»?   1

R.F.: Pues ése es mi primer cuento y lo escribí hace unos once o doce años.

T.M.F: ¿Está inspirado en alguna historia leída, escuchada, o es un cuento totalmente inventado?   5

R.F.: No, la anécdota original de ese cuento yo se la escuché contar a una tía.

T.M.F: ¿Y en tu cuento tú recreas esa anécdota, tal como te la contaron?

R.F.: No, claro que no. Aquella anécdota me sirvió de inspiración,   10 de base, de punto de partida, pero «La muñeca menor» no es la anécdota.

T.M.F: ¿Por qué no nos cuentas lo que recuerdas de la historia original? Creo que sería interesante comparar ambas versiones, ¿no te parece?   15

R.F.: Bueno, si lo quieres. Según esa tía, la historia había tenido lugar en una lejana hacienda de caña°, a comienzos de este siglo, y su heroína era una parienta lejana° suya que hacía muñecas rellenas° de miel. Aparentemente, la parienta esa había sido víctima de su marido, un borrachín° que luego de abandonarla y   20 dilapidar° su fortuna la había echado de la casa. Entonces la familia de mi tía la ayudó ofreciéndole techo y sustento°, a pesar de que para aquellos tiempos la hacienda de caña en que vivían

Margin glosses:
- sugar plantation
- distant
- filled with
- borracho
- squander
- room and board

estaba al borde de la ruina. La pobre mujer, para corresponder a
aquella generosidad, se dedicó a hacerles muñecas rellenas de   25
miel a las hijas de la familia.

T.M.F: Y ese detalle, el de la miel, lo usas para las muñecas de
boda...

R.F.: Sí, aunque en mi cuento eso también funciona como una
metáfora.   30

T.M.F: ¿Metáfora que hace referencia a la «luna de miel», quizás?

R.F.: Quizás. En fin, según el cuento, poco después de su llegada a
la hacienda, a esa parienta —que aún era joven y hermosa— se
le había empezado a hinchar° la pierna derecha sin motivo   swell
aparente y sus familiares decidieron mandar llamar al médico del   35
pueblo cercano para que la examinara. Éste, un joven sin
escrúpulos y recién graduado de una universidad extranjera,
primero la sedujo y luego decidió tratarla como lo haría un
curandero°, condenándola a vivir inválida en un sillón°, mientras   quack / rocking
él le sacaba sin compasión todo el poco dinero que ella tenía. No   chair
te voy a repetir aquí el resto de la historia que me hizo mi tía   40
aquella tarde porque eso está en «La muñeca menor».

T.M.F: ¿Qué es lo que más te impactó o impresionó de esa
anécdota?

R.F.: La imagen de aquella mujer, sentada en su balcón años enteros 45
frente al cañaveral°, con el corazón roto. Lo que más me   sugar plantation
conmovió fue esa resignación absoluta con la cual, en nombre de
amor, aquella mujer se había dejado explotar° durante años.   exploit

T.M.F: ¿Se menciona la «chágara» en la anécdota original?

R.F.: No, eso es invención mía.   50

T.M.F: ¿Existen realmente las «chágaras»?

R.F.: Bueno, sí y no. La chágara de «La muñeca menor» es un
animal fantástico, por supuesto. Pero la palabra «chágara» sí
existe. Es una voz taína° que significa «camarón° de río». Ahora,   Indian tribe from
el animal de mi cuento es totalmente fantástico, producto de mi   55 Puerto Rico /
imaginación y de la de quienes lean el cuento, ya que cada lector   shrimp
puede visualizar esa chágara como se la imagine.

T.M.F: Dime, ¿hay algún elemento autobiográfico en «La muñeca
menor»?

R.F.: Autobiográfico en el sentido estricto de la palabra, no, pero en 60
un sentido más general, en un contexto cultural, quizás sí. El
cuento tiene lugar en una hacienda y hasta hace cuarenta o
cincuenta años Puerto Rico subsistía a base del azúcar. Pero yo

nunca viví en una hacienda, aunque la tía que me contó la
anécdota y otros parientes de mi madre sí vivieron en haciendas. 65

T.M.F: ¿Te identificas parcialmente con la tía inválida de tu cuento?

R.F.: Sí, yo creo que mi identificación con la mujer que inspiró ese
personaje (aquella extraña parienta de la anécdota original) ha
influenciado profundamente en el tema o los temas de mi
cuento. 70

T.M.F: ¿Puedes explicar un poco más eso?

R.F.: Es que yo creo que al escribir sobre sus personajes, un escritor
escribe siempre sobre sí mismo, o sobre posibles vertientes° de sí   *outpourings*
mismo. En el caso de «La muñeca menor», por un lado yo había
reconstruido, en la desventura° de la tía inválida, mi propia   75   *mala suerte*
desventura amorosa, y por otro lado, al darme cuenta de sus
debilidades—su pasividad, su conformidad, su terrible
resignación—la había destruido en mi nombre. Aunque es
posible que también la haya salvado.

LECTURA
La muñeca menor

La tía vieja había sacado desde muy temprano el sillón al balcón   1
que daba al cañaveral como hacía siempre que se despertaba con
ganas° de hacer una muñeca. De joven se bañaba a menudo en el   *desires*
río, pero un día en que la lluvia había recrecido la corriente en cola°   *tail*
de dragón había sentido en el tuétano° de los huesos una mullida°   5   *marrow / fluffy*
sensación de nieve. La cabeza metida en el reverbero° negro de las   *reflexión*
rocas, había creído escuchar, revolcados con el sonido del agua, los
estallidos° del salitre° sobre la playa y pensó que sus cabellos habían   *explosiones /*
llegado por fin a desembocar° en el mar. En ese preciso momento   *saltpeter / flow*
sintió una mordida° terrible en la pantorrilla°. La sacaron del agua   10   *into / bite / calf*
gritando y se la llevaron a la casa en parihuelas° retorciéndose° de   *stretcher / writhing*
dolor.

   El médico que la examinó aseguró que no era nada,
probablemente había sido mordida por una chágara° viciosa. Sin   *criatura imaginaria*
embargo pasaron los días y la llaga° no cerraba. Al cabo de un mes   15   *wound*
el médico había llegado a la conclusión de que la chágara se había
introducido dentro de la carne blanda de la pantorrilla, donde
había evidentemente comenzado a engordar. Indicó que le
aplicaran un sinapismo° para que el calor la obligara a salir. La tía   *mustard plaster*
estuvo una semana con la pierna rígida, cubierta de mostaza° desde   20   *mustard*
el tobillo° hasta el muslo°, pero al finalizar el tratamiento se   *ankle / thigh*
descubrió que la llaga se había abultado° aún más, recubriéndose de   *enlarged*
una substancia pétrea° y limosa° que era imposible tratar de   *stony / slimy*

remover sin que peligrara° toda la pierna. Entonces se resignó a
vivir para siempre con la chágara enroscada° dentro de la gruta° de
su pantorrilla.

    Había sido muy hermosa, pero la chágara que escondía bajo los
largos pliegues° de gasa° de sus faldas° la había despojado° de toda
vanidad. Se había encerrado en la casa rehusando a todos sus
pretendientes°. Al principio se había dedicado a la crianza° de las
hijas de su hermana, arrastrando° por toda la casa la pierna
monstruosa con bastante agilidad. Por aquella época la familia vivía
rodeada de un pasado que dejaba desintegrar a su alrededor con la
misma impasible musicalidad con que la lámpara de cristal del
comedor se desgranaba° a pedazos sobre el mantel° raído° de la
mesa. Las niñas adoraban a la tía. Ella las peinaba, las bañaba y les
daba de comer. Cuando les leía cuentos se sentaban a su alrededor y
levantaban con disimulo° el volante° almidonado° de su falda para
oler el perfume de guanábana° madura que supuraba° de la pierna
en estado de quietud.

    Cuando las niñas fueron creciendo° la tía se dedicó a hacerles
muñecas para jugar. Al principio eran sólo muñecas comunes, con
carne de guata° de higuera° y ojos de botones perdidos. Pero con el
pasar del tiempo fue refinando su arte hasta ganarse el respeto y la
reverencia de toda la familia. El nacimiento de una muñeca era
siempre motivo de regocijo° sagrado, lo cual explicaba el que jamás
se les hubiese ocurrido vender una de ellas, ni siquiera cuando las
niñas eran ya grandes y la familia comenzaba a pasar necesidad. La
tía había ido agrandando el tamaño° de las muñecas de manera que
correspondieran a la estatura° y a las medidas° de cada una de las
niñas. Como eran nueve y la tía hacía una muñeca de cada niña por
año, hubo que separar una pieza de la casa para que la habitasen
exclusivamente las muñecas. Cuando la mayor cumplió diez y ocho
años había ciento veintiséis muñecas de todas las edades en la
habitación. Al abrir la puerta, daba la sensación de entrar en un
palomar°, o en el cuarto de muñecas del palacio de las tzarinas, o en
un almacén donde alguien había puesto a madurar una larga hilera°
de hojas de tabaco. Sin embargo, la tía no entraba en la habitación
por ninguno de estos placeres, sino que echaba el pestillo° a la
puerta e iba levantando amorosamente cada una de las muñecas
canturreándoles° mientras las mecía°. Así eras cuando tenías un
año, así cuando tenías dos, así cuando tenías tres, reviviendo la vida
de cada una de ellas por la dimensión del hueco° que le dejaban
entre los brazos.

    El día que la mayor de las niñas cumplió diez años, la tía se
sentó en el sillón frente al cañaveral y no se volvió a levantar jamás.

	endanger
25	coiled up / cavity
	folds / gauze / skirts / stripped
30	suitors / upbringing
	dragging
35	was wearing away / tablecloth / frayed
	pretense / ruffle / starched / custard apple / emanated
40	growing up
	stuffing / fig tree
45	felicidad
	size
50	height / measurements
55	pigeon coop
	row
	bolt, latch
60	humming to them / rocked
	hole, void
65	

Se balconeaba días enteros observando los cambios de agua de las
cañas y sólo salía de su sopor° cuando la venía a visitar el doctor o   lethargy
cuando se despertaba con ganas de hacer una muñeca. Comenzaba
entonces a clamar° para que todos los habitantes de la casa viniesen   70   gritar
a ayudarla. Podía verse ese día a los peones de la hacienda haciendo
constantes relevos° al pueblo como alegres mensajeros incas, a   viajes
comprar cera°, a comprar barro de porcelana, encajes°, agujas°,   wax / lace /
carretes de hilos° de todos los colores. Mientras se llevaban a cabo   needles / spools
estas diligencias°, la tía llamaba a su habitación a la niña con la que   75   of thread /
había soñado esa noche y le tomaba las medidas. Luego le hacía una   errands
mascarilla de cera que cubría de yeso° por ambos lados como una   plaster
cara viva dentro de dos caras muertas; luego hacía salir un hilillo
rubio interminable por un hoyito en la barbilla°. La porcelana de   point of the chin
las manos era siempre translúcida; tenía un ligero tinte marfileño°   80   ivory-like
que contrastaba con la blancura granulada de las caras de biscuit°.   unglazed ceramic
Para hacer el cuerpo, la tía enviaba al jardín por veinte higueras
relucientes. Las cogía con una mano y con un movimiento experto
de la cuchilla las iba rebanando° una a una en cráneos° relucientes   slicing / skulls
de cuero° verde. Luego las inclinaba en hilera contra la pared del   85   skin, leather
balcón, para que el sol y el aire secaran los cerebros° algodonosos°   brains / cottony
de guano gris. Al cabo de algunos días raspaba° el contenido con   scraped
una cuchara y lo iba introduciendo con infinita paciencia por la
boca de la muñeca.

Lo único que la tía transigía° en utilizar en la creación de las   90   compromised
muñecas sin que estuviese hecho por ella, eran las bolas de los ojos.
Se los enviaban por correo desde Europa en todos los colores, pero
la tía los consideraba inservibles° hasta no haberlos dejado   useless
sumergidos durante un número de días en el fondo de la quebrada°   brook, ravine
para que aprendiesen a reconocer el más leve movimiento de las   95
antenas de las chágaras. Sólo entonces los lavaba con agua de
amoníaco y los guardaba, relucientes como gemas, colocados sobre
camas de algodón, en el fondo de una lata° de galletas holandesas.   tin can
El vestido de las muñecas no variaba nunca, a pesar de que las niñas
iban creciendo. Vestía siempre a las más pequeñas de tira° bordada°   100   strip / embroidery
y a las mayores de broderí°, colocando en la cabeza de cada una el   type of embroidered
mismo lazo° abullonado° y trémulo de pecho de paloma.   cloth / bow /
                                                                                                         full
Las niñas empezaron a casarse y a abandonar la casa. El día de la
boda la tía les regalaba a cada una la última muñeca dándoles un
beso en la frente y diciéndoles con una sonrisa: «Aquí tienes tu   105
Pascua° de Resurrección». A los novios los tranquilizaba   Easter
asegurándoles que la muñeca era sólo una decoración sentimental
que solía colocarse sentada, en las casas de antes, sobre la cola° del   back
piano. Desde lo alto del balcón la tía observaba a las niñas bajar por

última vez las escaleras° de la casa sosteniendo en una mano la
modesta maleta° a cuadros de cartón° y pasando el otro brazo
alrededor de la cintura° de aquella exuberante muñeca hecha a su
imagen y semejanza, calzada con zapatillas de ante°, faldas de
bordados nevados y pantaletas de valenciennes°. Las manos y la
cara de estas muñecas, sin embargo, se notaban menos
transparentes, tenían la consistencia de la leche cortada°. Esta
diferencia encubría otra más sutil: la muñeca de boda no estaba
jamás rellena de guata, sino de miel°.

    Ya se habían casado todas las niñas y en la casa quedaba sólo la
más joven cuando el doctor hizo a la tía la visita mensual
acompañado de su hijo que acababa de regresar de sus estudios de
medicina en el norte. El joven levantó el volante de la falda
almidonada y se quedó mirando aquella inmensa vejiga° abotagada°
que manaba° una esperma° perfumada por la punta de sus escamas°
verdes. Sacó su estetoscopio y la auscultó° cuidadosamente. La tía
pensó que auscultaba la respiración de la chágara para verificar si
todavía estaba viva, y cogiéndole la mano con cariño se la puso
sobre un lugar determinado para que palpara° el movimiento
constante de las antenas. El joven dejó caer la falda y miró
fijamente al padre. «Usted hubiese podido haber curado esto en sus
comienzos», le dijo. «Es cierto», contestó el padre, «pero yo sólo
quería que vinieras a ver la chágara que te había pagado los estudios
durante veinte años».

    En adelante fue el joven médico quien visitó mensualmente a la
tía vieja. Era evidente su interés por la menor y la tía pudo
comenzar su última muñeca con amplia anticipación. Se presentaba
siempre con el cuello almidonado, los zapatos brillantes y el
ostentoso alfiler de corbata° oriental del que no tiene donde caerse
muerto°. Luego de examinar a la tía se sentaba en la sala
recostando° su silueta de papel dentro de un marco° ovalado, a la
vez que le entregaba a la menor el mismo ramo de siemprevivas°
moradas. Ella le ofrecía galletitas de jengibre° y cogía el ramo
quisquillosamente° con la punta de los dedos como quien coge el
estómago de un erizo° vuelto al revés. Decidió casarse con él
porque le intrigaba su perfil° dormido, y porque ya tenía ganas de
saber cómo era por dentro la carne de delfín°.

    El día de la boda la menor se sorprendió al coger la muñeca por
la cintura y encontrarla tibia°, pero lo olvidó en seguida, asombrada
ante su excelencia artística. Las manos y la cara estaban
confeccionadas con delicadísima porcelana de Mikado. Reconoció
en la sonrisa entreabierta y un poco triste la colección completa de
sus dientes de leche. Había, además, otro detalle particular: la tía

---

Glosario (márgenes):

- 110 — stairs
- suitcase / checkered cardboard
- waist
- buckskin
- ruffled bloomers
- 115 — curdled
- honey
- 120
- blister / swollen
- flowed with / sperm / scales
- 125 — examined
- touch, feel
- 130
- 135
- tie pin
- muy pobre
- 140 — leaning / frame
- forget-me-nots
- ginger
- con cuidado
- porcupine
- 145 — profile
- dolphin
- warm
- 150

había incrustado° en el fondo de las pupilas de los ojos sus dormilonas° de brillantes.

embedded
stud earrings

El joven médico se la llevó a vivir al pueblo, a una casa encuadrada dentro de un bloque de cemento. La obligaba todos los días a sentarse en el balcón, para que los que pasaban por la calle supiesen que él se había casado en sociedad. Inmóvil dentro de su cubo de calor, la menor comenzó a sospechar que su marido no sólo tenía el perfil de silueta de papel sino también el alma. Confirmó sus sospechas al poco tiempo. Un día él le sacó los ojos a la muñeca con la punta del bisturí° y los empeñó° por un lujoso reloj de cebolla con una larga leontina°. Desde entonces la muñeca siguió sentada sobre la cola del piano, pero con los ojos bajos.

scalpel / pawned
watch chain

A los pocos meses el joven médico notó la ausencia de la muñeca y le preguntó a la menor qué había hecho con ella. Una cofradía° de señoras piadosas° le había ofrecido una buena suma por la cara y las manos de porcelana para hacerle un retablo° a la Verónica° en la próxima procesión de Cuaresma°. La menor le contestó que las hormigas° habían descubierto por fin que la muñeca estaba rellena de miel y en una sola noche se la habían devorado. «Como las manos y la cara eran de porcelana de Mikado», dijo, «seguramente las hormigas las creyeron hechas de azúcar, y en este preciso momento deben de estar quebrándose° los dientes, royendo° con furia dedos y párpados en alguna cueva subterránea». Esa noche el médico cavó toda la tierra alrededor de la casa sin encontrar nada.

organización / religiosas
altarpiece
Santa Verónica / Lent / ants
breaking
comiendo

Pasaron los años y el médico se hizo millonario. Se había quedado con toda la clientela del pueblo, a quienes no les importaba pagar honorarios exorbitantes para poder ver de cerca a un miembro legítimo de la extinta aristocracia cañera. La menor seguía sentada en el balcón, inmóvil dentro de sus gasas y encajes, siempre con los ojos bajos. Cuando los pacientes de su marido, colgados de collares°, plumachos° y bastones°, se acomodaban cerca de ella removiendo los rollos de sus carnes satisfechas con un alboroto° de monedas, percibían a su alrededor un perfume particular que les hacía recordar involuntariamente la lenta supuración de una guanábana. Entonces les entraban a todos unas ganas irresistibles de restregarse° las manos como si fueran patas°.

necklaces / feathers / canes
noise
scrub, rub / piernas de animales

Una sola cosa perturbaba la felicidad del médico. Notaba que mientras él se iba poniendo viejo, la menor guardaba la misma piel aporcelanada y dura que tenía cuando la iba a visitar a la casa del cañaveral. Una noche decidió entrar en su habitación para observarla durmiendo. Notó que su pecho° no se movía. Colocó delicadamente el estetoscopio sobre su corazón y oyó un lejano

chest

rumor de agua. Entonces la muñeca levantó los párpados° y por las   eyelids
cuencas° vacías de los ojos comenzaron a salir las antenas   cavities
furibundas° de las chágaras.   furiosas

Reacción y análisis

1. Examine el momento en que la tía es mordida. ¿Qué relación hay entre este momento y los sentimientos de la tía antes de la mordida?

2. Como resultado de la llaga en la pierna, la tía rehusa ver a sus pretendientes; todos parecen aceptar esta decisión de la tía. ¿Qué nos indican estas acciones sobre los valores de la sociedad?

3. ¿Qué importancia tienen todos los detalles y todo el trabajo y esmero de la tía para hacer una muñeca? ¿Por qué le es tan importante este trabajo a la tía?

4. ¿Por qué tenía la tía que «tranquilizar a los novios» sobre el tamaño de las muñecas? ¿Qué puede significar esta necesidad de «tranquilizarlos»? ¿Por qué pueden ser estas muñecas la «Pascua de Resurrección»?

5. La tía pone los ojos de las muñecas en el río para que ellos «reconozcan las chágaras». ¿Por qué es necesario poder «reconocerlas»?

6. ¿Qué importancia tiene que las muñecas de matrimonio «pierdan la transparencia»? ¿Qué relación hay entre esta «pérdida de transparencia» y el efecto del matrimonio en la mujer?

7. Las muñecas de novia de las sobrinas están rellenas de miel. ¿Qué connotaciones tiene la miel? ¿Qué relación hay entre estas muñecas rellenas de miel y la típica «luna de miel» de los recién casados? ¿Qué puede simbolizar la posibilidad de que la última muñeca haya sido devorada por las hormigas?

8. El médico joven expresa sorpresa al descubrir que su padre podría haber curado a la tía. ¿Qué aprende el joven de esta experiencia? ¿Qué nos indica esto de la actitud de estos dos hombres hacia las mujeres?

9. Aprovechándose de que el pueblo está dispuesto a pagar dinero «sólo por verla a la sobrina», el médico joven gana popularidad y riqueza. ¿Qué visión nos presenta la autora del pueblo y su actitud hacia la clase social?

10. ¿Qué importancia tiene la juventud eterna de la sobrina?

11. Ninguna mujer en el cuento tiene nombre ni identidad afuera de su papel en la familia. ¿Por qué? ¿Qué nos quiere indicar Ferré sobre el papel femenino?

12. Examine la sensualidad de dos de las descripciones del cuento. Considere los olores, los sonidos, lo táctil, lo visual y los sabores. ¿Qué temas ayudan a desarrollar estos elementos en cada descripción?

13. Hay una atmósfera de putrefacción o decaimiento a través del cuento. Examine esta atmósfera y su relación con la visión de la sociedad que nos ofrece Ferré.

14. Analice las imágenes de encierro, parálisis, repetición y estancamiento. ¿Cómo contribuyen al retrato de la sociedad que nos ofrece Ferré?

15. En la «Selección autobiográfica», Ferré enumera las debilidades de la tía: «su pasividad, su conformidad, su terrible resignación». ¿Cómo se manifiestan estas debilidades en el cuento? ¿Hasta qué punto puede superarlas la tía?

16. Se representa a la tía como la diosa de la venganza. Examine los aspectos rituales y míticos de sus acciones y motivaciones. ¿Cómo la tratan los demás? ¿Qué sentimientos le transmite a su sobrina a través de la muñeca?

17. La sociedad de este cuento padece de corrupción e hipocresía. Considere estos elementos entre otros: los médicos que no curan, el público que juzga por las apariencias, la avaricia y el dominio sobre los otros.

18. Examine el cuento en términos de estos opuestos: la felicidad y la tristeza, el amor y el odio, la vida y la muerte, el bien y el mal, el pasado y el presente, la realización y la pérdida de identidad. ¿Qué mensaje nos transmite Ferré a través de estos opuestos?

19. Compare el principio y el final del cuento. ¿Qué relación hay entre los dos? ¿Qué importancia tiene que al principio una chágara muerde a la tía y al final una chágara se prepara a atacar al médico?

20. Se mezclan lo ordinario y lo extraordinario en el cuento. ¿Qué efecto tiene esta combinación? ¿Qué intención puede tener Ferré al narrar el cuento sobre una chágara, una criatura imaginaria?

Después de leer

A. Acusaciones y justificaciones
Divídanse en grupos de dos, tres o cuatro estudiantes según la situación y el número de estudiantes en la clase. Cada estudiante debe adoptar uno de los papeles. Después de diez minutos, cada grupo actuará su situación delante de la clase.

1. El médico viejo recibe una citación para justificar sus acciones ante el tribunal médico de Puerto Rico. ¿De qué lo acusan? ¿Cómo se justifica él?

2. Un grupo feminista secuestra al médico joven para obligarlo a enfrentarse a sus acciones y las consecuencias de éstas. ¿De qué lo acusan? ¿Cómo se justifica él? El mismo grupo feminista se encuentra con la sobrina. ¿De qué la acusan? ¿Cómo se justifica ella?

3. Hay un juicio donde la policía culpa a la tía de planear el ataque al médico. ¿Por qué la acusan? ¿Cómo se justifica ella?

B. Correspondencia y creación

1. Para criticar al pueblo donde ocurre la historia, Ud. escribe una carta al periódico de este pueblo.

2. Va a haber una junta de mujeres en el pueblo de la historia. Ya que Ud. está encargado/a de la publicidad de esta junta, Ud. decide usar el ejemplo de «La muñeca menor». ¿Qué incluye en la publicidad?

3. Invente la escena inmediatamente después de la escena final de «La muñeca menor». ¿Qué hace la chágara? ¿Cómo reaccionan la tía, el esposo y la sobrina?

C. Análisis literario

1. El símbolo de la chágara tiene una doble función: la de reprimir a las mujeres y la de castigar a los hombres. Examine los ejemplos donde se menciona la chágara en el cuento. ¿Qué mensaje nos transmite la autora a través del símbolo de esta criatura imaginaria?

2. Examine la metáfora de la muñeca y la situación de la mujer en la sociedad descrita en el cuento. ¿Cómo es la vida de la mujer? ¿Sugiere Ferré alguna solución?

3. Ferré presenta el papel femenino y el masculino a través de dos generaciones. Examine estos papeles en cada generación. ¿Hay diferencias entre las dos generaciones? ¿Qué futuro se puede esperar?

4. Analice el retrato de la sociedad puertorriqueña que presenta Ferré. ¿Qué actitudes demuestra esta sociedad hacia las mujeres? ¿Qué importancia tienen la clase social y el dinero?

5. En este cuento se presentan muchos símbolos como «la muñeca», «la chágara», «la miel», «el río», «la llaga», etc. Examine estos símbolos y analice la relación entre éstos y los temas del cuento.

Conexiones

A. Contrastes y exploraciones

Las selecciones de Padilla, Ocampo, García Márquez y Ferré comparten muchos temas. Las siguientes preguntas presentan la oportunidad para escribir ensayos de comparación y contraste de estos temas.

1. Ocampo, García Márquez y Ferré usan situaciones llenas de fantasía para presentar una crítica de la sociedad. ¿Qué valores, instituciones o costumbres critican? ¿Cómo es que los individuos representan ciertos valores de la sociedad? ¿En qué sentido son individuos? ¿Qué recursos literarios usan los autores para presentar la crítica?

2. El egoísmo es un tema que aparece en los tres cuentos. Examine la presentación de este tema en cada obra. ¿Cómo se relaciona el egoísmo al tema de la soledad? ¿Es un problema del individuo o de toda la sociedad? ¿Es que el egoísmo de los personajes interfiere con su capacidad para comunicarse con los demás?

3. Examine, compare y contraste la relación de los esposos en «La casa de azúcar» y en «La muñeca menor».

4. La exageración es un recurso típico del realismo mágico. Presente ejemplos de la exageración en cada obra y explique la motivación del autor en cada ejemplo.

5. Examine los símbolos en «La casa de azúcar», «Un señor muy viejo con unas alas enormes» y «La muñeca menor». ¿Qué representan? ¿Qué relación hay entre éstos y los temas de cada cuento?

6. La chágara de «La muñeca menor» y el ángel de «Un señor muy viejo con unas alas enormes» son criaturas imaginarias. Examine cómo estos autores las usan para ilustrar su visión de la sociedad.

7. En los tres cuentos, Ocampo, García Márquez y Ferré hacen la pregunta, «¿Qué es la realidad?». ¿Cómo la contestan los personajes en los tres cuentos? ¿Qué visión de la realidad presentan los tres autores?

B. Visiones cinematográficas

Hay muchas películas y documentales que presentan la mezcla de la realidad y la fantasía. Aquí aparecen algunos de éstos. Compare y analice la presentación de ciertos temas como la crítica de la sociedad y las acciones del individuo en medio de un ambiente irreal.

1. *Como agua para chocolate* (1992), basada en la novela de la mexicana Laura Esquivel y dirigida por Alfonso Arau, presenta la

comida como un instrumento del amor. Es la historia de Tita y la crisis entre su amor y las tradiciones familiares. Con el estilo de realismo mágico, la película presenta cómo Tita comunica sus emociones a través de la comida.

2. *La magia de lo real* (1981), presentada por Films for the Humanities, explora el mundo de Gabriel García Márquez y sus obras donde los eventos históricos y ficticios se mezclan.

3. *Milagro en Roma* (1988), dirigida por Lisandro Duque Naranjo, está basada en un cuento de García Márquez. Presenta la historia de Margarito Duarte y su hija, la cual, siete años después de su muerte, parece vivir. Los temas del amor, la magia, el papel de la Iglesia, la avaricia de la gente y las creencias de individuos aparecen en esta película.

4. *Conversations with Latin American Writers—García Márquez* es otra película de Films for the Humanities. Aquí el autor describe su vida y su obra, explicando por qué escribe. También analiza la novela *El amor en los tiempos del cólera* donde compara las situaciones ficticias con las verdaderas de su niñez.

5. *La Tigra* (1990), dirigida por el ecuatoriano Camilo Luzuriaga, está basada en una novela de José de la Cuadro. A través del realismo mágico, la película presenta el mito de «la tigra» y la identidad femenina en una cultura de machismo.

6. *A Very Old Man with Enormous Wings* (1988), dirigida por Fernando Birri, presenta el cuento de este nombre. Ojo—esta película tiene contenido para adultos.

7. *Milagro Beanfield War* (1988), dirigida por Robert Redford, presenta una fábula mágica de New Mexico donde un granjero se enfrenta a la cultura regional.

8. *Women of Hope: Latinas abriendo caminos* (1996), una película de Films for the Humanities, presenta la historia de doce mujeres latinas que han forjado nuevos caminos. Dos de ellas son puertorriqueñas: Miriam Colón, actriz y fundadora de Puerto Rican Traveling Theater, y Nydia Velázquez, la primera congresista puertorriqueña.

C. Investigaciones

Los siguientes temas presentan áreas de investigación que tienen relación a los temas en las selecciones literarias. Relacione su investigación a una de las selecciones estudiadas.

1. En «La casa de azúcar», el personaje Violeta estaba en un sanatorio. ¿Qué síntomas sufría? Investigue algún tipo de enfermedad mental y sus síntomas. ¿Cuáles son las causas y los

tratamientos para el/la que sufre? ¿Cree usted que Violeta haya estado enferma? ¿Cuál es el papel de los sanatorios en nuestra sociedad?

2. Silvina Ocampo pertenece a una generación argentina de escritores famosos; muchos de éstos incluyeron sus obras en la revista *El Sur*. Investigue la vida y las obras de varios de estos escritores, como Adolfo Bioy Casares, el esposo de Silvina Ocampo, su hermana Victoria Ocampo o Jorge Luis Borges.

3. Lea otro relato del libro *La furia y otros cuentos* de Silvina Ocampo y compárelo con «La casa de azúcar».

4. Investigue el papel de la Iglesia en Latinoamérica a través de los años. ¿Cómo ha cambiado en los años recientes? ¿Qué diferentes puntos de vista existen sobre la participación de la Iglesia en asuntos políticos?

5. En el cuento «Un señor muy viejo con unas alas enormes», García Márquez presenta la crueldad de un pueblo ante un evento extraordinario. Sin embargo, en el cuento «El ahogado más hermoso del mundo», otro cuento de la misma colección, el autor presenta la generosidad de un pueblo ante otro evento extraordinario. Lea este cuento y haga una comparación entre los dos cuentos y los mensajes del autor.

6. Ferré comenta que su cuento «tiene lugar en una hacienda y hasta hace cuarenta o cincuenta años Puerto Rico subsistía a base del azúcar». Investigue la economía y la sociedad de Puerto Rico de hace 50 años. ¿Cómo se refleja en «La muñeca menor»?

Vocabulario

This vocabulary includes contextual meanings of words and idioms used in the text except cognates, diminutives, superlatives and individual verb forms. If a verb has a stem change, the change is indicated in parentheses following the infinitive. For example, *advertir (ie, i)*. Gender is indicated for all nouns by the use of *m* for masculine and *f* for feminine.

A

a cuestas   as a burden
a deshora   unexpectedly
a lo mejor   maybe, probably
a pedradas   by stoning
a pesar de   in spite of
a rayas   striped
a salvo   safe from harm, without injury
a tientas   blindly
abatido   knocked down; humbled
abertura (*f.*)   opening, hole
abnegado   self-denying, unselfish
abolladura (*f.*)   dent, bump
abono (*m.*)   payment
abordaje (*m.*)   boarding
abordar   to approach
abotagado   bloated, swollen
abrasar   to burn; to parch
abrazo (*m.*)   hug, embrace
absorto   amazed
abyecto   degraded; wretched; servile
acabar con   to put an end to
acantilado (*m.*)   cliff
acaparador (*m.*)   profiteer
acariciar   to caress
acarrear   to cart; to transport
acaso   perhaps
acera (*f.*)   sidewalk
acercarse a   to approach
acero (*m.*)   steel
acertar (ie)   to hit (the mark); to hit upon; to guess right
achicharrarse   to fry; to get burnt
aconsejar   to advise
acontecimiento (*m*).   event, happening

acoplado   in unison
acostado   reclining; in bed
acostumbrarse   to get accustomed
acrisolado   cleansed, purified
actas (*f.*)   minutes of a meeting, documents
actuación (*f.*)   performance
acudir a   to go or come (to the rescue); to turn to for help; to answer a call
adelanto (*m.*)   advance
adelfa (*f.*)   rosebay, oleander
adelgazar   to lose weight; to become thin
ademán (*m.*)   gesture
adivinar   to guess
adquirir (ie)   to acquire
adscribirse   to be appointed
adular   to flatter
advertir (ie, i)   to notice; to warn
afán (*m.*)   effort, hard work
afanarse   to toil
afiche (*m.*)   poster
aflojarse   to slacken; to loosen
agacharse   to stoop; to crouch; to cower
agarrar   to seize, to grasp
agazapado   crouching, squatting
agobiar   to overwhelm
agradar   to please; to be agreeable
agregar   to add
agrietado   cracked
agrio   sour; disagreeable
aguacero (*m.*)   shower; downpour
aguantar   to endure, to tolerate, to withstand
aguardar   to wait (for)

aguarse   to get watery; to become diluted
águila (*f.*)   eagle
aguinaldo (*m.*)   Christmas or New Year's gift
aguja (*f.*)   needle
agujereado   pierced, perforated
agujero (*m.*)   hole; gully
ahogar   to drown; to choke, to smother
ahorrar   to save (money)
airado   angry
aislamiento (*m.*)   isolation
ajeno   another's; alien
ajuar (*m.*)   trousseau
al & infinitivo   upon -ing
al alba   at dawn
ala (*f.*)   wing; outline (figurative)
alabar   to praise
alacena (*f.*)   cupboard, closet; booth, stall
alambrada (*f.*)   wire netting, wire fence
alambrado   fenced with wire
alambrista (*m.*)   high-wire artist
albedrío (*m.*)   free will
alboroto (*m.*)   uproar
albures (*m.*)   chances; risks; puns
alcanfor (*m.*)   camphor
alcanzar   to reach; to catch up to
alcaparra (*f.*)   caper
alcoba (*f.*)   bedroom
aldabonazo (*m.*)   knock, knocking
aldea (*f.*)   village
alejado   removed; moved away from
alejarse de   to move away; to withdraw

alentar (ie)   to encourage
alfiler (*m.*)   pin, brooch
algazara (*f.*)   clamor; uproar
algodón (*m.*)   cotton
algodonoso   cottony
alguacil (*m.*)   constable; bailiff; governor
aliento (*m.*)   breath; encouragement
alivio (*m.*)   relief, aid
aljibe (*m.*)   cistern; reservoir
alma (*f.*)   soul, spirit
almidonado   starched
alojarse   to stay
alquilar   to rent; to hire
altamar (*m.*)   high seas
alterar   to upset
alternativa (*f.*)   alternative, option; ceremony of becoming a full matador (bullfighter)
altillo (*m.*)   attic
altivez (*f.*)   arrogance
alza (*f.*)   rise
alzada (*f.*)   height; appeal
amanecer   to dawn, to begin to get light
amapola (*f.*)   poppy
amar   to love
amargo   bitter; painful
amarrado   fastened; tied down
amarrar   to tie, to fasten
amasar   to knead, to mould; to arrange matters for some purpose
ambulante   travelling
amenaza (*f.*)   threat
amenazar   to threaten
amistad (*f.*)   friendship
amontonar   to gather
amortiguar   to mortify, to deaden; to temper, to calm
amparar   to protect; to shelter
anaconda (*f.*)   anaconda (a large boa)
anaquel (*m.*)   shelf; burial vault
ancho   broad, wide
anclar   to anchor
andrajoso   in tatters
anegado   flooded, inundated
ánfora (*f.*)   two-handled jar
anillo (*m.*)   ring
animar   to animate; to encourage

anochecido   grown dark
anonadar   to annihilate; to depress; to humiliate
ansia (*f.*)   anxiety; anguish
antaño   last year; long ago
antepasado/a (*m./f.*)   ancestor
antifaz (*m.*)   veil covering the face; mask
anudarse   to join to; to get into a knot
añadir   to add
apacentar (ie)   to satisfy
apagar   to put out, to quench
apagarse   to go out (lights)
aparador (*m.*)   shop window
aparato (*m.*)   apparatus; machine
aparcero (*m.*)   sharecropper
aparecer   to appear, to come into view
apariencia (*f.*)   appearance, aspect
aparte (*m.*)   aside (in theatrical usage)
apearse   to alight; to get down
apellido (*m.*)   last name
apestado   infected; stinking
aplastar   to crush
apodo (*m.*)   nickname
apostado   something which has been staked or betted
apoyar   to support, to stand by
apoyo (*m.*)   support
apresuradamente   quickly
apretado   tight; difficult, arduous
apretar (ie)   to clench; to compress
apretujado   crowded, packed
aprovecharse de   to avail oneself of, to take advantage of
apuntar   to aim; to point out; to mark down
apurar   to hurry; to clear up; to verify
arado   plowed
araña (*f.*)   spider
arbusto (*m.*)   shrub
arcilla (*f.*)   clay
arco iris (*m.*)   rainbow
arcón (*m.*)   large chest, bin
arder   to blaze, to burn
arena (*f.*)   sand
arisco   surly; shy; harsh, rough

armario (*m.*)   cabinet; wardrobe, closet
arraigar   to root
artificioso   artful
arrancar   to pull out, to tear out; to start (motor); to pluck
arranque (*m.*)   extirpation, outburst
arrastrar   to drag; to haul
arreglar   to guide; to arrange, to adjust
arremolinado   swirling
arrepentimiento (*m.*)   repentance, regret
arrepentirse de (ie)   to repent, to regret
arribar   to arrive
arriesgado   risky, dangerous; risked
arriesgar   to risk
arrimar   to bring close, to place near; to approach, to draw near
arrinconado   distant, out of the way; forgotten
arrodillarse   to kneel
arrojar   to fling, to hurl
arroyo (*m.*)   rivulet, small river
arrugado   wrinkled
arrullar   to rock to sleep
asa (*f.*)   handle
asco (*m.*)   nausea; loathsomeness
asemejarse a   to resemble
asentar (ie)   to place; to go well with (with indir. obj. pron.)
asesinar   to assassinate
asidero (*m.*)   support; handle
asiento (*m.*)   chair; seat
asignatura (*f.*)   subject of study
asno (*m.*)   ass, donkey
asoleado   sunburnt
asomado   visible; appearing; leaning out
asombrar   to amaze, to astonish
aspereza (*f.*)   roughness
áspero   rough
asustarse   to become frightened
atado   tied up
atardecer (*m.*)   dusk
atascado   stuck
ataúd (*m.*)   coffin
atender (ie)   to attend to; to answer (the phone)

atender (ie) a   to help
aterrado   terrified
aterrizar   to land from the air
atesorar   to hoard, to store up
atiborrar   to fill, to stuff
atrasarse   to be delayed
atravesar (ie)   to go through
atreverse   to dare
atropellado   precipitous
atroz   atrocious, awful
aturdido   dazed
aumentar   to increase
auscultar   to listen with a
   stethoscope
auxilio (*m.*)   aid, help
avergonzado   ashamed
avergonzarse   to be ashamed
averiguar   to find out
ávido   eager
avisar   to inform
azar (*m.*)   chance, fate
azaroso   risky
azorado   startling
azotar   to whip
azufre (*m.*)   brimstone

B

baboso (*m.*)   fool
bajar   to go down; to take or carry
   down
bala (*f.*)   bullet
baldado   paralyzed, crippled
balsa (*f.*)   raft
banca (*f.*)   bench
banco (*m.*)   bank; bench
bandeja (*f.*)   tray
bandera (*f.*)   flag, banner
bando (*m.*)   decree, proclamation;
   party, faction
baranda (*f.*)   railing
barato   cheap
barbilla (*f.*)   point of the chin
bardo (*m.*)   bard
barranca (*f.*)   ravine, gorge
barrenar   to drill
barrer   to sweep; to sweep away
barrido   swept
barrilete (*m.*)   kite
barrio (*m.*)   city district; suburb
barro (*m.*)   mud; clay
bastar   to suffice, to be enough

bastón (*m.*)   cane
bata (*f.*)   dressing gown
batido   beaten
batirse   to fight
belfo (*m.*)   lip (animals)
bendecir   to bless
bendición (*f.*)   benediction,
   blessing
berenjena (*f.*)   eggplant
besar   to kiss
bicho (*m.*)   insect
bieldo (*m.*)   winnowing fork; rake
bien (*m.*)   welfare, good
bienestar (*m.*)   well-being;
   happiness
bisabuela (*f.*)   great grandmother
bisabuelo (*m.*)   great grandfather
bisturí (*m.*)   scalpel
blando   soft; bland; mild,
   pleasing
blanquear   to whiten
bobalicón (*m.*)   nitwit
boca (*f.*)   mouth
boca abajo   face down
bocado (*m.*)   mouthful
boda (*f.*)   wedding, marriage
bola (*f.*)   bunch, noisy group
bolero (*m.*)   popular Spanish dance
   and song
bolsillo (*m.*)   pocket
bordado   embroidered
bordar   to embroider
borrachín (*m.*)   drunk
borrar   to erase; to cross out
borrarse   to become blurred
borroneado   faded
bosque (*m.*)   wood, forest
botón (*m.*)   button
bracero (*m.*)   day laborer
brazado (*m.*)   armful
brazalete (*m.*)   bracelet
brazo (*m.*)   arm
brida (*f.*)   bridle
brillante (*m.*)   diamond
brillar   to shine
brillo (*m.*)   luster, sparkle, shine
brincar   to leap, to jump
brincotear   to leap
brío (*m.*)   determination
brizna (*f.*)   filament, string;
   fragment

broma (*f.*)   prank, joke
brotar   to spring up
bruja (*f.*)   witch
bruma (*f.*)   mist
buey (*m.*)   ox, bullock
buitre (*m.*)   vulture
bullir   to boil, to bubble up; to
   move, to stir
bulto (*m.*)   bundle, shape
burel (*m.*)   bull
burla (*f.*)   ridicule; trick, jest,
   practical joke
búsqueda (*f.*)   search
butaca (*f.*)   armchair
butacón (*m.*)   reading chair
buzón (*m.*)   letter-box, mailbox

C

caballerosidad (*f.*)
   gentlemanliness
cabello (*m.*)   hair
cabizbajo   crestfallen, downcast
caca (*f.*)   excrement
cacharrito (*m.*)   little pot
cadena (*f.*)   chain
cadera (*f.*)   hip
caja (*f.*)   box
cajón (*m.*)   large box, chest
cal (*f.*)   lime
calado   soaked; perforated
calados   lacework
calentura (*f.*)   fever
callado   quiet; silent; reticent
callejón (*m.*)   alley
caluroso   warm, hot
calzar   to put on gloves; to put on
   shoes
calzones (*m.*)   panties
camarón (*m.*)   shrimp
camión (*m.*)   truck; bus (Mexico)
camiseta (*f.*)   undershirt
campana (*f.*)   bell
campesino (*m.*)   country person;
   peasant
campo (*m.*)   countryside
camposanto (*m.*)   burial ground,
   cemetery
canana (*f.*)   cartridge belt
canasta (*f.*)   basket
canción de cuna (*f.*)   lullaby
canela (*f.*)   cinnamon

cangrejo (*m.*)   crab; cray fish

cansancio (*m.*)   weariness, fatigue

cantar   to sing

cantina (*f.*)   bar, saloon

cantinela (*f.*)   chant

canturrear   to hum, to sing softly

cánula (*f.*)   stem

caña (*f.*)   sugar cane

cañaveral (*m.*)   sugar plantation

cañón (*m.*)   cannon; gun; cylindrical tube of pipe; quill (feather stem and pen)

capacete (*m.*)   hood

capataz (*m.*)   overseer, foreman

capaz   capable; capacious, ample

capota (*f.*)   hood; car hood

capote (*m.*)   collarless cape

capricho (*m.*)   whim

caracolear   to prance about

caravana (*f.*)   curtsy

carcajada (*f.*)   guffaw, roar of laughter

cardo (*m.*)   thistle

carecer   to lack

cargado   loaded, full

cargar   to burden, to load; to carry

cargar con   to bear, to carry (a burden)

carne (*f.*)   meat; flesh

carnero (*m.*)   lamb

carnicero (*m.*)   butcher

carrete (*m.*)   spool

carretera (*f.*)   road

cartón (*m.*)   cardboard

casa de cambio (*f.*)   bureau of exchange

casarse con   to marry

cáscara (*f.*)   shell, peel

casta (*f.*)   race; class; quality, kind

castañetear   to chatter

castaño (*m.*)   chestnut tree

castigo (*m.*)   punishment

cautivo   captive, prisoner

cavar   to dig

cayado (*m.*)   stick

cazuela (*f.*)   casserole

cebolla (*f.*)   onion

cedro (*m.*)   cedar

cegar (ie)   to make or become blind

celda (*f.*)   jail cell

celo (*m.*)   zeal; envy

celos (*m.*)   jealousy; suspicion

cenefa (*f.*)   border; band, hem on a piece of cloth

ceniza (*f.*)   ash

ceñido   contracted, reduced, confined

cera (*f.*)   wax; wax candles

cerca (*f.*)   enclosure; hedge; fence

ceremonioso   meticulous

cerrado   narrow-minded; closed

cerradura (*f.*)   closure; lock

cesar de   to stop (doing something)

chacal (*m.*)   jackal

chal (*m.*)   shawl

chaleco (*m.*)   waistcoat, vest

chalupa (*f.*)   small maize cake

charco (*m.*)   puddle

charol (*m.*)   lacquer; patent leather

charola (*f.*)   tray

chicano (*m.*)   Mexican-American

chiflado   mentally unstable, crazy

chillar   to bawl; to yell

chistoso   humorous, witty

chorro (*m.*)   stream

choza (*f.*)   hovel, hut, shanty

cicatriz (*f.*)   scar

cielo (*m.*)   sky; heaven

ciénaga (*f.*)   swamp

cifra (*f.*)   number

cima (*f.*)   summit, top; height

cintura (*f.*)   waist

cirio (*m.*)   candle

cirujano (*m.*)   surgeon

cita (*f.*)   appointment; citation, quotation

ciudadano (*m.*)   citizen

claro (*m.*)   clearing; light in color

clavar   to nail; to fasten; to force in

clave (*f.*)   key, code; keyboard

clavel (*m.*)   carnation

clavo (*m.*)   nail

cobarde (*m./f.*)   coward

cobertizo (*m.*)   outhouse

cobija (*f.*)   blanket

cobijar   to cover; to protect; to shelter, to lodge

cobrar   to charge money (for a service or article); to recover; to collect

cobre (*m.*)   copper; brass kitchen utensils

cocido   boiled, baked, cooked; (*m.*) Spanish stew

código (*m.*)   code of laws

codo (*m.*)   elbow

cofradía (*f.*)   sisterhood; brotherhood; guild

cofre (*m.*)   trunk, chest; jewel box

cogido   caught, held; gathered

cola (*f.*)   tail; line (of people)

colarse (ue)   to sneak in

colcha (*f.*)   coverlet, quilt

colchón (*m.*)   mattress

cólera (*f.*)   anger

cólera (*m.*)   cholera

coletazo (*m.*)   unexpected lashing

colgarse (ue)   to hang oneself

colina (*f.*)   hill

colmado   abundant, filled, heaped

colmo (*m.*)   finishing, summit; extreme; **(para) colmo** to top it off

colonia (*f.*)   city district; colony

comedido   obliging

cómoda (*f.*)   dresser

compartir   to share

comportamiento (*m.*)   conduct, behavior

comportarse   to behave

comprobar (ue)   to verify; to check; to prove

comprometer   to involve (someone in an undertaking); to embarrass, to put in an awkward position

comprometerse   to promise, to bind oneself; to become engaged

comprometido   involved, dedicated; engaged

compromiso (*m.*)   obligation, commitment; engagement

con respecto a   with respect to, with regard to

concha (*f.*)   shell

concordar (ue)   to agree; to be in harmony

concurso (*m.*)   contest

condenar   to condemn

conejo (*m.*)   rabbit

confiar   to trust

confundido   confused

congoja (*f.*)   anguish

conmovedor   touching, moving

conmover (ue)   to move, to touch, to affect (with emotion)

consejo (*m.*)   advice, counsel

constar   to be on record; to be evident

contar (ue)   to tell (a story); to count

contratar   to hire

contratista (*m./f.*)   contractor

contundente   impressive

convenio (*m.*)   agreement; compromise

convenir (ie, i)   to agree to; to be good for

convidar   to invite

convivir   to live together with others

corbata (*f.*)   necktie

cordón (*m.*)   cord; rope

cordura (*f.*)   judgment, good sense; sanity

corneta (*f.*)   bugle, cornet

corona (*f.*)   crown

corpiño (*m.*)   corset-cover; waistcoat

correa (*f.*)   leather strap

corrido (*m.*)   popular ballad

cosecha (*f.*)   harvest

coser ajeno   to take in sewing

costado (*m.*)   side

costal (*m.*)   sack

costarle (ue) un ojo de la cara   to cost one an arm and a leg

costumbre (*f.*)   custom, habit

cotidiano   daily, everyday

cráneo (*m.*)   skull

crecer   to grow

crepuscular   twilight

criada (*f.*)   maid

criado (*m.*)   servant

criar   to bring up, to raise, to educate

crin (*f.*)   mane

criollo (*m.*)   person of pure Spanish blood born in the Americas

cruce (*m.*)   crossing; crossroads

crujido (*m.*)   rustling; creak, creaking

cuadra (*f.*)   hall; stable; city block; hut

cuadrilla (*f.*)   group, troupe; quadrille, square dance

cuadro (*m.*)   square; picture; frame; description, scene

cuajar   to jell

cualesquiera   whatever (with pl. n.)

cuchilla (*f.*)   knife

cuchillo (*m.*)   knife

cuello (*m.*)   neck

cuenta (*f.*)   account; bill; note

cuento (*m.*) de hadas   fairy tale

cuentón   gossipy; (*m.*) storyteller

cuero (*m.*)   leather

cuidadoso   solicitous

culpa (*f.*)   fault; sin; guilt; blame

culpabilidad (*f.*)   guilt

cumplir   to reach (an age); to fulfill

cuna (*f.*)   cradle

cura (*m.*)   priest; (*f.*) cure

curarse   to be cured; to get drunk

cursi   vulgar, shoddy

cuyo   whose

D

dar a luz   to give birth

dar con   to find

darse cuenta de   to realize

dato (*m.*)   fact; (*pl.*) data; information

de ahora en adelante   from now on

de nuevo   again

de remate   to top it off

de súbito   suddenly

de vez en cuando   from time to time, now and again

deambular   to wander

deber (*m.*)   duty, obligation

debilidad (*f.*)   weakness

delantal (*m.*)   apron

delante de   in front of

delatado   betrayed

deleitarse   to delight, to take pleasure

delfín (*m.*)   dolphin

demencial   demented

demolido   torn

demorar   to delay

departamento (*m.*)   department; apartment

derecho (*m.*)   right, privilege; duty, fee

derramar   to spill

derribar   to tear down

derrotar   to dissipate; to break, to tear; to defeat

desabridamente   tastelessly; harshly

desafiante   defiant, challenging

desafío (*m.*)   defiance; challenge

desahogo (*m.*)   ease; freedom; relief; release of emotions

desaparecer   to disappear

desarrollar   to develop

desarrollo (*m.*)   development

desasosegado   uneasy

desatender (ie)   to ignore

desazonado   annoyed

desbaratado   destroyed

desbaratar   to destroy

desbordado   overflowing

descalzo   barefoot, shoeless

descaradamente   shamelessly

descarga (*f.*)   discharge

descargar   to unload

descaro (*m.*)   nerve

desconfiar   to distrust; to lose confidence

descosido   unstitched

descuidado   careless, negligent; unaware

desde luego   of course

desdecirse   to change one's mind

desdén (*m.*)   disdain

desempeñar   to recover (a pledge); to carry out (one's obligations)

desempeñar un papel   to play a part

desencadenar   to unleash; to let loose

desenlace (*m.*)   dénouement; conclusion, end

desenterrar (ie)   to disinter, to unearth

desesperación (*f.*)   despair

desesperado   desperate

desesperarse   to despair; to be troubled

desfile (*m.*)   parade

desgarrado shameless; licentious

desgarrador heartbreaking; heartrending

desgracia (*f.*) misfortune

desgranar to shell; to thrash, thresh

deshacerse de to get rid of

deslizar to slip, to slide; to act or speak carelessly

deslumbrar to dazzle

desmayarse to faint

desnudez (*f.*) nakedness

desobligar to release from obligation; to offend

desollado barefaced, brazen

desorden (*m.*) confusion

despacho (*m.*) study, office

despechado enraged

despectivo contemptuous

despedida (*f.*) farewell

despedir (i) to dismiss (from a job)

despedirse (i) to take leave; to say goodbye

despeinar to entangle; to disarrange the hair

despeñadero (*m.*) cliff

desperdiciar to waste

despiojarse to delouse oneself

desplegar (ie) to unfold; to put forth, to display

desplumado moulted

despotricar to rave

despreciado scorned, despised

despreciar to scorn, to despise; to reject

desprendimiento (*m.*) unfastening, loosening

destierro (*m.*) exile

desvalido helpless

desvelo (*m.*) lack of sleep; vigilance; anxiety, uneasiness

dibujar to draw, to sketch, to outline

dicha (*f.*) happiness; good luck

diestro right; expert; dexterous

dilecto loved, beloved

diligencia (*f.*) errand

diosa (*f.*) goddess

dirimir to reconcile

disculpa (*f.*) excuse

diseñar to draw; to design; to sketch

disfrazarse to masquerade; to go in disguise

disfrutar to benefit by; to enjoy

disimular to feign, to pretend; to hide

disimulo (*m.*) dissimulation

disparate (*m.*) absurdity; piece of nonsense

disparo (*m.*) shot

dispensar to dispense, to exempt; to pardon; to deal out

displicente disagreeable; aloof

disponerse a to be willing to; to get ready to

disponible available

dispositivo (*m.*) device, mechanism; gadget

doblarse to double; to give in

doble (*m.*) step in a Spanish dance; double

doler (ue) to hurt, to be painful

dolor (*m.*) pain

doncella (*f.*) maiden

dormilona (*f.*) earring

dudoso doubtful

duelo (*m.*) grief

dueño (*m.*) owner

dulce sweet; gentle, meek

dulzura (*f.*) sweetness

durar to last, to endure

durazno (*m.*) peach

dureza (*f.*) hardness, roughness

E

echar to throw; to toss; to put in or into

echar fuego to be very angry

editorial (*f.*) publishing house

efigie (*f.*) effigy, image

egregio eminent

ejército (*m.*) army

embarazada pregnant

embarazo (*m.*) pregnancy

embestir (i) to assail, to attack, to rush against

embravecido wild

embrujado bewitched

emisor (*m.*) transmitter

empacado packed

empalizada (*f.*) fence

empapado soaked, drenched

empeñado insistent

empeñar to pawn

empinar to tip

empujar to push

en tanto que while; until

en vilo suspended

en pelota naked

enagua (*f.*) skirt; petticoat

enajenar to alienate; to carry away

encaje (*m.*) lace; act of fitting

encallado stuck

encallecido hardened

encantamiento (*m.*) enchantment

encanto (*m.*) enchantment, charm

encañonado put into tubes or pipes; plaited, folded

encararse con to confront

encargado in charge

encariñarse con to become fond of

encender (ie) to kindle, to light; to inflame

encerrado shut in, confined

encerrar (ie) to lock up; to confine

encía (*f.*) gum (in the mouth)

encierro (*m.*) act of enclosing; confinement

encogido shrunken; bent

encubridor hiding, concealing

encuesta (*f.*) inquiry; poll

endecha (*f.*) dirge, doleful ditty

endurecido hardened

enfrentarse con to face; to oppose

enganche (*m.*) hook; hooking

engañar to deceive, to fool, to trick

engendrar to beget

engordar to put on weight

enjaulado caged

enjuto slender, skeletal

enloquecer to become crazed

enmarañado entangled; perplexed, involved in difficulties

enmudecer to impose silence; to be silent; to become dumb

enojar to anger, to vex; to tease

enredadera (*f.*) climbing plant; vine

enredarse to become entangled
enrollar to roll, to roll up
enroscado coiled up, curled up
ensabanar to wrap up in sheets
ensangrentado bloody
ensayo (*m.*) test; experiment; rehearsal
enseñanza (*f.*) teaching; education
ensombrecido shadowed
ensopado soaked
enterarse de to find out about, to discover
entero entire, whole; right
enterrado buried, retired (fig.)
enterrar (ie) to bury
entorno (*m.*) surroundings
entrañar to bury deep; to carry within
entreabierto ajar; half open
entregar to deliver; to hand over
entretenerse (ie) to amuse oneself; to delay oneself
entristecer to sadden
entristecerse to become sad
envejecer to make old; to age, to become old
envenenar to poison
enviado sent
enviciar to corrupt
envidiar to envy
envolver (ue) to involve; to entangle; to wrap
equipo (*m.*) equipment; sports team
equivocación (*f.*) error, mistake
erguido straight
erizo (*m.*) porcupine
errabundo wandering
errancia (*f.*) wandering
escabullir to slip
escaleras (*f.*) stairs
escama (*f.*) scale (fish); flake
escampar to clear, to stop raining
escarceo (*m.*) prance; excitement
escarcha (*f.*) frost; frosting
escarmiento (*m.*) punishment; lesson
escarnio (*m.*) taunt; ridicule
escenario (*m.*) stage

escoger to choose; to select
esconderse to hide, to go into hiding
escondite (*m.*) hiding place
escopeta (*f.*) shotgun
escotado low cut in the neck (of a dress)
escrito (*m.*) writing; manuscript
esculpir to carve; to sculpt
escupir to spit
escurrirse to slip; to drop; to slide; to slip out, to escape
esfera (*f.*) sphere
esforzado strong
esforzar (ue) to exert, to make an effort
espacioso slow; deliberate
espada (*f.*) sword
espalda (*f.*) back; shoulder
espantúa (espantada) (*f.*) sudden fright; cold feet; stampede
espantar to frighten
espanto (*m.*) fear, terror
espantoso dreadful, frightful
espejo (*m.*) mirror
espera (*f.*) waiting, expectation
espesarse to become thick, to thicken
espesura (*f.*) thickness
espiga (*f.*) grain
espina (*f.*) thorn, spine; doubt, suspicion
espinar to prick with thorns; to provoke
espinazo (*m.*) spine
espuela (*f.*) spur; incitement, stimulus
espumadera (*f.*) ladle
esquema (*m.*) scheme; outline, sketch
esquina (*f.*) corner, nook; edge
estación (*f.*) season
estacionarse to remain stationary; to park (a car)
estadística (*f.*) statistics
estallar to explode
estallido (*m.*) crack, snap; report (of a firearm); explosion
estancarse to stagnate
estante (*m.*) bookcase
estar en estado to be pregnant

estar en trance de to be on the point of; to be in the process of
estéril futile, sterile
estiércol (*m.*) manure
estirpe (*f.*) race, stock
estocada (*f.*) stab, thrust
estorbar to be a nuisance; to block
estorbo (*m.*) nuisance
estrellado starry
estremecer to shake; to cause to tremble
estremecerse to shudder
estrenar to use or do anything for the first time
estribar to rest; to be based
estrujado squeezed, crushed, mashed; wrinkled
etapa (*f.*) epoch, period; stage; station
evitar to avoid
extranjero (*m.*) foreigner
extrañar to miss
extraño strange, odd

F

fábrica (*f.*) factory
facha (*f.*) appearance, aspect, looks
(estar hecho una) facha to look terrible
faena (*f.*) task, job
falla (*f.*) fault, defect
fallar to fail; to be deficient; to break down
fango (*m.*) mud; mire
fantasma (*m.*) ghost
fastidiar to annoy, to bother; to bore
felicidad (*f.*) happiness
feria (*f.*) fair; market
festejar to entertain; to celebrate
fianza (*f.*) bond, security, guarantee
fiar to entrust; to confide; to vouch for
fichado marked
fichero (*m.*) file
fidelidad (*f.*) loyalty, faithfulness
fideo (*m.*) thin noodle, vermicelli
fiebre (*f.*) fever

fiel   loyal, faithful
fiera (*f.*)   wild beast
fijamente   fixedly
fijarse en   to notice, to pay attention to
fila (*f.*)   row, line; rank
filo (*m.*)   cutting edge
(al) fin y al cabo   at last; after all
fingir   to feign, to pretend
fino   refined, nice
flaco   skinny
flaqueza (*f.*)   weakness
flecha (*f.*)   arrow
fleco (*m.*)   fringe
foco (*m.*)   focus, focal point
fodongo   dirty
follaje (*m.*)   foliage
fondo (*m.*)   bottom; depth; background; back
forastero (*m.*)   stranger
fornido   stout; strong
fortaleza (*f.*)   fortress; strength, vigor
fosa (*f.*)   grave
fraile (*m.*)   friar
freno (*m.*)   brake; restraint
frente (*f.*)   forehead; countenance; (*m.*) front
frijol (*m.*)   bean
frotar   to rub, to scour
fuera de quicio   unhinged; furious; out of joint
fugaz   elusive, fleeting
fulgurar   to glow
furibundo   furious
fusil (*m.*)   gun
fustigar   to lash with the tongue

G

galeote (*m.*)   galley slave
gallinero (*m.*)   chicken coop
galvanizado   galvanized
gama (*f.*)   range, scale
ganador (*m.*)   winner
garfio (*m.*)   hook; gaff
garganta (*f.*)   throat; neck
gárgara (*f.*)   gargling
garraleta (*f.*)   jalopy
garrote (*m.*)   stick
gasa (*f.*)   gauze
gastado   spent; worn out, old

gasto (*m.*)   expense
gaveta (*f.*)   drawer
gavilán (*m.*)   sparrow hawk
gaviota (*f.*)   seagull
gemido (*m.*)   groan, moan
género (*m.*)   genre; kind; way
genial   brilliant
gestarse   to be born, created
gesto (*m.*)   gesture
girar   to spin
girasol (*m.*)   sunflower
gitana (*f.*)   gypsy
golondrina (*f.*)   swallow
golpe (*m.*)   blow, hit
golpear   to hit, to strike
goma de borrar (*f.*)   eraser
gorra (*f.*)   cap, bonnet
gota (*f.*)   drop
grabado   engraved; recorded
gracia (*f.*)   joke
graduado   graduated
graduado (*m.*)   graduate
grasa (*f.*)   grease
gratis   free of charge
gremio (*m.*)   guild, society, brotherhood; trade union
grieta (*f.*)   crack
gringo (*m.*)   derogatory term for North American
gritería (*f.*)   shouting
grito (*m.*)   shout, cry
grueso   thick; fat
gruta (*f.*)   cavern, cavity
guagua (*f.*)   baby (Chile)
guanábana (*f.*)   tropical fruit
guardar   to keep, to put away; to guard; to observe
guaro (*m.*)   rum
guata (*f.*)   pulp
guerrero (*m.*)   fighter; warrior
guiñar   to wink
guirnalda (*f.*)   garland, wreath
guiso (*m.*)   stew
gusto (*m.*)   pleasure; whim; taste, flavor

H

haber de   to be supposed to
haber que   to have to; to be necessary
hábil   working

hacer juego   to match
hacer pareja   to complement; to match
hacerse daño   to hurt oneself
hacinado   stacked up
(cuento de) hadas (*m.*)   fairy tale
hado (*m.*)   fate, destiny
halagar   to please; to flatter
hallar   to find
hallazgo (*m.*)   discovery
hambriento   hungry
harapiento   ragged, tattered
harina (*f.*)   flour
hartarse   to get fed up
harto   fed up
hasta   until; even
hecho (*m.*)   fact, event
helado   frozen
helado (*m.*)   ice cream, water-ice
heredar   to inherit
herencia (*f.*)   inheritance
herida (*f.*)   wound
hermético   mysterious, hermetic
herrador (*m.*)   farrier, horseshoer
herradura (*f.*)   horseshoe
hervir (ie, i)   to boil; to seethe; to bubble
hielo (*m.*)   ice
hieratismo (*m.*)   traditional liturgical or religious nature
higuera (*f.*)   fig tree
hilacha (*f.*)   ravelled thread
hincharse   to swell; to grow arrogant
hirviendo   boiling
hogar (*m.*)   home
hoguera (*f.*)   bonfire
hoja (*f.*)   leaf
hoja de lata (*f.*)   tinplate
holanda (*f.*)   fine Dutch linen, cambric
holganza (*f.*)   idleness
hombría (*f.*)   manliness
hombro (*m.*)   shoulder
hondo   profound; deep
hondo (*m.*)   bottom
hondonada (*f.*)   dale, ravine
hongo (*m.*)   mushroom
honradez (*f.*)   honesty, integrity; faithfulness
horcón (*m.*)   beam

hormiga (*f.*) ant
hortaliza (*f.*) vegetable garden
hosco sullen
hostia (*f.*) consecrated wafer
hoz (*f.*) sickle, reaping-hook
huaso (*m.*) peasant
hueco empty; vain
hueco (*m.*) ditch; hole hollow
huelga (*f.*) (labor) strike
huella (*f.*) trace; footprint
huérfano (*m.*) orphan
huerta (*f.*) vegetable garden
huerto (*m.*) orchard; vegetable garden
huesa (*f.*) grave, sepulchre
hueso (*m.*) bone
huésped (*m.*) guest; host
huevón (*m.*) profane term for lazy bum
huidizo elusive
huir to flee, to escape; to elope; to run away
humareda (*f.*) dense smoke
humedecido watery, moistened, wet
húmedo damp, humid
humillarse to humble oneself
hundir to sink
hurgar to stir up; to search

I

idioma (*m.*) language
igualmente equally
iluso deluded
imagen (*f.*) image
impasible impassive, unmoved
impávido dauntless, intrepid
imperar to rule, to be in command
impertérrito undaunted; unafraid
impío impious; wicked; pitiless
implacable relentless
importarle to be important to him, her, you, etc.
imprevisto unforeseen, unexpected
impúdicamente shamelessly
impuestos (*m.*) taxes
inaudito unheard of, extraordinary
incapaz incapable
incorporarse to stand up

incurrir to incur, to become liable
indagar to inquire; to find out
indecencia (*f.*) obscenity
indescifrable undecipherable; impenetrable
inexpugnable unyielding
infierno (*m.*) hell
infranqueable impassable; insurmountable
ínfulas (*f.*) airs
ingenuidad (*f.*) naiveté
inmigrante immigrant
insensatez (*f.*) foolishness
inservible useless
insondable unfathomable
insoportable unbearable, intolerable
intemperie (*f.*) outdoors; rough weather
intercalado inserted; interrupting
interlocutor (*m.*) speaker
interruptor (*m.*) switch
intruso (*m.*) intruder
ira (*f.*) rage
iracundo angry, irritable
irreductible unyielding

J

jaca (*f.*) nag, pony
jalar to pull
jadeante breathless
jamón (*m.*) ham
jardín (*m.*) flower garden
jarra (*f.*) earthen jar
jengibre (*m.*) ginger
jolgorio (*m.*) merriment
joyería (*f.*) jewelry store
júbilo (*m.*) happiness; rejoicing
juego (*m.*) game
juez (*m.*) judge
juguete (*m.*) toy, plaything
junco (*m.*) rush, reed
jurar to swear
juventud (*f.*) youth

L

labio (*m.*) lip
lacrado sealed
ladrido (*m.*) bark, barking
ladrillo (*m.*) brick
lágrima (*f.*) tear

lamer to lick
lana (*f.*) wool
lanzar to throw
lastimar to cause pain
lastimarse to hurt oneself
lastre (*m.*) dead weight
lata (*f.*) tin; can
latido (*m.*) beat
latir to beat; to throb
lazo (*m.*) bow, knot; tie, bond
lechuga (*f.*) lettuce
lectura (*f.*) reading
legua (*f.*) league (about three miles)
lejanía (*f.*) distance, remoteness
lema (*m.*) motto; theme; slogan
lengua (*f.*) tongue
lenguaje (*m.*) use of words, grammar, language
lento slow
leñador (*m.*) woodcutter
leontina (*f.*) chain
levadura (*f.*) yeast
levantar to raise, to lift up
levantarse to get up, to raise oneself up
ley (*f.*) law
liado bound, tied
licenciado (*m.*) graduate; lawyer
lidiar to fight
lila (*f.*) lilac
limoso slimy
lisiado injured, lame, maimed
llaga (*f.*) wound, sore; prick, thorn
llama (*f.*) flame
llamado (*m.*) call
llegada (*f.*) arrival
llenar to fill
llenarse to fill up
lleno full; complete
llevadero easygoing
llorar to weep, to cry
loco crazy
locura (*f.*) madness, lunacy
lodazal (*m.*) mudhole, muddy place
lograr to gain, to obtain, to succeed in
lucha (*f.*) battle; struggle
lucido splendid
luciente shining

(desde) luego of course
lugar (*m.*) place, spot, site
lúgubre mournful, gloomy, lugubrious
lujo (*m.*) luxury
lujurioso lustful; lewd
lumbre (*f.*) fire; spark; splendor
luna (*f.*) moon
luna de miel (*f.*) honeymoon
luto (*m.*) mourning

M

machacar to pound or to break into small pieces
macizo solid
mácula (*f.*) stain, spot, blemish
madrugada (*f.*) dawn, early morning
madrugador (*m.*) early riser
magistral masterly
magullado bruised; worn out
mal (*m.*) evil, harm, wrong
maldecir to curse; to bad-mouth; to speak ill of or berate
malentendido (*m.*) misunderstanding
maligno malicious, evil
maloliente fetid
manada (*f.*) pack (of animals)
manar to spring from; to proceed; to issue; to flow
manchado stained, blemished
mancillado spotted, stained
manco broken; maimed
mancuerna (*f.*) pair tied together; thong for tying two steers
mandado sent
mandar to send
mandato (*m.*) mandate, order, command
manga (*f.*) sleeve
manguera (*f.*) hose
manía (*f.*) fixed habit
manoletín (*m.*) a kind of bullfight pass
mansedumbre (*f.*) meekness
manta (*f.*) blanket
mantel (*m.*) tablecloth; covering
mantener to maintain, to sustain, to support financially

maquillaje (*m.*) make-up
marchitar to wither
marchito faded, withered
marco (*m.*) frame
mareado dizzy, faint
marfil (*m.*) ivory
marfileño ivory-like
marido (*m.*) husband
mariposa (*f.*) butterfly
marisco (*m.*) shellfish
masticar to chew
mata (*f.*) plant
matanza (*f.*) slaughter, killing
mataperrros (*m.*) hoodlum
matar to kill
matiz (*m.*) shade, hue
matricular to enroll, to register
mayúscula (*f.*) capital letter
mecanógrafa (*f.*) typist
mecer to rock
media (*f.*) stocking
(a) medida que while, at the same time as
medir (i) to measure
mejilla (*f.*) cheek
mejorar to improve
mejoría (*f.*) improvement
mella (*f.*) hollow crack; dent
mendigar to beg
mendigo (*m.*) beggar
menear to move from side to side; to wag, to waggle
menester (*m.*) need, want
menesteres (*m.*) implements, tools
menestra (*f.*) pottage
(por lo) menos at least
mensaje (*m.*) message
menta (*f.*) mint
mentir (ie, i) to lie; to deceive
mentira (*f.*) lie
mentiroso lying; deceitful
mercadería (*f.*) trade; merchandise
mercancía (*f.*) goods
merced (*f.*) wages; gift; mercy
merecer to deserve, to merit
merluza (*f.*) hake
meseta (*f.*) plateau; landing
mestizo (*m.*) person of mixed Spanish and Indian blood

metáfora (*f.*) metaphor
meterse to plunge into; to meddle
metiche meddling, meddlesome
metido placed into, put into
(a) menudo frequently
mezclarse to mix, to mingle; to meddle in anything
mezquino poor, indigent; avaricious; petty
miedoso fearful, timorous
miel (*f.*) honey
milagro (*m.*) miracle
mimar to coax; to spoil (a child)
mirada (*f.*) look, glance
mirra (*f.*) myrrh
mirto (*m.*) myrtle
mito (*m.*) myth
moda (*f.*) fashion; custom; style
modales (*m.*) manners
modoso temperate; well-behaved
mojado wet, drenched
mole (*m.*) type of stew (Mexico)
molestar to bother
molestia (*f.*) annoyance
molinillo (*m.*) small mill
moneda (*f.*) money, coinage; coin
morado violet
morder (ue) to bite
mordida (*f.*) bite
mordisco (*m.*) bite, biting
moro (*m.*) Moor
mortaja (*f.*) shroud
mosca (*f.*) fly
mostaza (*f.*) mustard
mozo (*m.*) youth, young man
muchedumbre (*f.*) multitude, crowd
mudanza (*f.*) alteration; change (of residence); move
mueble (*m.*) piece of furniture
muerte (*f.*) death
mujeriego (*m.*) womanizer; woman-chasing
muladar (*m.*) dungheap
mullido fluffy
muñeca (*f.*) doll
muralla (*f.*) wall
murciélago (*m.*) bat
musgo (*m.*) moss
muslo (*m.*) thigh

N

nana (*f.*) grandma; lullaby; nanny
natal native
náufrago (*m.*) shipwrecked person
navaja (*f.*) razor; folding-knife
neblina (*f.*) mist; drizzle; fog
ni siquiera not even
nido (*m.*) nest
nieto (*m.*) grandson
nieve (*f.*) snow
nimio insignificant
nivel (*m.*) standard; level
no obstante nevertheless, however
nombrar to name
novia (*f.*) bride; sweetheart
novio (*m.*) boyfriend, fiancé
noviazgo (*m.*) engagement
novillo (*m.*) steer
nubarrón (*m.*) storm cloud
nube (*f.*) cloud
nublo cloudy, nebulous
nudo (*m.*) knot; bond
nueva (*f.*) news
nuez (*f.*) walnut; nut
nutrir to nourish; to strengthen;
    to foment

O

obertura (*f.*) overture
obispo (*m.*) bishop
obrero (*m.*) workman, laborer
ocio (*m.*) leisure, idleness
ocultar to hide
oculto hidden
odiar to hate
odioso hateful
oficio (*m.*) position, office;
    trade
ofrenda (*f.*) offering
oído (*m.*) hearing; ear
ojera (*f.*) dark circle under one's
    eyes
(costarle un) ojo de la cara to
    cost one an arm and a leg
ola (*f.*) wave
oler (ue) to smell; to scent
olla (*f.*) pot, kettle
olvido (*m.*) oblivion, forgetting
ombligo (*m.*) navel
onda (*f.*) wave

opíparamente sumptuously
orar to pray
orden de pago (*f.*) money order
ordinariez (*f.*) lack of manners
oreja (*f.*) ear; hearing; handle
orgullo (*m.*) pride
orilla (*f.*) shore
oscuridad (*f.*) darkness
oscuro dark, obscure
otorgar to grant
ovillado curled up

P

padecer to suffer
¡(Qué) padre! How great!
país (*m.*) country (political
    division)
pajarraco (*m.*) big bird
paladar (*m.*) palate; taste
palco (*m.*) box seat
palidecer to turn pale
palmo a palmo inch by inch
palo (*m.*) stick; log
paloma (*f.*) pigeon, dove
palomar (*m.*) pigeon coop
(a) palos by beating
palpar to touch; to feel
pámpano (*m.*) vine-branch,
    tendril
panadería (*f.*) bakers' shop
pantorrilla (*f.*) calf of the leg
pañuelo (*m.*) handkerchief
papa (*m.*) pope; (*f.*) potato
papel (*m.*) paper; role, part in a
    play
papeleo (*m.*) paperwork
para colmo to top it off
para con towards
parado standing
pararse to stop
parchado patched
pared (*f.*) wall
parentesco (*m.*) relationship
parienta (*f.*) relative
pariente (*m.*) relative
parihuelas (*f.*) stretcher
parpadear to blink; to wink
párpado (*m.*) eyelid
parra (*f.*) vine; honey jar
parrilla (*f.*) grill

párroco (*m.*) parish priest
partida (*f.*) departure
partidario (*m.*) partisan; follower
partir to crack; to split; to set out,
    to depart
pasador (*m.*) bolt
pasaje (*m.*) passageway; passage
    money; ticket
pasarlo bien to have a good time
paso (*m.*) pace; footstep
paso doble (*m.*) a type of
    marching music; a type of dance
pasto (*m.*) pasture
pastor (*m.*) shepherd
pata (*f.*) foot and leg of an animal
patrón (*m.*) boss
pavoroso terrifying
pecador (*m.*) sinner
pecho (*m.*) breast; chest
pecoso freckled
pedido (*m.*) order; demand;
    request
pedrada (*f.*) blow, throw (with a
    stone)
pega y corre (*m.*) hit and run
pegamento (*m.*) glue
pegar to hit
peinado (*m.*) hairdo
peinadora (*f.*) hairdresser
peinar to comb; to dress the hair
pelado bare
peldaño (*m.*) step
pelear to fight; to argue
peligro (*m.*) danger
pellejo (*m.*) hide, skin
pelo (*m.*) hair; down (of bird);
    fiber
peludo hairy
pena (*f.*) shame; embarrassment
pendiente (*m.*) earring
percance (*m.*) mishap
perdidoso losing; easily mislaid
peregrino (*m.*) pilgrim
perico (*m.*) parakeet; small parrot
periodismo (*m.*) journalism
persiana (*f.*) venetian blind
persignarse to make a cross over
personaje (*m.*) character (in
    literature)
pertenecer to belong

pesadilla (*f.*) nightmare
pesadumbre (*f.*) grief, sorrow
pesar (*m.*) sorrow
pesar to weigh; to grieve, to afflict
pese a in spite of
peso (*m.*) weight
pestaña (*f.*) eyelash
pestillo (*m.*) bolt, latch
pétreo stony
pez (*m.*) fish; catch
pezón (*m.*) nipple
piadoso pious; merciful
picapedrero (*m.*) stonecutter
picar to prick, to pierce; to sting
picotear to peck
piedad (*f.*) piety, devotion; pity, mercy
piedra (*f.*) stone
piel (*f.*) skin; leather, fur
pifiar to boo
pinchazo (*m.*) puncture; prick, wound
pinta (*f.*) aspect, looks
piruja (*f.*) prostitute
pirujería (*f.*) licentious act
pisar to step on; to step; to trample; to tread
piso (*m.*) floor; story; apartment
pista (*f.*) track
pitar to honk
pitón (*m.*) python; lump; shoot; sprout
pizca (*f.*) trace
pizcador (*m.*) picker
pizcar to pick (fruit or vegetables); to pinch
placentero joyful, pleasant
placidez (*f.*) tranquility
plancha (*f.*) steam iron
planchado ironed
planta (*f.*) sole of the foot; plant; floor
plantado standing, planted
plantear to plan; to trace; to try; to state (a problem)
plastrón (*m.*) floppy tie, cravate
plata (*f.*) money; silver
plazo (*m.*) term, duration; credit; installment
pleamar (*f.*) high water; high tide
pleno complete, full

pliegue (*m.*) fold, pleat, crease; gather (sewing)
plomo (*m.*) lead
pluma (*f.*) feather; quill pen
plumacho (*m.*) large feather
poder (*m.*) power
podrido rotten, bad, putrid
polilla (*f.*) moth
polvo (*m.*) dust
pólvora (*f.*) gunpowder
ponerse to become
ponerse a to begin
ponerse (el sol) to set
por lo menos at least
por lo tanto therefore
pordiosero (*m.*) beggar
porfiado stubborn
pormenor (*m.*) detail, particular
portada (*f.*) front cover
portal (*m.*) porch; entry
portarse to behave
portón (*m.*) inner entry door of a house
porvenir (*m.*) future, time to come
posadero (*m.*) innkeeper, host
posición (*f.*) physical or social position
postergar to postpone
postigo (*m.*) shutter
postrarse to prostrate oneself
postre (*m.*) dessert
postrero final
potrero (*m.*) pasture
pozo (*m.*) well
prado (*m.*) meadow, field
preciso necessary
prejuicio (*m.*) prejudice, bias
premiar to reward
preocuparse por to worry about
presa (*f.*) capture; prize; loot; hold
presidio (*m.*) garrison; penitentiary
preso (*m.*) prisoner
préstamo (*m.*) loan
pretendiente (*m.*) suitor
primo (*m.*) cousin
probarse (ue) to try on
prole (*f.*) offspring
promedio (*m.*) middle; average
propiedad (*f.*) property

propio (*m.*) messenger
proponer to propose
proseguir (i) to proceed
prueba (*f.*) test
pudiente wealthy
pudor (*m.*) bashfulness, modesty
pudrirse to rot, to decay
pueblo (*m.*) town; people
puente (*m.*) bridge
puesto (*m.*) job, position
pulga (*f.*) flea
punto de media (*m.*) stocking stitch
punto de vista (*m.*) point of view
puñado (*m.*) handful
puñal (*m.*) dagger
puño (*m.*) fist; handful; grasp
pupitre (*m.*) school desk; writing desk
puta (*f.*) prostitute

Q

quebrada (*f.*) brook; ravine
quebrarse (ie) to get broken; to break
quedada spinster
quedarse to remain; to become; to be left
quedo soft
quejarse to complain
quejumbroso plaintive, complaining
quema (*f.*) burning
(fuera de) quicio unhinged, furious
quijada (*f.*) jaw
quimera (*f.*) fantasy
quisquillosamente carefully
quitar to take away
quizá (quizás) perhaps

R

rabia (*f.*) anger, fury
rabo (*m.*) tail of an animal; hind part
racimo (*m.*) bunch, cluster
radicar to take root; to be
(a) ráfagas in sudden bursts
raíz (*f.*) root; base
rajarse to crack
rama (*f.*) branch, shoot, sprig

ramo (*m.*) bouquet, bunch
ranchera (*f.*) Mexican dance and song
rango (*m.*) rank, status
raro strange
rasgos (*m.*) features
raspar to scrape
rasposo sharp tasting
(a) rastras by dragging
raza (*f.*) race
realista realistic
realizar to bring to fruition; to perform; to fulfill
reata (*f.*) rope
rebanada (*f.*) slice
rebanar to slice
rebozo (*m.*) shawl
rebuscado affected; researched
recámara (*f.*) bedroom
recato (*m.*) modesty; reserve
recaudado collected
recelo (*m.*) suspicion; distrust
rechazar to reject
rechazo (*m.*) rejection
recinto (*m.*) walled enclosure
recoger to gather; to cull; to pick up
recóndito hidden
recorrer to pass through; to travel
recto straight; fair; honest
recuerdo (*m.*) memory (of an event); souvenir
recurrente recurrent
red (*f.*) net; web
redactar to write; to compose
redoble (*m.*) rumble
reforzar (ue) to reinforce; to strengthen
refrán (*m.*) proverb, saying
refresco (*m.*) refreshment; cooling drink
regadera (*f.*) shower (Mexico); sprinkler
regañar to scold
regatear to bargain
regocijo (*m.*) happiness; rejoicing
regresar to return (to a place)
regreso (*m.*) return
reja (*f.*) grate
rejego meek; slow; stubborn
relamerse to lick one's lips; to relish

relámpago (*m.*) flash of lightning
relampaguear to flash
relevo (*m.*) relief
relinchar to whinny, to neigh
rellenos (*f.*) fillings
relumbrante resplendent
rematar to close, to end, to finish
remilgo (*m.*) affected niceness; prudery
remolino (*m.*) whirlwind
rencoroso resentful
rendir (i) to surrender
renegar (ie) to deny; to grumble; to disown
renglón (*m.*) line
reparar to repair, to restore; to consider, to heed
repartir to distribute
repisa (*f.*) mantelpiece; shelf
repliegue (*m.*) fold, crease; withdrawal
reprimir to repress; to suppress
reptar to crawl
requiebro (*m.*) endearing expression; compliment
resaltar to jut out; to be evident
resbalar to slide
rescatar to redeem, to ransom
resorte (*m.*) spring; means
(con) respecto a with respect to
respeto (*m.*) respect
respirar to breathe
resplandor (*m.*) radiance, gleam
respuesta (*f.*) answer, response
restos (*m.*) remains
restregar (ie) to rub hard; to scrub
retablo (*m.*) altarpiece
(a) retazos in bits and pieces
retozar (ue) to frolic
retrasar to delay
retrato (*m.*) portrait; resemblance
reventar (ie) to burst; to blow up; to splash
reverdecer to sprout again, to grow green
reverencia (*f.*) reverence; homage; bow, movement in a bullfight
revisar to review
revolcar to knock over; to knock down
revolcarse to wallow

revolera (*f.*) movement in a bullfight
revolotear to flutter, to fly about
riesgo (*m.*) risk
riesgoso risky
rifar to raffle
rima (*f.*) rhyme
riñón (*m.*) kidney
risa (*f.*) laugh; laughter
rocío (*m.*) dew
rodear to surround
(de) rodillas on one's knees
rogar (ue) to beg, to plead
roído nibbled at; corroded
romance (*m.*) ballad; romance
rosal (*m.*) rose bush; red-rose
rosco (*m.*) loaf of bread
rostro (*m.*) countenance, human face
roto broken
roturación (*f.*) breaking of new ground
rozar (ue) to rub against; to graze; to touch on
ruborizarse to blush
rudo rough, rude, churlish
ruedo (*m.*) rotation; bullring
ruego (*m.*) request; plea
ruido (*m.*) noise
ruiseñor (*m.*) nightingale
rumbo a in the direction of; heading for

S

sábana (*f.*) sheet
saber to know; to taste
sabiduría (*f.*) wisdom
saborear to flavor; to give a zest; to enjoy the flavor of
sacudir to shake
sal (*f.*) salt; wit; wisdom
sala (*f.*) hall, drawing room
salitre (*m.*) saltpeter
salitrera (*f.*) nitrate works, fields
salmo (*m.*) psalm
salsa (*f.*) sauce
salvaje wild
salvar to save; to rescue
salvo except
sangrar to bleed
sangre (*f.*) blood

sardinel (*m.*)   brick wall

savia (*f.*)   sap; vitality

secador (*m.*)   hair-dryer

secano (*m.*)   unirrigated land

seco   dry

secundaria (*f.*)   high school

secundario   secondary

seda (*f.*)   silk

seguir (i)   to continue, to carry on

sellado   sealed; silenced

selva (*f.*)   jungle

semáforo (*m.*)   traffic light

sembrado   sowed

sembradío (*m.*)   field

sembrar (ie)   to sow

semejante   similar

semejanza (*f.*)   resemblance, similarity

semental (*m.*)   studhorse

semilla (*f.*)   seed; cause; origin

sendero (*m.*)   path, footpath

seno (*m.*)   breast, bosom

sentido (*m.*)   sense, meaning

sentirse (ie, i)   to be affected; to feel (used with adj.)

señal (*f.*)   sign, mark

sepulturero (*m.*)   gravedigger

ser (*m.*)   life; being; essence

serie (*f.*)   series

sideral   space; starry

siemprevivas (*f.*)   forget-me-nots

sien (*f.*)   temple (of the head)

significado (*m.*)   meaning

silbar   to whistle

símil (*m.*)   simile

simpatía (*f.*)   liking, affection

sin   without

sin embargo   nevertheless

sin tino   aimlessly

sin tregua   without ceasing

sinapismo (*m.*)   mustard plaster

sinfín (*m.*)   endless number

sino (*m.*)   fate, destiny

(ni) siquiera   not even

sobra (*f.*)   leftover

(de) sobra   extra; in surplus

sobre (*m.*)   envelope

sobrecogedor   surprising

sobrenatural   supernatural

sobresaltar   to assail, to attack

sobresalto (*m.*)   sudden shock

sobrevivir   to survive

sofrito (*m.*)   sauteed onions and garlic, Cuban style

solapa (*f.*)   lapel

soledad (*f.*)   solitude; loneliness

soler (ue)   to be in the habit of

solicitar   to apply for; to solicit

solicitud (*f.*)   application

sollozo (*m.*)   cry, sob

solo   alone

sólo   only

soltar (ue)   to let go of

soltería (*f.*)   spinsterhood; bachelorhood

soltero   unmarried

solterona (*f.*)   spinster, old maid

sombra (*f.*)   shade; shadow

sombrerera (*f.*)   hat box

sombrío   somber, gloomy

someterse   to submit

sonajera (*f.*)   rattle

sonámbulo (*m.*)   sleepwalker

sonar (ue)   to sound; to ring

sonido (*m.*)   sound

sonrisa (*f.*)   smile

soñar (ue) con   to dream of

soñoliento   sleepy, drowsy

soplar   to blow out

soplo (*m.*)   murmur (of the heart)

soponcio (*m.*)   grief; swoon

soportar   to stand, to endure; to hold up physically

sorbo (*m.*)   sip

sordo   deaf

sorpresa (*f.*)   surprise

sortija (*f.*)   ring

sosiego (*m.*)   calm, peacefulness

sospechar   to suspect

suavizar   to soften

súbito   sudden

subir   to raise, to lift up; to take up; to go up

subrayar   to underline; to emphasize

suceder   to happen, to occur

sucio   dirty

sudar   to sweat

sudor (*m.*)   sweat

suegra (*f.*)   mother-in-law

suegro (*m.*)   father-in-law

suegros   in-laws

sueldo (*m.*)   wages, salary

suelo (*m.*)   earth, soil; ground, floor

suelto   loose, free

sueño (*m.*)   dream; sleep

sufrimiento (*m.*)   suffering

sujetar   to subdue; to hold fast; to catch; to fasten

sumido   sunk; overwhelmed

suntuario   sumptuary

superar   to surpass, to excel; to overcome

supliciado   tortured

surco (*m.*)   furrow

surgir   to surge; to spout

suspiro (*m.*)   breath; sigh

susurrar   to whisper

sutil   subtle

T

tablero (*m.*)   board; counter

tablón (*m.*)   plank, beam

tacón (*m.*)   heel (of a shoe)

taconeo (*m.*)   heel-clicking, tapping

taíno   indigenous tribe of Puerto Rico

tallar   to carve

tallo (*m.*)   stem, stalk, shoot

tamaño (*m.*)   size

tantear   to grope, to feel one's way

(en) tanto que   while; until

tapa (*f.*)   cover, cap, lid

tapar   to cover; to hide

tapia (*f.*)   mud wall; adobe wall

tapiar   to wall in

tardar   to take a long time

tarjeta postal (*f.*)   postcard

tarro (*m.*)   can

taza (*f.*)   cup; cupful

techo (*m.*)   roof, ceiling; cover

techo y sustento   room and board

tejer   to weave

tela (*f.*)   cloth, material

telaraña (*f.*)   spiderweb

telón (*m.*)   curtain

tema (*m.*)   theme

temblar (ie)   to tremble, to shake

tempestad (*f.*)   tempest, storm

temple (*m.*)   temper; valor

temporada (*f.*)   period of time, season

tenaza (*f.*)   tong
tender (ie)   to stretch
tener en cuenta   to keep in mind
tener ganas de   to have a desire to; to feel like (doing something)
tener que ver con   to have to do with
tener razón   to be right
teñido   dyed, tinted
terciopelo (*m.*)   velvet
ternura (*f.*)   tenderness
tibio   warm
tierno   fresh; tender
timbrado   stamped
timbre (*m.*)   call bell; postage stamp
tinieblas (*f.*)   shadows, darkness; confusion
tira (*f.*)   strip
tirado   thrown
tirar   to throw; to throw away; to shoot
tirarse   to throw oneself; to lie down
tiritar   to shiver
tobillo (*m.*)   ankle
toca (*f.*)   hood, bonnet
tocar   to touch
todavía   still
todavía no   not yet
tontería (*f.*)   foolishness, foolery
toque (*m.*)   touch; ringing of bells
torcido   twisted; bent
tornasol (*m.*)   iridescence
(en) torno   around
torpe   slow-witted
torpe (*m./f.*)   blockhead; dolt; dimwit
torta (*f.*)   round cake, tart
toser   to cough
trabajador (*m.*)   worker, hand laborer
trabalenguas (*m.*)   tongue twister
traducir   to translate
tragar   to swallow
trago (*m.*)   drink
traicionar   to betray
traje (*m.*)   clothes; suit; costume
trama (*f.*)   plot; argument of a play
tramo (*m.*)   flight (of stairs)
trampa (*f.*)   trap; trick
(estar en) trance de   to be on the point of; to be in the process of

transeúnte (*m.*)   sojourner; passerby
transigir   to compromise, to yield
trapero (*m.*)   ragdealer
trapío (*m.*)   fine appearance and spirit (of the fighting bull)
trapo (*m.*)   rag, cloth; bullfighter's cloak
trascordado   forgotten
trasladar   to transport, to move; to transfer
traste (*m.*)   rubbish; utensils
trastornado   upset; crazy
tratar de   to deal with; to try to
tratarse de   to be a question or matter of
(a) través de   through, across
trayecto (*m.*)   run; stretch, distance
trazar   to sketch, to trace
trazo (*m.*)   sketch; plan
tregua (*f.*)   respite
trenza (*f.*)   braid; plait
trepar   to climb; to creep up
treta (*f.*)   thrust; trick, wile
trigo (*m.*)   wheat
trigos (*m.*)   crops; wheatfields
triunfar   to succeed; to triumph
troca (*f.*)   truck (colloquial)
tronar (ue)   to thunder
tronco (*m.*)   log
trozo (*m.*)   piece
trucos (*m.*)   tricks
trueno (*m.*)   thunderclap
trufa (*f.*)   truffle; lie
trusa (*f.*)   bathing trunks
tubo (*m.*)   tube, pipe
tuétano (*m.*)   marrow
tufo (*m.*)   smell, odor
tullido   paralyzed
tumbar   to knock down, to knock over
tupido   stuffed, blocked up; dense
turbar   to disturb

U

uncir   to yoke
único   unique, rare
uña (*f.*)   fingernail; toenail
útil   useful
uva (*f.*)   grape

V

vacilante   swaying
vacío   void, empty, vacuous
vacío (*m.*)   void, emptiness
vagar   to wander
vaivén (*m.*)   swaying motion; fluctuation
vajilla (*f.*)   china
valer la pena   to be worth it
vals (*m.*)   waltz
vaporoso   vaporous; ethereal
varicela (*f.*)   chicken pox
varón (*m.*)   male
vecindad (*f.*)   neighborhood
vejiga (*f.*)   blister; bladder
vela (*f.*)   watch, vigil; candle; sail
velar   to keep watch over
veleidad (*f.*)   whim
velo (*m.*)   veil
velorio (*m.*)   funeral wake
venado (*m.*)   deer
vencer   to conquer
venda (*f.*)   eye cover; blindfold
venganza (*f.*)   vengeance
vengarse de   to take revenge on
ventaja (*f.*)   advantage
verdadero   true; truthful
verdugo (*m.*)   executioner
vergonzoso   shameful, disgraceful
vergüenza (*f.*)   shame
vertiente (*f.*)   slope
vertiente   overflowing
vestuario (*m.*)   cloakroom; wardrobe
víbora (*f.*)   viper; treacherous person
vidrio (*m.*)   glass
vientre (*m.*)   belly
vigilar   to keep an eye on
viña (*f.*)   vineyard
(a) vista   in the presence of; on sight
(punto de) vista (*m.*)   point of view
vistoso   showy; fine; glaring
vitrina (*f.*)   show window
viuda (*f.*)   widow
viudo (*m.*)   widower
viveza (*f.*)   liveliness
volador (*adj.*)   flying
volante (*m.*)   steering wheel; ruffle; drapery
volar (ue)   to fly

voltear to turn upside-down; to turn over; to knock over
voltearse to turn around
voluntad (*f.*) will; willpower; wish
vuelo (*m.*) flight
vuelta (*f.*) turn; twirl; change; reverse

Y
ya already
ya no no longer

Z
zaguán (*m.*) entrance; porch; hall
zarpa (*f.*) claw

zócalo (*m.*) main plaza (Mexico)
zorro (*m.*) fox
zumbar to buzz
zumbido (*m.*) humming, buzzing
zurrón (*m.*) pouch

Índice de palabras problemáticas

This is an index of the "palabras problemáticas" explained in each chapter. The roman numeral indicates the unit number; this is followed by the author's name in whose chapter the word can be found.

Credits

TEXT